And How Does That Make You Feel?

Everything You ~~ever~~ Wanted to Know About Therapy
never

那麼你現在感覺如何？

心理師的內心劇場，以及你想知道的諮商室大小事
不會

Joshua Fletcher
約書亞．弗萊徹——著　蕭季瑄——譯

野人

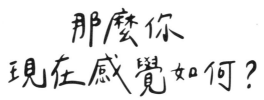

目錄

序言　推開諮商室大門，會發生什麼事？

如果你曾經有幸在派對上遇到心理師（好的心理師），可能會注意到我們非常細心。我們盡力傾聽，這麼做不是為了找出不當行為的證據，不是為了了解你們不願顯露的部分，也不是為了將你和父母之間的問題歸咎於某種人格特質。我們不會探究你最黑暗的想法、不會解讀你的心思，也不會主動去偵測謊言。我們之所以細心，是因為我們喜歡傾聽。這就是我們接受訓練的目的。

不論是在諮商室還是在生活中，我們之所以問你：「那麼你現在感覺如何？」，是因為我們真心想知道，我們感興趣，也很好奇。我們想要了解。

正如室內設計師會忍不住掃視自己身處的每個房間、建商會輕敲別家建築工程的牆，心理師往往很難抽離工作，尤其是這份工作定義了他們絕大部分的身分時。在社交場合，我發現每次一告訴別人我的職業，很多人就會感到不自在。他們的肢體語言會顯得更加防備，經常伴隨著半開玩笑的提問：「所以你正在對我進行心理分析囉？」我認得這種警覺性，而身為一名專業且富有經驗的心理師，我向你保證，這種幽默的指控和事實相去不遠。然而，我的職業好奇心並非許多人最初擔憂的侵入性分析，而是源於同理、正面的目的和習慣。

此外，不論是在派對或是家庭聚會中，當身為心理師的我們傾聽時，常會發現很難將多年來接受的訓練拋諸腦後，也無法拋下書架上寫有許多心理問題解決方法的諮商理論。每個人的大腦都喜歡自動從自己的參考圖書館中抽取資訊，心理師也一樣，但不代表我們會按照大腦的提議做出行動或假設。通常我們都希望在下班時間關閉大腦的這個部分，特別是想坐在電視前喝杯酒放鬆一下的時候。

有一點很重要，心理師和所有人一樣都是人。在諮商室內外都能像看見其他人類一樣看到他們。心理師並非萬事通，我們有缺陷、有陋習，也一直在處理自己的私人問題。在這本書中，當我跟你分享自己的脆弱、不完美、焦慮和內在想法時，你將會看到我們是非常人性化的。這麼做不是為了讓我的名譽掃地，而是要幫助人們理解心理師並沒有你擔心的那麼恐怖或神聖。

我保證，諮商室大門的另一端沒有無所不能的萬事通在等你，不會一逮到機會就衝向你大肆評論或羞辱。相反地，理想情況下，等待你的會是想要傾聽、樂意在你的世界逗留、盡責且不帶批判的來訪者，他知道你們能安全無虞地道別，直到下次你決定再度打開門為止。希望這是我的個案對我這個人和我的工作的看法。

我是專攻焦慮領域的諮商心理師，我非常享受這份工作。焦慮是所有人在某種程度上都會體驗到的感受，也是過去我一直努力克服的事。即使到了現在，我的焦慮症依舊沒有完全消失。即使如此，幸好有改變人生的諮商療程和心理教育（psychoeducation），我可以自信地說我過得快樂又幸福——希望所有個案都能實現這個目標，幫助他們過得更好是我成為心理師的動力。焦慮令人沮喪，但每當看見個案深陷不確定性並面對恐懼時，我心中都滿是欽佩。他們不是破碎的人，**你不是破碎的人**。

身處這個社會，我們談論心理健康的方式逐漸進步，但前方還有很長的一段路要走。Instagram標籤和企業的身心健康日能做的有限，還有很多人因為尷尬或羞愧，覺得負面情緒該應該要深藏於心。我相信心理治療在幾乎所有人的某個人生階段都能有所幫助，但也認為人們對治療過程存有許多誤解。而我想藉由這本書消除一些迷思和誤會，確保大家與專業人士談論心理健康時不會感到非常脆弱或無止境地自我放縱。

本書以四名個案的案例為基礎。讀到這本書的其他心理師可能會驚呼：「天哪，這簡直是異端邪說！保密條款呢?!」雖然這本書分享了身為心理師的真實感受，但為個案保密仍是我的首要任務。基於這個原因，我打散了所有個案的特徵、陳述、日期和事件，並以匿名的方式確保沒有人能受到指認，這樣的保護措施有嚴格的臨床指導和法律諮詢在背後支持。

這本書是我的貢獻，旨在鼓勵人們更加開放地關注心理健康，並提供見解說明這個經常籠罩在神祕面紗之下的領域。在本書中，你將了解身為心理師的生活是什麼模樣，也會看見一個真實且有缺陷的人是什麼樣子。這本書收錄了攸關衝突、悲劇和錯誤的辛辣故事，我講述了少有心理師敢說的內容，還有一些我不確定是否該寫的東西。然而，如果放下這本書之後，即使只有一小部分的人認為心理治療看起來似乎更有吸引力，或者不那麼可怕，又或者願意隨意地提及諮商這件事，那麼我對這本書許下的最大願望就實現了。

心理師的內在聲音

我想在此一一介紹我的內在聲音——它們將在這本書中扮演非常重要的角色。心理師的培訓課程，以及我自身尋求心理治療的經驗，幫助我培養了強烈的自我意識。我的一部分情緒發展，包括焦慮症的復原之路，是要識別出大腦在一天當中喜歡發出的多種聲音和想法。有天早上，我決定在一週開始之前提筆替這些聲音做個標籤。時間一點一滴過去，我開始將這些聲音想像成思想圓桌會議中的角色——這些聲音全部都在我的腦中吵鬧、爭論並搶奪我的注意力。

在所有晤談中，我的內心對話中有以下這些聲音：

分析音—從諮商理論的角度看待問題。

焦慮音—關注威脅、發生機率極低之災難的憂慮聲音。

生理音—飢餓、疲累、痛苦、不安、如廁、溫度等感受。

憐憫音—自願去理解並提供協助。

批評音—批判之聲。

偵探音—尋找線索和意義。

共情音—嘗試想像和體驗他人感受。

逃避音—鼓勵自己躲避不適的感覺。
直覺音—出於內心的衝動，超越理智和常情。
不敬音—悄悄鑽進諮商室的古怪、出奇不意念頭。
救世主音—渴望在專業範圍與責任之外「拯救」他人。
觸發音—與創傷有關的嫉妒、焦慮、憤怒、防衛心。
意志音—後設認知介入，以較通俗的話來說，就是選擇聆聽較恰當的聲音，而非最初冒出的話語。

達芙妮01——空等一小時的意外驚喜

我瞥了時鐘一眼，東尼花了點時間思考剛剛告訴我的內容。這是一次特別有突破的晤談，因為東尼和我一直努力揭開他獨自一人時經常感到不安的原因。然而，我在他敲門之前做出的愚蠢決定——也就是快速喝下一大杯美式咖啡——破壞了這個深度諮商時刻。

生理音：你會尿褲子的。

批評音：白痴，你應該在開始之前去一趟廁所。

焦慮音：你應該知道憋尿對前列腺不好吧？

我在椅子上彆扭地調整坐姿，試圖緩解不安。告訴對方需要休息一下去趟廁所並沒有關係，但晤談只剩下四分鐘了，在這麼關鍵的時刻，不能為此中斷正在發生的突破。

我將目光緊鎖在東尼身上，盡全力專注在當下。

東　尼　過了一段時間後，現在看來開始有意義了。回想過去，我發現獨處的時候我並不快樂。探索外在因素引發的情緒時，離婚的回憶便會湧上心頭。我坐在我哥哥的公寓裡，香菸和潮濕的洗滌劑氣味……

他頓了一下，對上我的目光。

東　尼　即使是成長過程中，我獨處通常也是為了避開爭吵。樓下時不時都在吵架。或者是要躲避學校裡的討厭鬼。我會在體育館後面跑來跑去，只為找一個安靜的地方。對我來說，獨自一人代表逃離危險，但代價是要獨坐在悲傷之中。

約書亞 也許我們正在逃離的並不是不安全感，而是悲傷的感覺本身？

東　尼 嗯……對，我總是計畫讓自己不要獨處，以免再度感受到那種悲傷。我很喜歡我的生活，但那種感受就像是非常強大的古老恐懼。我知道自己為什麼總是害怕獨處，即使只是短短五分鐘也一樣。

約書亞 那我們之後的作業會是什麼？

東　尼 簡單，我必須練習獨處。

約書亞 為什麼？

東　尼 因為我想要改變自身和獨處的聯繫。我希望能享受獨自一人的時刻，在海倫去拜訪她姊妹時不必感到害怕。我不想倒數著孩子放學的時間，等著有人陪伴。哇塞，想像起來真是奇怪。

直覺音：提醒他你們兩人討論過的定義。

約書亞 還記得我們之前說的嗎？寂寞和獨處有很大的不同。我覺得你給了自己一份很棒的作業。

東尼緊張地笑了笑，但臉上透出堅毅的神情。

憐憫音：他做得很棒。

共情音：這份作業很難，但他知道這是通往正確方向的一步。

生理音：你得去尿尿了。

逃避音：必須快點結束這段晤談。

為了總結這次晤談，我拿出了書上最古老的心理師台詞：

約書亞 我這才發現時間到了，東尼，這次就到這裡了。下週同樣時間見面好嗎？如果你想要的話，到時或許我們能討論一下作業？

我送東尼離開諮商室，速度比我想要得更快，但我實在憋不住了。他走進電梯，門關上時我朝他笑了笑。接著我就像一匹膀胱大如西瓜的快馬，沿著走廊狂奔衝進廁所。恐怖的事情發生了，眼前所有隔間裡都有人，唯一一個小便斗則被樓下普通科的帕特爾醫生占用了。令人驚奇的是，當人急著小便時，感官協調度會大幅飆高，我能夠從帕特爾醫生褲子發出的聲音推斷出他正拉下拉鍊而不是重新拉上。為什麼他要跑來樓上上廁所啊？

這一切實在太讓人痛苦了。我忍不住了。我看向洗手台，深吸一口氣。「真的很抱歉，醫生，但我真的很急。」然後我這麼做了，我尿在洗手台裡。懸在上方的大面鏡子像是針對這個行為的詩意懲罰，因為除了我自己之外，我的目光無處安放。

生理音：謝謝你。

批評音：帕特爾醫生覺得你很可恥。

憐憫音：在糟糕的情勢中盡力而為，沒關係的。

我可以聽到帕特爾醫生快速拉上拉鍊的聲音。

我走回諮商室，趕走孩子們在剛剛被我玷汙的洗手台前洗淨純真雙手的侵入性想法（intrusive thought）*。我確保所有東西都洗乾淨且消毒了，但羞愧的情緒揮之不去。

意志音：馬上忘掉這些，回去工作。

心理諮商的每一次晤談通常會持續「一個諮商小時」，有些人會將晤談控制在五十分鐘內，如此就能在兩段晤談之間休息、找回專注力、謄寫並存檔筆記，或者是在洗手台裡小便。我通常會利用這十分鐘好好深呼吸並反思之前的晤談，又或者是隨意瀏覽Reddit上的迷因。我回到諮商室查看行事曆，看看下一位個案是誰。有一位新的個案名叫「達芙妮」，她的名字被用鉛筆寫在行事曆上，沒有姓氏。再兩分鐘，她的第一次諮商時間就到了。只剩沒幾秒鐘準備，這觸發了焦慮的情緒。

觸發音：你會被發現怠忽職守，冒牌貨心理師！

焦慮音：你看起來真是邋遢。要是達芙妮覺得你不專業怎麼辦？

我衝向辦公桌抽屜抓出一把梳子整理頭髮，接著把手機的相機功能當作鏡子檢查自己的臉能否見人。

批評音：你應該刮鬍子的，老兄。

分析音：你還在用外表評斷自己，等一下得好好反省。

我記得和達芙妮通電話時，她強調要匿名，對注重隱私的人來說這種要求不算罕見。我很期待見到所有新個案，但老實說，那些特別堅持要匿名的人令我感到有點興奮。

不敬音：好想知道達芙妮殺了多少人……

時鐘指針顯示已經過了整點五分鐘。達芙妮還沒來。我在諮商室裡來回踱步，確保一切都很整潔——我擺好坐墊、讓植物看起來沒那麼疏於照料、再三檢查手機是否轉成靜音模式。然後我坐著等待，像是等待主人回家的小狗一樣盯著門口。八分鐘過去了。達芙妮還是沒有出現。

批評音：你在幹麼啊，達芙妮？這樣很沒禮貌，時間就是金錢。
共情音：這可能是她第一次做諮商。搞不好她真的很害怕呢？給她一次機會，你沒忘記你自己尋求諮商的經驗吧？
焦慮音：她會不會在路上被車撞了？
不敬音：想像一下，搞不好是她撞擊公車。「死了，公車死了！」
分析音：你很緊張，所以擔心個不停。
生理音：你的交感神經系統被啟動了。

＊ 非自願且突然出現的想法，內容往往令人困擾或不安，是強迫症常見症狀之一，詳參第九十三頁。

憐憫音：現在無法冷靜沒有關係，感覺不安也沒有關係。

偵探音：事實證明她不會來。

批評音：哇，老兄，你很愛胡思亂想欸。

意志音：我要專注在呼吸還有外頭的聲音上。

憐憫音：好主意。

二十分鐘過去，我確定達芙妮不會來了。這沒什麼關係，本來就是可能發生的事（不只是我，所有心理師都會這樣想）。這叫做令人沮喪的「失約」（no show）。如果你曾經放你的心理師鴿子，請記得他們最初的想法都是替你擔心。他們希望你沒事，然後會暗自低聲咒罵，以此來發洩對你的仇恨。我當然是在開玩笑——這種仇恨是針對心理師自己。失約是很令人沮喪沒錯，但真誠在乎你的心理健康總能抵銷這種暫時的挫敗感。

為了填補為達芙妮空下的時間，我上YouTube看了一些好笑的狗狗影片和電影《虎克船長》（*Hook*）中令人動容的片段，接著便闔上電腦收拾東西，準備回家度過午後時光。我按下電梯按鈕，看著閃爍燈顯示樓層，數著電梯距離自己還有幾層樓。電梯門打開了……我的下巴瞬間掉到地上。

像是九〇年代遊戲節目的獎品一樣被揭曉的是我見過最引人注目的人之一。這些人很容易被認出來，那種著名皇室成員、名人、獲獎演員、曾經出演過我最喜歡的電視節目和電影的人。這真是……嗯……我不知道該怎麼說。真希望我能告訴你到底是誰出現在位於索爾福德的辦公大樓的電梯和走廊上。但由於保密條款，這裡只能稱她為達芙妮。她在這裡幹麼，她到底為什麼出現在我這個樓層？

達芙妮 嗨，約書亞，很抱歉我來晚了。我和你有約，但時間好像已經過了。

分析音：靠。
焦慮音：靠。
生理音：靠。
憐憫音：靠。
批評音：靠。
偵探音：靠。
共情音：靠。
直覺音：靠。
不敬音：哈哈哈。
救世主音：靠。
觸發音：靠。
意志音：靠。

焦慮的起源——應對威脅、尋求安全的強大反應機制

我被問過很多次焦慮是「從哪裡來的」。焦慮是我們的身體**感知到威脅**時的反應，這個能壓倒一切的強大機制，會將我們切換至**戰鬥、逃跑或凍僵**（fight, flight or freeze）模式，以提防近在眼前的「威脅」。這可能是個人主觀的威脅，也可能是真正的威脅，比如說有個揮舞著斧頭的瘋子朝我們衝來；可能是對於自尊心的威脅，例如演講表現得不好或是考試不及格；可能是社會威脅，像是害怕被排擠、拒絕或羞辱；或者也可能是世界知名演員在遲到了幾乎四十五分鐘後，無預警出現在我的諮商場所。不論是何種威脅，焦慮心理喜歡讓我們感受到排山倒海的**懷疑感**。當我們有所質疑時，就會停止手邊的動作，將注意力放在潛在的威脅上，因此我們會發動攻擊、解決或是逃避它。

這種「威脅反應」（threat response）對我們的祖先來說非常有用，也是必要的技能。少了它，他們就完了。我們的祖先生活在掠食者非常多的環境，必須面對獅子和野狼等動物。他們並非生來就要與這些野獸進行一對一的戰鬥，因此人類仿效狐獴，演化出能夠先發制人的威脅反應機制。和狐獴一樣，他們會運用威脅反應，掃視地平線尋找危機，藉此就能盡早注意到掠奪者，擁有率先計畫行動的優勢。我們的祖先可以決定要在不驚動獅子的情況下繞過牠們，還是要鍛造長矛偷偷發動攻擊，為晚上的獅子王主題烤肉派對預作準備。同樣地，若祖先們覺得

有危險的東西會跑出巢穴展開攻擊，那麼威脅反應就會觸發懷疑機制，在走過巢穴時將目光緊鎖在洞口上。搶先一步行動比較好，對吧？

值得注意的是，即使現在生活環境大不相同，但大腦中這部分的機制卻從未改變。然而，威脅本身已經現代化了。我們周圍當然還是充斥著掠奪者和危機，但我們生活在一個相對安全的社會，能夠將焦慮的心思集中在更加觀念性的事物上。獅子已經被成就、不夠優秀、撫慰他人和確保自己足夠體面等方面的憂慮給取代。祖先們留意的野獸巢穴現在變成了我們的福祉、人際關係、職業，以及我們將自己置於生存心智圖中的哪個位置。大腦機制沒有改變，但威脅已大不相同。

還有一種理論是，我們之所以害怕他人的批判，是因為被拒絕、排斥和拋棄對祖先們造成了非常真切的威脅。生活在部落之中，取悅他人是留在大家相互依賴的社區的必要行為，而安全也源自於身為集體的一分子。擔憂部落首領的想法和感受是有好處的，以免他們因盛怒而把自己趕出部落的安全網之外。如今，這種威脅反應機制仍然影響著每個人，但大多是在辦公室內對老闆寄來的電子郵件進行事後猜測、在家沒辦法放鬆或是很難拒絕別人。此外，威脅反應機制在社會連結中扮演了重要的角色，也幫助我們應對巨大又嚇人的危機。

列維01——巨人硬漢孤單的背影

電梯門打開後，一位壯碩又嚇人的男子朝我伸出手。我和他握手，任由他把我的骨頭和肌腱壓縮進彼此之間的原子縫隙中。我努力不表現出痛意——這是出於一種存在許久的恥辱感，源自於我崇尚一生的「不顯露情緒的男子氣概」。

列　維　哈囉，老兄，我是列維。

焦慮音：這人真恐怖。

約書亞　嗨，列維，歡迎來晤談。跟我來——帶你看看我的諮商室。

我和這個巨人一起沿著走廊前進時看見他的上臂和脖子有成排的刺青，有些已經褪色了，不過前臂上的刺青是新的，上頭還蓋著保鮮膜。列維走路的樣子很有威嚴，但帶著一種「好吧，我想也只能這樣了」的神情，就像是一位保鑣正走向即將被趕出酒吧的年輕小伙子。

分析音：我看見他一直握緊又放鬆拳頭。

批評音：他好占空間啊——你會被壓扁在牆上！

共情音：他肯定很緊張，人們表現緊張的方式都不一樣。不是在針對你。

我們踏進諮商室，我請他坐下。

列　維　你坐哪張椅子？
約書亞　我通常是坐窗邊那張椅子，但你想坐哪裡都可以。
列　維　那我坐**你的**位子。
　　分析音：一種展現權勢的舉動。
　　偵探音：他感覺受到威脅。
約書亞　沒問題。你可以拿些坐墊，讓自己坐得舒適些。
　　列維一屁股坐上我的椅子，身體滑得很低，幾乎快要躺下了。他將雙手覆在肚子上，轉頭看向窗外。他顯然很不自在，但盡全力傳達出自己絲毫不受威脅的訊息。
列　維　所以你什麼時候要開始讀我的心思？告訴我所有問題都是因為爸爸沒有擁抱我的關係？
約書亞　（輕笑）並不完全是那樣，可惜我不會讀心術。諮商心理師的主要工作是傾聽和提供一個安全的空間。
　　不敬音：每次都是父母的緣故。
　　分析音：有可能。
　　偵探音：顯然需要更多資訊——你們可以閉嘴嗎？
　　列維站起身，在諮商室裡走來走去。他開始拿起我的巨大宜家家居層架上的東西，並將它們舉到燈光下。

列維 這是什麼？

約書亞 那是我年輕時在尚比亞撿到的水牛小雕塑。

列維 為什麼要放在這裡？想炫耀你的「休學年」嗎？

偵探音：他在嚇你。

逃避音：真想離開這裡。

憐憫音：都到這裡了，繼續下去吧。

約書亞 其實比較像是一個提醒，提醒我已經戰勝了恐懼和挑戰。

他揚起一邊眉毛瞥向我，把玩著雕塑。

列維 （得意地笑）我打賭你一定覺得把它放在諮商室裡很酷，看到它我就覺得虛偽。

分析音：把這當作開啟對話的切入點。

約書亞 你很擅於識破虛偽的行為嗎？

列維 我每晚工作時都會見到，從穿著租來的衣服、開著租來的車出現的人所說的廢話和肢體語言中，很輕易就能識破誰是有錢人和……借錢者。

他坐了下來。

列維 塞內卡是北區最大最老的夜店，我是那裡的保全主管。光榮的守衛，保鑣中的保鑣。

他看往窗外。

列　維　我在那裡工作十四年了，你不會相信我見過什麼玩意兒。

約書亞　我應該知道不少，讀書時我在那裡度過了許多夜晚。

列　維　喔，是嗎，我對你沒印象。別指望我記得，我每個星期都會看到幾千張臉，成千上萬張喝醉嗑藥的臉。你有被轟出去過嗎？

約書亞　謝天謝地沒有。

列　維　很好……現在我們不這麼做了，但幾年前若有沒規矩的「顧客」在店裡惹麻煩，我們就會把他帶到一條小巷。我們稱那裡為水泥巷，也就是垃圾桶後面的漆黑地帶，搗亂的人就在那裡接受正義的懲治。我們還以公眾安全的名義沒收違禁品。

偵探音：據我所知，那些毒品並沒有交給警方。

約書亞　聽起來有很多責任要顧。

列　維　這個嘛，你沒辦法一直做那種維護治安和甜蜜正義的事，新的這一代不能懲戒。過去，快速又粗暴地處罰鬧事者代表他們不會再犯。現在呢，每天晚上受審判的是**我們**。我們被社群媒體審判，只因為在索要證件時講錯那該死的稱謂。稱呼別人「親愛的」就會被貼上……什麼來著……厭女者的標籤。

列維停頓了一下。雖然感到焦慮，但我決定要換個放鬆的姿勢，希望他也照做。沒想到似乎奏效了。他深吸一口氣。

列　維　那這要怎麼進行？這個晤談？

共情音：感受到威脅時很難降低防衛。

憐憫音：做得好，列維。

焦慮音：還在自欺欺人啊，夥伴們。

約書亞　因人而異。我建議利用第一次的會面相互了解，聽聽你需要什麼樣的幫助。我們可以——前提是你願意——一起描繪目前的狀況，共同努力規畫前行的路線……一切都是在安全且保密的空間中進行。

列維看著我，神情似乎混雜著好奇和失望。接著他突然厲聲開口。

列　維　喔，當然很安全了。怎麼會不安全呢？你難道會攻擊我嗎？他媽的……

他打住，旋即起身，將這番挑釁轉為走到窗邊的步伐。他嘆口氣看向下方的街道。

列　維　我，呃……我沒有罵人的意思。我痛恨罵人。

共情音：他可能常常聽到那種說詞。

約書亞　沒關係，你可能常常聽到那種說詞。

列　維　沒錯，真的很煩。

我發現和列維聊得越多，我的焦慮感就越是和緩。由於未知的情況，面對新的個案感到焦慮很正常。我還是不太自在，但觀察得越多、聆聽得越多，就越能看見一位背負著心理掙扎重擔的男子。看著他身在此處，願意面對問題，我深感敬佩。

直覺音：用一些寂靜填滿空間吧。

看著窗外一陣出神後，列維轉身朝我的辦公桌走去。我沒有起身，耐心地等待他重新加入對話。他看起來冷靜多了，但依舊很嚇人。他站在我的桌子前，開始調整包裹著全新刺青的保鮮膜。

列　維　你有刺青嗎？

約書亞　只有一個。

列　維　什麼圖案？

約書亞　是一句愛爾蘭蓋爾語短句，意思是「眾神守護我兄弟」。

列　維　你信教嗎？

約書亞　沒有，不算有。

列　維　那為什麼要刺宗教銘文？

約書亞　因為當時我十八歲，覺得很酷。這樣也能得到我篤信天主教的祖母的諒解。

分析音：小心別透露太多自己的事。你是要幫助他，不是幫助自己。

直覺音：繼續下去，是他開口問的。

列　維　這個新刺青是我最喜歡的刺青，瑪爾做得很棒。

約書亞　你一進來我就看到了。那有什麼含義？

列　維　這代表哥納伯（Gaunab），死亡的人形、邪惡的化身，來自非洲西南部的神話。

他停頓一下，看一眼舉起的手臂。

列維 陰影的部分真的刺得很好。

偵探音：真好奇為什麼他要在皮膚上刺這麼陰鬱的圖案。

分析音：嗯，刺青不一定要有深層意義。

不敬音：還記得大學時那個女孩身上的「及時行樂」(Carpe Diem) 拉丁文刺青嗎？

約書亞 背後有什麼動機嗎？

列維將手臂垂至身側，目光緊鎖在檯燈上。他依舊背對著我。我保持沉默，而雖然這麼說有點奇怪，但我確信自己能聽見他快速思考的齒輪運轉聲——看來這問題無疑迫使人急速思考。

列維 我……呃……我喜歡這個象徵……呃……

我能聽到不知從哪裡傳來的敲桌聲，但列維的手臂依舊垂在身側。我只能看見他的後背，那背影正輕微地、一陣又一陣地抽動著。於是我便明白了。那陣敲擊聲不是來自他的手指，而是來自落下的淚水。列維在哭。這位從電梯走出來的壯碩嚇人男子正無聲啜泣著。

憐憫音：他背負了許多。我懂他的感覺。

救世主音：我要找出困擾他的事情，把它們全部扔掉。

列維沒有伸手擦眼淚，而是任由淚水滑落臉頰，我也沒有出聲。他似乎需要這個空間，就讓他擁有吧。

高中母校演講之夜——曾經的退學生回來了！

成為一名出過書的諮商心理師之後，你可能會被視為「成功」的人，但老實說，也會變成一個便宜且「免費」的替代品，用以取代高中母校原先花錢聘請的勵志演講者。站在禮堂的講台上，一大堆眼珠子百無聊賴地往上盯著我。我的班導師仍在這裡，他很驚訝我現在成功又可靠，因為我當年在教室窗外賣菸而被退學。看到我小有所成後回到這裡，他也有種奇特的驕傲感，彷彿我的出現重新點燃熄滅已久的樂觀，使他相信那些麻煩的小伙子仍然能在人生中取得一些成就——說句公道話，他確實以某種方式帶來影響力，也確實影響了我。

我的開場白被後四排一位家長劇烈的帶痰咳嗽聲打斷了，這讓我面對台下無數茫然面孔時感到更加焦慮。上週我在一家公司發表演講後賺了不少錢，當時很多聽眾都有讀過我的自助書籍。在那場演講之後，我收到了大量的熱情發問和奉承話語，並出席了一場原先想要拒絕、供應多種雞尾酒的飯局。今天，在我的高中母校演講卻有種可笑的諷刺感，因為幾乎沒有人對我或我講述的事情感興趣。

我結結巴巴地開場，笨拙地擺弄著麥克風，隨後便鎮定下來。「嗨，大家好，我叫做約書亞·弗萊徹，我曾經是這裡的學生。我在附近的艾比巷住宅區長大，很高興能以客座演講者的身分參加這次的演講之夜。」

眾人饒富興味地抬起頭，咳嗽聲停止了。提到艾比巷住宅區這招屢試不爽，我的高中母校坐落於兩棟巨大社會住宅的中間——艾比巷住宅區就是其中之一。我勾起他們的興趣了。我是他們的一分子，不僅僅是一個穿著普利馬克（Primark）海軍藍西裝、見過的喪禮比歡慶場面還多的人。我已經準備好投放振奮人心的真相炸彈了，這就跟領英（LinkedIn）的高階帳號一樣有價值。遊戲開始了。

我自以為是地滔滔不絕，說明我是如何白手起家、成就自己的事業——演講的標準內容。副校長事先要我保證不會提及當年在校的行為紀錄，這點可以理解，因為他們顯然不想暗示在學校違反規定就能過上富裕又成功的生活。所以我略過了偷偷把學校的萬用鑰匙拿去多打一把、「借用」科學器材、在樹林裡喝啤酒、下載裸照、打架和考試作弊被抓到的事。相反地，我講述這所嚴厲的綜合高中如何教會我憐憫、自信、道德規範和歷久不衰的常識，而這些母校確實都做得非常棒。不幸的是，當時英國教育標準局（Ofsted）沒有衡量成效的標準來評估這些層面，因此學校經常遭受公開批評且被低估。然而我沒有忘記，有些事情超出了課程的範圍，存在於懂得關懷他人的學校管理者怦怦跳動的心中。

一股奇怪的責任感把我拉回家鄉，我覺得自己需要完成這樣的故事情節：一個愛惹麻煩的年輕小伙子變成了一名可憐但高貴的心理師，用自身的話語「影響了孩子們」。

來到校園演講的尾聲，一位青少年熱情地走向講台。他給我看了活動傳單的第一頁，上面寫著「特邀演講嘉賓：諮商心理師暨作家　約書亞．弗萊徹」，但除此之外還有他自己寫下的注釋。經過這位男孩巧妙的推論，只要在字母之間添加幾條簡單的斜線，諮商心理師的英文就可以拆解成「神經病／強暴犯」兩個詞*。他很自豪這次的塗改，只是想炫耀一下，和我的演講內容一點關係都沒有，也沒有激勵人心的感言。我和他的地位是平等的。在那短短一瞬間，回家的感覺真好。

* 原文為psychotherapist，男孩將之拆解為psycho the rapist，psycho有精神病患之意，rapist則為強暴犯的意思。

薩拉01——恐慌大爆發的新手醫生

我和薩拉的第一場諮商以戲劇性的方式開場。這位和我年紀相仿的女子手腳並用朝諮商室內的沙發爬去，一頭烏黑的長髮幾乎碰觸到地面，而她惱怒的母親則試圖解釋這個情況。

法伊札　你看，她有恐慌症，現在發作了。她已經好幾個月沒有真正踏出家門了。我得把她拖到這裡來！她……她每天都這樣！

薩拉終於爬到沙發處，上氣不接下氣地靠在上頭。淚珠滾滾滑下她的雙頰，顯然她正經歷某種恐懼。我蹲下來面對她，試著和她對視，不過有點難做到，因為她不斷扭頭靠在沙發邊緣。

約書亞　**憐憫音：溫柔一點。她很痛苦。**
哈囉，薩拉，我是約書亞。我知道你現在感到驚慌，但沒有關係。你很安全，你的身體很快就會恢復平靜。我知道，這感覺就像有什麼可怕的事情正……

她突然往前倒，嚇了我一跳。

薩　拉　為什麼不停有這種感覺?!拜託，讓它停止！我……我覺得我需要叫救護車！

法伊札　（惱怒）我們叫過很多次救護車了，薩拉。你沒事。

薩　拉　媽！你說這話倒是容易！啊啊啊，快讓它停下來！

這位母親滿懷歉意地看向我。薩拉坐到沙發上且開始過度換氣，她一手撫著胸口，另一手放在額頭上。她的雙腿顫抖，喘吁吁地吸著氣。

約書亞　薩拉，你有什麼病況是我需要了解的嗎？

薩　拉　（試著喘口氣）沒有……我原本是醫生，但我……我不知道自己出了什麼問題。我……我抽過血也做過心臟掃描……我覺得……我覺得我的腦子壞了。天哪，看來我控制不住了——我要被強制入院了。老天哪，拜託幫幫忙。讓它停下！

分析音：沒錯，這就是恐慌症。

直覺音：讓她不要專注在情緒和感官上。

分析音：搞不好她陷入了恐慌的循環？

法伊札　我們在網路上搜尋焦慮症專家，結果找到你。你能幫忙嗎?!不管多少錢我都願意付，請幫幫我女兒。

薩拉持續邊啜泣邊喘氣，她真的很痛苦。她以懇求的神情轉向我，臉上寫滿絕望。

共情音：她希望你能趕走恐慌。

救世主音：我想趕走它。

約書亞　沒問題。沒事的。好，我們要做的是……薩拉，試著看向我，你沒事的。你什麼都不用做，我保證這種感覺會消失。你正在經歷的事沒有危險，這對身體來說非常正常。除了盡力將注意力放在我或是這裡任何事物上之外，你不需要做任何事。

薩拉點點頭，將雙手放在地上撐住自己。我看向她母親。

約書亞　沒事的，媽媽。現在一切都很好。如果你能在一個小時之後回來，那就太好了。

法伊札不情願地點點頭，焦急地盯著女兒良久後往門口走去。薩拉依舊喘不過氣，但看起來稍微冷靜一些了。她媽媽輕輕關上門後，薩拉終於抬頭看我。

薩　拉　我……我很抱歉。我……我真是一團糟。

約書亞　你不需要道歉，謝謝你今天抽空來見我。要喝點水嗎？腎上腺素很快就會消退了，不用擔心。

批評音：要恐慌發作的人不要擔心——好樣的，小約。

薩　拉　你怎麼知道會消退？要是我永遠都這樣怎麼辦？要是我瘋了怎麼辦?!

共情音：啊，我很清楚這種感覺。

直覺音：就用那招吧。但別說是個人經歷，巧妙地運用它。

分析音：表現出稀鬆平常的樣子，這樣會有幫助。

約書亞　嗯，在我看來你沒有發瘋。你曾有過那些「萬一」的念頭嗎？

薩拉緊張地笑了笑，抓起一顆抱枕揉捏擠壓。

薩　拉　呃……幾乎每天都有？

約書亞　噢……聽起來很有趣。

分析音：有點冒險……

不敬音：太棒了。

薩　拉　（微微一笑）噢，我家每天都鬧哄哄的。我成為一名合格的初級醫生才四個月，現在已經被註銷了。沒有，我沒有簽自己的病假條。

我遞給薩拉一杯水，她顫抖著啜了一口。

薩　拉　有這樣的感覺正常嗎？我感覺心臟在狂跳、大腦以每小時一千英里的速度運轉。這肯定不正常吧？我問了醫生同事，有些甚至替我做了檢查，他們都說我沒事，但怎麼可能沒事？這不正常，我不正常。我發瘋了——終於，我把自己逼瘋了。終究是如此。

約書亞　我不會說恐慌是不尋常的事，在我看來你很正常。

薩　拉　很正常?!

約書亞　我沒辦法肯定地說你神智正常。我的意思是……你可能會偷我的植物或其他東西。

她滿臉疑惑地盯著我。

分析音：她開始把注意力放在外部了。繼續下去，這麼做很有效。

偵探音：她的興趣不再是評估自己的症狀，而是評估你這個人。

薩　拉　我讀了一篇文章，說你因為經歷過恐慌症因而成為一名心理師……真的嗎？在你經歷了某些悲慘的事情之後？

約書亞　對，沒錯。

薩　拉　那麼，你怎麼知道我正在經歷的是恐慌？你不在我的腦袋裡，也看不見它。

約書亞　好問題。要不要做一下神奇的「恐慌檢測表」？

薩　拉　有什麼神奇的？

約書亞　沒什麼，我只是喜歡誇飾一下，就跟焦慮帶來的誇大效果一樣。我們必須了解你面臨的情況並進行配對。

我的諮商室裡有一塊大型攜帶式白板，這是代課老師的夢想。我熱情地站起身轉動白板，試著讓薩拉不再專注於自己的恐慌症狀，從而打破恐慌的循環。我開始在白板上塗寫我的看法——這是我當老師時養成的習慣。

約書亞　恐慌發作，或者是恐慌症，發生於我們感到極度恐慌的時候，接著我們會**害怕**那些恐慌的感受。這將我們帶入了「恐慌循環」中……

薩　拉　誰會想到男性說教（mansplaining）竟能解答我的困境？

約書亞　（咯咯笑）聽我講解一下。你告訴我這情況幾乎每天都會發生，所以我猜你正處於所謂的「恐慌循環」或「焦慮高峰迴圈」中。

我在白板上畫了一個很醜的迴路圖。

約書亞　這都是始於最初的恐慌發作——大發作。發作時你經常會感覺自己即將失控，並感覺到解離和大量的生理症狀，覺得大腦飛速運轉。這著實讓我們非常害怕，不希望情況再次發生。你還記得第一次恐慌發作的情形嗎？

薩拉 記得。那次發作是在一場醫學會議中，我受邀發表我的研究成果，然後……淚水湧上她的眼眶。

薩拉 我離開了，我像個膽小鬼一樣逃回家了。整個會議室的氛圍變得很奇怪。我突然覺得又熱又恍惚，全身上下每一寸都叫我趕快逃跑，於是我照做了。我跑到外面打電話給我媽，她趕緊跑來接我，從此之後就很擔心我。我不得不搬回去和她一起住，因為我照顧不了自己。

約書亞 看來她非常在乎你。

薩拉 是的。她經歷了很多，我痛恨像這樣增加她的負擔。

約書亞 父親也在嗎？

分析音：可推斷的問題。

批評音：白痴。

薩拉望向一旁，仍舊緊抓著抱枕。

薩拉 不在了。

偵探音：分開了？過世了？

直覺音：集中注意力，這不是必要的問題。

憐憫音：這就是她要說的故事。她願意的話就會分享的。

薩拉 我想這就是我的「大發作」，從那天起我就不再是自己了。我就是覺得自己辦不到，

約書亞　你懂嗎？真的發生太多事情了，我不想在同事和醫學專業人士面前羞辱自己。

薩　拉　嗯。

約書亞　這樣真的很可憐。我應該要是照顧、治癒他人的人才對，但我甚至治癒不了自己。我只會讓身邊的人擔心而已，這對他們的健康也沒有幫助。

薩拉的肢體語言似乎放鬆下來了，姿勢變得較為冷靜。她看起來累了，腎上腺素應該正在消退。她的焦慮幾乎變成了顯而易見的悲傷。

約書亞　這個嘛，你不會永遠受恐慌發作所苦的。看得出來你的恐慌已經稍微減輕了，你有發現嗎？

薩　拉　對，好一點了。但我還是想要跑出去尖叫。

約書亞　嗯，冒著聽起來自以為是的風險，我得說你已經成功容忍了恐怖的思緒和感受，留在這裡和我談話。對此我真的很感激。你有注意到你的焦慮是如何在不逃避的情況下減緩的嗎？

薩　拉　有……確實減緩了。但等一下又會再次發生，總是這樣。我只覺得很……無望。我病了。

約書亞　我希望每個踏進這裡的人都能感到安適自在。我也不認為恐慌發作是疾病的徵兆。

薩　拉　根據《精神疾病診斷與統計手冊》第五版（*DSM-5*），恐慌症**正是**疾病。

不敬音：哈！你被醫生電了！

約書亞　是沒錯……但同時有研究指出，只要正確處理，恐慌症的恢復率非常高。我個人認為那是一種恐懼，一種對恐懼本身的恐懼。這正是我認為它不完全是疾病的原因。

薩拉遲疑了一下，看起來正試圖理解這個說法。我說的話引起了她的共鳴。她將抱枕平放在腿上後稍微坐直，盯著我畫在白板上的恐慌迴路圖，瞇起眼睛思索。

薩　拉　我懂了。我擔心會像醫學會議那次一樣恐慌發作，對嗎？

我沒有回應。

薩　拉　沒錯……我很害怕，所以逃跑了。我回到家試圖理清一切讓自己好起來，但我依舊沒有好轉。我每天都在恐慌，也確實害怕恐慌發作。我不斷地在尋找恐慌。

約書亞　這叫做威脅監測。更精確地說，叫做「內在威脅監測」。

我放下在空中比劃引號的手指。

薩　拉　我一直都那樣。我起床後就開始自我檢查，確認症狀、血壓、血氧。我一直在尋找和細看自己的恐慌徵兆。

分析音：她正在針對自己與恐慌症相關的想法和行為形塑後設認知意識。

共情音：感覺很有啟發性，但別忘了，意識到這些可能會令她難以消受。

約書亞　你有多常為了避免恐慌，逃避做某些事情？

薩　拉　每天。所有事情都和焦慮有關。

約書亞　那你多常思考擺脫焦慮的方法？

薩　拉　每天！

約書亞　玩這場焦慮賓果遊戲時，你是否經常把身體症狀誤解為即將崩潰的徵兆？

薩　拉　我的老天啊。即使做了三次心臟掃描並且經過專家朋友的檢查，我仍舊確信心悸是心臟有缺陷的徵兆。我也覺得這些說來就來的激動感覺是腎上腺癌的跡象。

她好奇地盯著我。現在她的注意力全在我身上，一切都得歸功於恐慌的消退。

約書亞　你有沒有覺得焦慮、擔心恐慌發作，是你生活的中心點？你是否遵循這些在制定計畫？做決定之前會將它們納入所有的計畫裡？

薩　拉　你正在唸出我的自傳簡介，這就是我兩個月來的想法。

約書亞　那麼，神奇清單完成了。恭喜，聽起來你正深受恐慌症所苦。

薩　拉　我還是沒搞懂這清單有什麼神奇的，但把我這些想法和感受當成發生在別人身上的事情，確實帶來安慰。我不是希望他人受苦，只是感覺沒那麼孤單。你能幫助我嗎？

共情音：我記得這種感覺。

救世主音：我想拯救她。我想幫助另一個人減輕焦慮。

她看上去滿懷希望，引頸期盼。

觸發音：責任。

生理音：我準備要釋放大量皮質醇了。

批評音：你他媽的沒有責任感，你這男人絕對是個冒牌貨。

憐憫音：別理它們，你的價值無可估量。

批評音：是嗎？這女人是醫生。你是誰啊?!

直覺音：馬上回到諮商室，現在跟你個人無關。

約書亞　我能嘗試幫助你自助。面對所有焦慮的症狀，心理教育都至關重要。我能教你我所擁有的知識並支持你，但最終你必須付出極大努力來阻止恐慌發作，讓自己回到正軌。你覺得你願意和我合作嗎？

薩　拉　願意，開始吧。

恐慌發作——對恐懼本身的恐懼

恐慌發作（panic attack）指的是我們突然間有種排山倒海的感覺，覺得恐懼的事情即將發生。這種現象始於腎上腺素和壓力荷爾蒙皮質醇激增，使我們產生突發性的強烈感受，並立即擄走所有的注意力。接著我們就會感覺大難臨頭，隨之而來的是大量嗡嗡作響的「萬一……怎麼辦」念頭，像是「萬一我快死了怎麼辦？」、「萬一我崩潰了怎麼辦？」、「萬一我發瘋了怎麼辦？」、「萬一這種感覺永遠不會結束怎麼辦？」等等。無論我們身在何處，這種念頭通常都伴隨著強烈的逃跑衝動。

想替這杯有趣的雞尾酒加料的話，恐慌發作也會帶來一系列奇怪的生理症狀，包括心跳加快、失去現實感（感覺抽離自身和現實）、胸悶、盜汗、呼吸困難、消化問題、畏光、暈眩、四肢發麻等等。儘管可能出現其他的症狀，但上述這些是最常見的情況。

恐慌發作可能令人畏懼，對於那些不清楚當下事態的人來說尤其如此。經歷過恐慌發作的人有極佳的復原力，他們並非沒有選擇。恐慌也並非軟弱的徵兆，從我的專業觀點看來，那些消息不靈通、胡說八道的人，需要接受心理教育的程度並不亞於為恐慌發作所苦的人。

諮商學派大亂鬥——如何找到適合自己的心理師？

「諮商心理師」(psychotherapist)和「諮商師」(counsellor)，唯一的不同之處在於前者有五個音節，聽起來比較酷。這就是為什麼我的網站上到處都寫著「諮商心理師」，而不是俗氣的「諮商師」。不論何者，同樣都指心理師，所以下次當你看到有人自稱「諮商心理師」時，只須知道他們和我一樣自命不凡。

無論從個人或者專業的經驗來看，心理師都是我見過最棒的人。然而，他們也可能令人反感、自以為是且惹人厭。關於心理師的世界，大眾不知道的事情非常多。我們數量龐大且存在於群體之中，通常會衝動地將我們沒有的錢花在新的培訓上，或是在與至親友人互動時，盡量不要太像在晤談。容我帶領你一窺神祕的心理師休息室，我們全都會聚集在那裡抽菸、策畫針對個案的陰謀(開玩笑的，而且抽菸有害健康)。

進入休息室之前一定要知道的是，一名心理師必須接受至少一種心理治療模式的訓練才能自稱是心理師。一種心理治療模式即一種學派，或稱一種訓練哲學，完成聲譽良好的課程之後，就能被授予心理師的頭銜，且在多個國家都能獲得執業許可。有很多種心理治療模式，也就是說有很多不同類型的心理師。舉例來說，一名心理師可能受過認知行為治療(CBT)的訓練，也可能採取人本主義的個人中心治療(PC)或者心理動力(如佛洛伊德)、人際溝通分析

（TA）、後設認知（MCT）等心理治療模式。

對於大眾來說，這些學派真的很難搞懂，這就是為什麼在我看來，心理健康領域最大的悲劇之一會是假設每位心理師都知道自己在做什麼。其實他們並不知道。心理師只能運用自己接受過訓練的治療模式，他們的知識是有限的。有時候那些治療模式有效，有時則徒勞，而個案也需要和心理師建立良好關係。在我看來，**治療模式和諮商關係必須相符**。然而，如果我每次聽到這句話都能拿到一分錢：「我嘗試過心理諮商，但沒有效。」，那麼我大約已經賺到二十英鎊了。我們正處於全球心理健康危機之中，不幸的是，許多人在嘗試第一次心理治療後就感到幻滅。對我來說，以上那句話等同於「我試過去運動，但不怎麼喜歡。」但其實你只玩過草地滾球而已。大多數的人沒有意識到心理治療的世界有廣泛的選擇和不同的治療模式，但考慮到在最初決定尋求幫助就需要大量的精力和勇氣，知道這點並沒有什麼幫助，也不能保證找到的第一種模式就是合適的。

在社會上，你可能有注意到人們傾向於待在某個特定的群體中。這種群體主義在足球比賽、辦公室、政治、推特上的爭論等方面最為明顯，而這同樣也存在於心理治療的世界中。接受心理師訓練需要付出很多努力，我敬佩所有接受過嚴格心理師培訓的人。在培訓中你必須挑戰自我和固有的信念，這個過程會以一種勢不可擋的方式進入你的個人生活。心理師課程挑戰著你全身上下每一顆細胞，藉以測試你的復原能力，這可是件非常恐怖的事！若正在閱讀的你是位心理師，那麼我要真誠地送上一句「幹得好」，你做到了。

任何模式的訓練都會要求你全力以赴地練習，但當你想以不同的視角看待世界，特別是透過另一種模式看待時，便可能使你踏入認知失調的世界。許多培訓機構都是由熱情又鼓舞人心的「模式純粹主義者」所經營，他們相信大多數的心理痛苦都可以被他們親自培訓並投入情感的某一種諮商方法治癒。例如，接受心理動力治療訓練的人可能認為卡爾．榮格（Carl Jung）和梅蘭妮．克萊恩（Melanie Klein）的理論應該被用來探索構成行為的無意識過程（「別再試圖和你的父母上床了」）。然而，接受卡爾．羅傑斯（Carl Rogers）人本主義治療訓練的心理師認為，心理治療的核心目的是要心理師提高個案自我實現的能力（「我就坐在這裡，一句話都不說，直到你開口為止」）。認知行為治療（貝克療法〔Beckian CBT〕和第三波療法〔Third Wave CBT〕）則和人本主義治療形成鮮明對比，透過專注於當前的想法、感受和行為模式來解決問題（「讓我們將你的痛苦概念化為我電腦上的數字」）。接著是人際溝通分析治療，著眼於親密和衝突的立場（「我的內在小孩想要一杯奶昔」）。別忘了還有「創傷知情」（trauma-informed），採用這種模式的人偏好扮演偵探的角色，把一切歸咎於超出創傷後壓力症（PTSD）定義的模糊創傷概念，因為他們曾經讀過貝塞爾．范德寇（Bessel van der Kolk）的《心靈的傷，身體會記住》（*The Body Keeps the Score*，繁中版由大家出版）。這樣的例子還有很多。

就算是面對心智健康的人，你也不能指望真的有人能理解可行之心理治療模式的寬廣程度，更別說是深受嚴重心理健康問題所苦的人了。於是，當有人終於鼓起勇氣尋求心理治療時，就只能碰運氣或是擲骰子。我很好奇這些人最終遇上了哪種療法，但最後通常是取決於心理師及其選擇的治療模式，有時這些心理治療模式確實有效，且效果很好，有時則不然。然而，**所有治療模式都有望幫助你減輕焦慮、憤怒和憂鬱**。令人心碎的是，當某種特定模式沒有效果時，個案經常會覺得是他們自己的錯，或者某種程度上認為自己已經無藥可救。一位好的心理師要能夠意識到自己的知識和治療模式的局限性，而不是盲目地相信自己的方法是所有苦難的救星，並且要有足夠的信心，理解個案沒有進展並不一定是因為自己無法執行某種模式。像這樣的心理師很多，且都是非常優秀的人。然而，如果我說每一位心理師都是這樣，那就是在撒謊。

當你看向大門敞開的心理師休息室時，瞇起雙眼，就會發現裡頭的人即使臉上掛著笑容，內心卻厭惡著彼此。好吧，這麼說是誇張了點，其實我們並不討厭對方。但我們非常在乎自己在成為心理師的道路上付出多少努力，所以我們每年都會在球場上相聚一次，穿上有治療模式代表色的球衣決一死戰——我們將這場戰鬥稱為「榮格人遊戲」（The Junger Games）*，最後勝出的模式代表色就會被加冕為「唯一真正的心理治療模式」（去年是催眠療法獲勝）。如果你想下注的話，創傷知情是今年的熱門人選。

現在你可能在想：那麼約書亞穿的是什麼顏色的球衣？這個嘛，這就是事情變得複雜的開始。

並不是所有心理師都會參與榮格人遊戲。觀看這些諮商學派大亂鬥對於心理治療界的權威來說只是一種娛樂，而這些權威是採用「統整療法」（integrative therapy）的重要人士，也是所有人之中最自以為是的。當然了，我就是其中之一。目前為止我已接受過人本主義治療和認知行為治療的訓練，且滿心期待將來能學到更多。

統整療法心理師研究多種心理治療模式，理論上，我們可以因應不同個案，選擇混搭多種不同方法找出最適合的療法。這類心理師相信自己更勝於模式純粹主義者，面對現實吧，我們確實贏過他們。我們將坐在金色王座上看著人生教練替我們斟滿高腳杯，然後命令這些人生教練蜷縮成人形腳凳供我們休息使用。

好啦，正經一點。假如你正在尋找心理師，或者正在進行心理治療，那麼可以問問心理師是接受哪種模式（或者哪幾種模式）的訓練，有些不用問就會直接告訴你。問問他們療程的目標是什麼，以及治療模式為何，你可以據此確認這是否符合你想要的諮商效果。每種模式都有許多傑出的心理師——只要確定適合你即可。

* 諧音「飢餓遊戲」（The Hunger Games）。

哈利01——二〇〇八年六月，玩《傳送門2》

約書亞　這是我這輩子玩得最爛的一次。

我弟弟翻了個白眼。

哈　利　我確定你有玩得更爛過。

約書亞　我發誓我早就變強了，可能是網路連線的問題。

哈　利　才怪……只是你不會玩《最後一戰》（*Halo*）而已。

我回頭看見他那放肆的笑容，忍不住笑了。我認輸了，將手把推到桌子另一頭。

哈　利　想玩點別的嗎？媽媽上週買了《傳送門2》（*Portal 2*）給我。

約書亞　《傳送門2》？從來沒聽過，而且我沒玩過一代。不想玩了。

哈　利　來玩啦！你會喜歡的。這是合作模式的……

約書亞　我喜歡合作模式。裡面有媽媽反對的那種沒必要的暴力嗎？

哈　利　沒有。沒有打架，這是一款益智遊戲。

約書亞　那我不玩了……

哈利看起來很失望，我討厭看到他傷心的樣子。

約書亞　好吧……給我手把。

哈　利　我覺得你會喜歡。我們得合作完成任務。

螢幕亮了。我們倆將椅子靠在一起，回到往常的遊戲位置。但還沒開始玩，媽媽就衝進房間。

媽　媽　為什麼看到旁邊還有髒盤子我一點都不驚訝!?輪到誰洗了？

哈利和我指向對方。

哈　利　但我遛狗了！

媽媽看著我，等著我的抗辯。

約書亞　嗯，對……我……該死……

媽　媽　約書亞！

哈　利　拜託，媽媽，我們可以玩幾場《傳送門》嗎？我等一下就要去爸爸家了。

約書亞　對呀，媽媽，是《傳送門 2》耶！我們等第二代等好幾年了！

她盯著我。哈利強忍著不笑出來。

媽　媽　他爸爸一來接他……你就去洗碗！

約書亞　好，我會的。對不起。

媽媽下樓了，哈利設定好遊戲。

約書亞　好了。要怎麼玩？

哈　利　我們各有一把傳送門槍，可以發射出不同的傳送門，分別是入口和出口。

哈利按下按鈕，螢幕上出現一個黃色的橢圓形傳送門。

哈　利　黃色的門是入口……

他再次扣下扳機，這次出現一個藍色的橢圓形傳送門。

哈　利　這個是出口傳送門。如果你跳進黃色門，就會被傳送到藍色門的位置。

哈利的角色跳過黃色門，扭曲穿越到螢幕另一邊。我也讓我的角色穿過黃色門。

約書亞　哇。我可以透過門看到你欸。太酷了！

哈利移動他的角色站到出口前面。我們倆的角色站著盯著彼此，看起來像是兩幅動畫肖像。

約書亞　這程式設計太厲害了。

哈　利　遊戲的目標是要抵達出口。我們需要合作。

約書亞　好……我加入。

我跳入傳送門。

諾亞01｜說不出口的祕密

面對新個案前慣有的緊張開始發作。再過幾分鐘，諾亞就會到了。在電話裡，他聽起來很有禮貌。我快速換了一件毛衣，因為原本這件吃午餐時沾到美乃滋了，屢見不鮮的情況。我的諮商室裡有一個用來應付這種狀況的「緊急事件」抽屜，裡頭有梳子、除臭劑、備用鑰匙、掃把畚箕組、臉用濕紙巾、英國稅務暨海關總署（HMRC）登入資料和遺囑，以及一瓶美乃滋。

敲門聲響起，我開門迎接一位穿著考究的二十多歲男子。

約書亞　嗨，你是諾亞嗎？

諾　亞　哈囉，約書亞。對，我是諾亞。

約書亞　請進。

諾亞跟著我進入諮商室。他脫掉雙排扣厚呢大衣，小心翼翼地掛在我的衣帽架上。我示意他坐上沙發。

約書亞　要喝水嗎？

諾　亞　好的，謝謝。

帶著水回來後，我看見諾亞緊張地擺弄他的羊毛衣。他喝了一口水，身體微微顫抖著。

我在他對面坐下。

諾　亞　謝謝你。

共情音：他很緊張。

憐憫音：幫助他，讓他感覺自在一點吧。

約書亞　這是你第一次諮商嗎？

諾　亞　噢……呃……當然不是。我接受過的諮商比……那句俚語怎麼說？比吃下去的食物還多？

約書亞　看來已經很熟悉囉？

諾　亞　（微笑）對，當然了。

約書亞　過去的晤談怎麼樣？

諾　亞　我覺得很有幫助。無論如何，某種程度上有幫到我，和在社群媒體上尋求平和的安慰比起來，我更喜歡諮商，我發現最近我一直滑社群媒體尋找答案。那真的是種無意義的追尋，只讓我感覺更焦慮、更孤單而已。

約書亞　我明白。你認為過去的諮商經驗有什麼幫助？這能幫助我更加了解我們該如何合作。

諾亞放下水杯，抓起一個抱枕緊緊抱在胸前。

諾　亞　我喜歡有一個安全的空間讓我說話，也喜歡擁有一個私密、絕對保密的空間。這裡

約書亞　百分之百保密，對吧？

諾　亞　當然。唯一需要打破保密協定的情況是有生命受到威脅，或是嚴重罪行被揭露的時候。

偵探音：這並不能讓他放心。他的臉頰微微泛紅，且避免眼神接觸。

分析音：這好像令他感到不自在。

約書亞　「有生命受到威脅」，這是什麼意思？

諾　亞　若我相信你或任何人正處於立即的危險之中，就算成立。比方說，假如你暗示要結束自己的生命，或是揚言要殺人。你覺得最近有這種感覺嗎？

焦慮音：真希望他沒有殺過任何人。

約書亞　噢……沒有，我沒有過這種想法。我肯定不會想殺任何人。

諾　亞　那……會傷害自己嗎？

諾亞頓了一下，雙眼看向窗外。

約書亞　我從來沒有那樣的計畫。但我確實有些個人特質，過去曾經……呃……讓別人感到驚慌。我不是想自殺，但……你確定這些都會保密嗎？

諾　亞　確定。

諾亞往前坐一點，我發現他在顫抖。他慢慢拉起毛衣的袖子，露出傷痕累累的前臂。我看到了過去自殘的印記，也受過訓練知道要找尋這些傷疤，但他手臂上的疤痕數量之多，說不震驚肯定是在騙人。

焦慮音：該死。

憐憫音：這個男人一直深陷苦海。

共情音：讓你看這些肯定很不容易。

約書亞　謝謝你讓我看到這些，我很感激你的信任。最近有發生這樣的事嗎？

諾亞把袖子拉回手腕的位置，然後將手臂放回抱枕上。

諾　亞　上一次是幾個月前。我，呃……給我上一位心理師看，她好像非常震驚。然後她說和我合作超出了她的訓練範圍。我覺得自己有點蠢，因為我告訴她很多個人生活的事。接下來我所知道的，就是爸媽在幫我找新的心理師。然後我就來了。

約書亞　聽起來結束得很突然。

諾　亞　對啊。我喜歡她，不能再去找她讓我感覺更糟，彷彿我已經無藥可救了。這真的很令人沮喪。

他第一次抬眼看我。

諾　亞　你打算拒絕我嗎？如果是的話也沒關係。之所以讓你看這些，是因為我不想要做了那麼多事之後又被退貨。

救世主音：我可以拯救你！我是個厲害的心理師！

意志音：切記你的專業界線。

約書亞　**分析音：你對這個年輕人幾乎一無所知。**
這個嘛，我沒有看見任何我們不能合作的理由。我相信我們所有人都帶著某種形式的傷疤。再者，我相信傷疤可被視為修復的象徵，因為……嗯……它們就是。
批評音：不要變成你在Instagram上看到的那種「療癒」發文者。
憐憫音：別理他們。就這麼做吧。
諾亞點點頭，稍微冷靜一點了。

諾　亞　你有傷疤嗎？
這問題讓我很驚訝。

約書亞　我，呃……嗯，我有。有一些有形的，也有一些心理上的。我想大多數人都至少有一種形式的傷疤。

諾　亞　是出於什麼原因？
意志音：改變話題方向。

約書亞　出於生活中發生的某些事。記得嗎？這個空間是讓你談論自我需求的地方。雖然我會回答問題，但請記住，作為你的心理師，我也會保持專業界線。

諾　亞　心理師總希望你能吐露一切——直抵靈魂核心——但他們卻迴避分享有關自己的事情，這令我感到很困惑。這種權力動態（power dynamic）好像帶點蔑視人的感覺。

約書亞　我能理解。但我認為諮商室裡一直都存在某種權力動態，其中一人成為「專家」因而得到報酬，就算此人根本不是專家也一樣，而另一人則被要求要表現出脆弱的樣子。此外，若一名心理師開始加入個案的行列，探索個人自身的苦痛，那麼打造個案專屬空間的任務就會失敗。我的工作是透過專業贏得你的信任，而不是藉由揭露全部面向的自己。我相信，沒有界線就沒有安全的空間——這個道理同時適用於我們兩人。

諾亞沉思了一會兒，看起來似乎接受了我的解釋。

諾　亞　是了，這也能解釋我對我朋友理查感到失望的原因。以前我每次試著向他敞開心扉，談話似乎總是變得以他為中心。若你失去了你的祖母，那他就會說自己失去了兩位祖母。如果你感冒了，那他就是得了新冠肺炎。若你的親戚罹患癌症，那他所有家人就都成了麻風病人。

我不禁笑了。

約書亞　我想我們都能理解理查。若你選擇繼續和我合作，那麼你想從諮商中得到什麼？

諾　亞　（想了一下之後）我想要有足夠的勇氣，勇敢到能講出一個保守許久的祕密。我從未告訴過任何人，但我覺得我需要為此努力。我感覺要是講出來了，自己就會崩潰。

偵探：有趣……

共情：保守祕密可能會令人感到麻煩且沉重。

約書亞 好的。那麼，若你有天覺得可以安全地分享出來，我會很感激，因為我知道這對你來說意義重大。

諾亞點點頭，放鬆地陷入椅子中。

IG療法——免費的心理健康解答，可能有什麼問題？

既然社群媒體能解答所有問題，何必尋求真正的諮商呢？當你可以盡情瀏覽Instagram或抖音（TikTok）上鋪天蓋地的錯誤訊息時，和一位投入多年時間受訓以幫助有心理需求者的專業人士晤談，這麼做的價值在哪裡？當然了，社群媒體是免費的，諮商通常要錢，但請聽我說完這點。

不確定你的伴侶是否是自戀型人格嗎？那麼，這裡有一篇「你的伴侶是自戀型人格的五個徵兆」，由完全無相關專業的人所寫，這篇文章將告訴你，若你的女友播放哈利．史泰爾斯（Harry Styles）的歌曲跳機械舞，那麼她有多自戀。你在工作時感到很悲哀嗎？那麼，這種感受顯然是源於童年時期的「創傷」，而不是現在讓你感受到壓力的事情。有人不贊同你的觀點嗎？這個嘛，根據Instagram和抖音，這顯然是因為「煤氣燈效應」……你正被你的祖母操縱情感（她也是自戀者，曾和你受過創傷的男友上床）。我之所以知道這些，只是因為一段影片的結尾告訴我「你已經夠好了」，並且提供了一個昂貴教練課程的連結，點進去我就能如同我的朋友德魯．林薩拉塔所說的一樣，「比好還要更好」。

以我的專業觀點來看，社群媒體上充斥著很多無用的心理健康建議，甚至可以說那些建議根本適得其反。我承認這聽起來非常自我中心，因為我自己也在社群媒體上提供見解，但身為一個努力學習且經歷過各式焦慮症狀的專家，我能夠也已經看到社群媒體會讓你陷入神經質的漩渦之中。

我的建議是，在瀏覽社群媒體尋求心理健康建議時，不要失去批判性的眼光。若有人告訴你把冰塊放在手腕上可以阻止恐慌發作，請退一步思考為什麼這可能不是一個可持續的應對方式。別因為你在早晨打瞌睡，在晚上奉承別人，就假設你的問題是「創傷」造成的。創傷可以很複雜，應該要透過經過訓練的專業人員（例如你的醫生）來鑑別創傷後壓力症候群（PTSD）。如果有人跟你說，訂閱他們的群眾募資專頁就能獲得不再悲傷的祕密解答，那我真的會仔細審視你花錢買到的究竟是什麼。別讓我暴躁的性格毀了你的社群媒體體驗，但要小心警惕錯誤資訊。

梅菲爾德倉庫狂歡派對——二〇一五年七月，曼徹斯特

流動廁所的隔板隨著音樂的低音震動劇烈搖晃，唯一的光源是穿透天花板格柵破裂的間隙一閃而過的光線。有人敲了第三次門，但我沒理會。我只覺得頭重腳輕，因為我喝得太醉了。在光線有限且視野搖晃不止的情況下，要讓粉末安穩地待在大門鑰匙上有點困難，但我很享受這份挑戰，因為我感覺自己是個無庸置疑的英雄——甚至是神。我朋友阿莫斯的叫喊聲從隔壁的流動廁所穿進格柵。

阿莫斯　喂！你搞定那袋了沒？別跟我上次一樣失手弄進馬桶裡。

約書亞　快好了，再一下。

憐憫音：你覺得今晚這些還不夠嗎？

逃避音：別理他們，這是你應得的。你工作很辛苦，人們都不明白。再來一些吧，想吸多少就吸多少。

生理音：已為你準備好要付出的代價了，先生。

我將大門鑰匙舉到鼻子前，用右邊鼻孔用力吸入粉末。汽油的氣味和猛烈的刺痛感像是熊熊烈火的爆燃現象一般竄過我的鼻腔。我睜大雙眼。閃光再一次掃過格柵間隙。

不敬音：這肯定就是袋裝米待在自助結帳機上的感受。

了。

我很快就適應了持續不斷的音樂重擊聲。這就是我，但是百分之一百一十的我。我愛死

逃避音：轟轟轟！甲板派對。

生理音：我已經再次提領你透支的多巴胺了。債務須於十日內還清。我保留了一部分下週的血清素作為押金。

我感覺到體內發出嘶嘶聲，並將粉末袋抬高到格柵處遞給阿莫斯。

約書亞　吸到了嗎？

阿莫斯　吸到了，謝啦！

廁所門板上再次響起敲門聲。這次我打開了，隨即踏進燈光的汪洋和電音的重擊聲中。一個穿著雷蒙斯樂團（Ramones）T恤的傢伙不滿地看了我一眼後迅速走進廁所，將門在身後鎖上。

批評音：我打賭他根本沒聽過雷蒙斯。

逃避音：閉嘴。繼續狂歡吧！

阿莫斯也跳出他那間的門，和我一起進入巨大倉庫的主要舞池中。我們倆都很亢奮。我仰著頭讓低音波撞擊胸膛。我們都是厚顏無恥地信奉享樂主義、在自助結帳機上被掃描的米袋，享受著這美好時光！

凌晨四點，我們魚貫而出，和幾位剛認識的新朋友有說有笑。

逃避音：派對還沒結束呢，繼續狂歡吧！

生理音：這對我們不好，你正在讓系統超頻*。你已經不是二十三歲的小伙子了。

批評音：拜託，以前比這有趣多了！

逃避音：來吧，開始狂歡吧！

我們在阿莫斯位於市中心的公寓進行下一場派對。他家很快就變成一個保溫箱，裡面滿是煙霧和鏡面托盤上的粉末狀藥物。我只希望這種歡樂永遠延續下去。有人抓起音源線，替現場播放音樂。我看到那個穿著雷蒙斯T恤的人正坐在廚房檯面和一個年輕女子調情，阿莫斯則在沙發上親吻一位迷人的年輕小伙子。有人在我面前坐下。

偵探音：我發誓以前看過這個人。

分析音：對，在倉庫裡看過。他叫達爾。你現在太亢奮了。

逃避音：該死，你們說得沒錯。

達爾遞給我一個放著紙捲的鏡面托盤，並示意我使用它。我照做了。

達　爾　嘿，那是我很長一段時間以來最超現實的一段對話。看到你如此……正常，真是太酷了。就跟人類一樣。多麼美妙的夜晚呀，是吧!?

約書亞　什麼意思？不好意思，我不記得之前的對話了。

達　爾　（大笑）哪一次？在倉庫那次？我想你不太可能記得我們不久前的聊天內容吧。

約書亞　不久前？我們有……

恐懼襲來……一種可怕、勢不可擋的恐懼。

偵探音：喔耶！這是你受訓期間的個案，他叫做達爾。很多年前因為嫉妒之類的原因來見你。

不敬音：喔……

批評音：你剛剛在這傢伙面前吸了一口白色聖誕，甚至沒有認出他。他不值得讓你認出來嗎？

觸發音：你剛和以前的個案一起嗑藥。

生理音：是呀，胃承受不了這些的。站起來吧！

我吐在自己身上。嘔吐和徹夜嗑藥造成的壓力導致我鼻腔內的血管爆裂，鮮血從鼻孔流到了我的T恤和地板上。我感到天旋地轉，每個人都陷入詭異的沉默。

阿莫斯　好了，關掉音樂。我想該是讓大家回家的時候了。謝了各位！快滾吧！

阿莫斯關切地看著我，就像新手父母第一次看見孩子嘔吐一樣。我很感謝有他這樣的朋友。

所有人終於都離開了，包括達爾以及那個和阿莫斯接吻的人。雷蒙斯男將一個很炫的打

＊　overlock，將電子配件的時脈提高到超越標準規格的頻率，藉此提升工作效能。

火機遺落在廚房檯面上，我看見阿莫斯把它放進口袋。他走過來遞給我一杯水和兩顆乙醯胺酚藥丸。我把T恤脫掉，蹣跚地走進廁所清理。我望向鏡子，開始哭泣。我感覺自己好可憐，我好可憐。阿莫斯敲了敲門。

阿莫斯　你沒事吧，老兄？吸太猛了嗎？

約書亞　對。我剛發現達爾是我的前個案。

阿莫斯　我的老天……不會吧?!

他笑了出來。

阿莫斯　來吧，上床去吧。你可以在早上買早午餐時跟我說這件事。你知道的，你隨時都能跟我講任何事情，即使是跟哈利有關的事也可以。我明白那很不容易。

約書亞　很抱歉，老兄。

阿莫斯　是呀，你是該道歉。你壞了我的好事，真是個大混蛋。算你欠我一次。

達芙妮02——不當自己時，才有辦法展現脆弱

達芙妮又一次坐在我的諮商室裡。前一晚她人出現在我的客廳，但並不是本人。我決定要藉由觀看由她主演、我最喜歡的電影，試著讓自己脫敏，盡量不要因為她坐在我的諮商室裡而感到緊張。事實證明這真是個愚蠢的點子，只讓我覺得自己在追星，還帶著一股孩子氣的飄飄然。我感到非常焦慮，但其中也夾雜著興奮感，因為這位舞台劇暨電影巨星就坐在我面前，就在我這間不起眼的諮商室裡。

那天早上，我梳了頭髮、刮了鬍子、燙了襯衫，這還是自去年參加朋友婚禮以來的第一次，但聽到這些你大概不會驚訝。達芙妮把提包放到一邊後對我微笑。她是一位面對注目禮也能保持冷靜的高手，很難辨識出哪些是在表演、哪些是真實的舉止。她坐得筆直，身上散發出一種柔和的王者氣場。

約書亞 你比較偏好被叫做達芙妮，還是我應該用本名稱呼你？

達芙妮 我不相信我有告訴過你我的名字不是達芙妮。

焦慮音：該死。

批評音：傑出的開始。

我的臉立刻漲紅。我坐立不安，試圖保持冷靜。

約書亞　呃……很抱歉……我……

達芙妮　（微笑）沒關係。我可不天真，我明白你知道我是誰。事實上，最近我朋友給我看了你在社群媒體上模仿我的影片。你可能不記得，因為已經有一陣子了。不得不承認你模仿得維妙維肖。

焦慮音：噢……你記得的……當時你覺得自己很搞笑。

分析音：這就是為什麼人該留意在網路上分享的內容。

偵探音：出色的偵探工作，達芙妮。真正的專家。

我的雙頰持續燃燒，應該已經燒成了火紅色。我能感覺到額頭在冒汗。達芙妮所說的模仿是我幾年前上傳到Instagram的影片。我在影片裡扮成自己最喜歡的電影偵探之一，而那位偵探恰好是由我面前這位女人所飾演。在一部由男性執導的黑色電影*中，她飾演一位堅毅且冷靜的偵探，經常以輕輕彈響Zippo打火機並要求一根菸來打破和黑社會嚇人角色僵持不下的局面。「有能讓打火機發揮用處的東西嗎？」她會用冰冷、平穩的語氣這麼說，同時手上的火光距離對方的雙眼只有幾寸遠。

意志音：老實點，說詞一致很重要。

約書亞　我記得那部影片。只是想讓你知道，我那次模仿是出於對你飾演的電影角色的欽佩。真的很抱歉，如有冒犯之處我會立刻刪掉。我會更加謹慎……

達芙妮　不需要這麼誇張。留著吧，約書亞。我覺得那模仿挺有趣的，雖然語調還需要調整一下。要是我覺得受到冒犯，肯定就不會付錢坐在這裡接受你的諮商了吧？

約書亞　確實。

達芙妮望著我微笑，雙手交握擺在交疊的膝蓋上。我覺得自己彷彿是唯一需要被分析的對象，而她在這空間裡是個神聖的存在。我平常習慣的權力動態不是這樣。

達芙妮　我的名字叫達芙妮，這是我在演藝圈之外使用的名字，這圈子很多人都有藝名。我的另一個名字和我的成就緊扣在一起，那是我工作時使用的名字。我想，目前這種情況下，達芙妮才是合適的稱呼。

約書亞　好的。你為什麼來到這裡呢，達芙妮？

達芙妮　身為國際藝術節的一分子，我在城裡待了幾週，自導自演我的最新戲劇。

約書亞　聽起來很棒！其實我想問的是你為什麼會來諮商。不過，很高興能聽到你來曼徹斯特的原因。

她低下頭，一瞬間抽離了角色，變成一名忘記精心排練的台詞而感到震驚的演員。當她再次抬頭看向我並露出微笑，又變回了泰然自若的樣子。

達芙妮　你說得對。很抱歉——我經常不自覺說些寒暄的話。我來這裡是為了得到幫助，緩解負面情緒。我時不時就有些負面的想法。我的朋友說你是一個可以放心交談的對象。

---

* film noir，悲觀或宿命論內容的電影，通常是關於犯罪，並描繪痛苦、怪誕或殘忍的世界。

偵探音：好想問是誰說的。
意志音：別問，別忘了你的職業操守。
憐憫音：有人推薦你真是太棒了。

約書亞　好的，沒有比個人直接推薦更棒的讚美了。

達芙妮端詳著我一會兒。接著她從提包拿出一支護唇膏，仔細地擦上嘴唇。

達芙妮　這些負面想法阻礙了我的個人追求，希望你能幫我擺脫它們。這些念頭阻擋了我想要達成的一切，完全是在浪費時間。只是我……不想要挖掘自己的過去，也不想過分自省，我只需要你幫忙修復我。最好是在五週內，因為演出結束後我將回到倫敦。就盡你所能吧。

約書亞　修復你？聽起來像是你已經四分五裂了。

達芙妮　我確實四分五裂。我在凌晨三點半被自己的心跳聲吵醒，這顯然不對勁。我的醫生說這是因為焦慮，但睡著時怎麼會焦慮？

她沉吟了一下，目光轉向窗外。對面是另一棟辦公大樓，而透過窗玻璃，我們能看到員工休息室正在舉辦生日派對，職員們戴著派對紙帽子，嘴裡吹著口哨。

達芙妮　我很焦慮。我……最近我很難受。

共情音：說出這些對她而言很不容易。

約書亞　謝謝你和我分享。

我還是沒有完全接受這位著名演員坐在我正前方的事實。我感覺有點麻木，也承認自己確實很努力維持形象。也就是說，聊得越多，我就越著迷於達芙妮的內在參考架構（internal frame of reference），當你踏進個案的世界，並開始從他們的立場看待和感受他們的經歷時，就會產生這種現象。

分析音：可以理解你很震驚，但這人終究是一個人。她是你的個案，付了錢且信任你這位心理師。繼續努力了解她的內在參考架構。

我依言照做。

達芙妮說起她的工作壓力——無窮無盡的媒體關注、對成功進一步的追求、每天工作十六小時再加上環遊世界導致的疲憊。想像這一切感覺很是迷人，但我感覺達芙妮渴望穩定、寧靜以及家的感覺。她非常想念兩個正值青春期的孩子。沉浸在達芙妮的世界裡二十分鐘後——我的雙肩和胸膛緊繃，無意識地模仿起她的肢體語言，因為我開始**感受**到她所承受的壓力。心理動力專家將這個過程稱為「移情」（transference）。

達芙妮　我還有感覺到**其他的壓力**……

達芙妮看起來悶悶不樂，形容工作壓力時那種興致勃勃的模樣蕩然無存。她盯著自己的大腿，挺直的身軀稍微傾頹了一點，並且開始緊張地把玩戴在手上的戒指。

達芙妮　它們超出了工作範圍。我的天哪，只要大聲說出這些，就能看清很多事情，對不對？

約書亞 確實如此。對我來說，這就是心理治療的其中一個奇蹟。將事情大聲說出口可以立即把憂慮投放入情境之中。

達芙妮 必須告訴你一切才能讓心理治療發揮效用嗎？如此才能修復——我是說，幫助我嗎？

救世主音：你說得越多，我就越能幫上忙！

分析音：胡說八道，別忘了你所受的訓練。

約書亞 我深深相信談論困難之事的力量。特別是在一個安全的地方和能夠信任的對象交談。也就是說，若你還沒有準備好，我不覺得分享這些事情有任何好處。你絕對不會感到來自我身上的壓力。

達芙妮 我信任你，純粹是因為艾伯希相信你。

偵探音：是艾伯希！你之前的個案。她隻字未提這段友誼！結案。

達芙妮 我在和我的自我意識搏鬥。我……我也不確定這話是什麼意思。

約書亞 這麼說吧，你覺得你有信心了解自己是誰嗎？

達芙妮 我知道自己是個有天分的表演者，我家牆上掛了足夠多的勛章來證明這一點。但是……但是我晚上睡覺的時候，總感覺自己好像是借用了這副軀殼和心智，只是作為一個暫時的容器。我覺得身體是個巨大的木偶，而我一整天都操縱著它。

共情音：和真正的自我脫節了，獨處時才能感覺到真正的自己。

分析音：強而有力、斷斷續續的話語。

約書亞 這聽起來很孤單，達芙妮。在我看來，想像一場木偶表演時，我能假設觀眾很享受觀賞台上的木偶，但付出的代價是要將懷疑的感覺暫時擱在一邊。所有人都忘了表演背後的木偶師，表演開始後，沒有人真的在乎是誰在操縱木偶。

達芙妮 沒錯，我……

她看向窗外。我們都看到有個大蛋糕被搬進了對面那場休息室派對中，伴隨著一陣歡呼聲。

約書亞 真抱歉，我通常會關窗的，但這房間有時候真的很熱。

達芙妮 看起來是場很棒的派對。

我保持靜默。達芙妮接著說下去，但目光仍聚焦在遠方的歡慶活動上。她看起來很悲傷。

達芙妮 我曾經演過一部電影，講述士兵從戰場返家……

觸發音：太激勵人心了！沒有舉白旗！好電影。你有這部片的DVD。

不敬音：哇嗚，這位明星現在就在你的諮商室裡欸，約書亞！幹得好呀，老兄！她的皮膚有夠好。

批評音：閉嘴啦！

達芙妮　……回到家人身邊。她回到一無所有，只有愛的家，就連和她關係緊張的哥哥也不住落淚。我真的很高興能成為這部電影的一分子。布景團隊、演員，甚至是導演，合作起來全都非常愉快。影評人和 IMDb（網路電影資料庫）大肆批評了這部片，但它對我來說意義重大……

約書亞　聽起來，這部電影裡有一些跟你很相近、但我們並沒有在大銀幕上看見的元素？

她盯著我。

達芙妮　我們？你有看過嗎？

焦慮音：別又來了。

約書亞　有，我有看過。

達芙妮再次看向休息室派對。一陣短暫的冷漠感席捲她，彷彿她已經脫離這個世界，忘記自己身在何方。她似乎正盯著一名神情歡快的中年女子，那名女子正在吹熄大蛋糕上的蠟燭。

達芙妮　我……

她開始結巴，雙頰和下巴顫抖著，但隨即又冷靜下來。她非常善於將自己從情緒中拉回來。

達芙妮　你看吧？即使我正在這裡試圖修復自己，但盯著那場派對就讓我感到非常鬱悶。為什麼我會這樣？你可以開點藥或是別的東西給我嗎？老天，這比和公司客戶的經紀人開會還要糟。

約書亞 我是一名諮商心理師，精神科醫師才是能夠診斷和開藥的人。

達芙妮 不一樣嗎？

約書亞 **不敬音：不一樣呀，諮商心理師更有個性。**

不一樣。精神科醫師接受了多年有關心理學和藥物作用的訓練，諮商心理師接受的訓練則是傾聽並運用心理治療模式。讓我們繼續回到快速修復的討論上吧。

達芙妮 太好了。那麼你會如何修復我？

約書亞 我還是得說，我不覺得你是破碎的，達芙妮。

我打直身體，準備好登上正義的臨時演講台。

約書亞 若你想繼續的話，這裡運作的方式就是共同努力找出你**感覺到**的問題。我是焦慮症的專家，會盡己所能用我的知識幫助你，但我並不懂得如何黏合碎片。我相信焦慮可能是由無益的個人信念體系所引發，可能是導因於壓力和生活的重大轉變，或者是因為發生在我們身上的傷心事。究竟是哪些原因，嗯……這你得幫我找出來。

達芙妮再次端詳我，彷彿我才是被分析的那個人。她放鬆下來，在靜靜考慮後似乎有了滿意的結論。接下來，她扔出一顆我偏好稱之為「意想不到的真相」的炸彈。

達芙妮 我媽媽……非常……討厭我。

生理音：哇塞，有夠嚇人。

達芙妮收回蹺著的腿，忿恨又頹然地倒回沙發上。她放下的雙手掌心朝上。在維持了四十分鐘幻象之後，一切突然瓦解了。就連我也感到驚訝。

約書亞 了解。為什麼你會那樣想呢？

達芙妮 天哪，約書亞，那天殺的有夠明顯。就算用槍指著她的頭威脅，那八十多歲的老女人還是不會擠出一絲笑容。她搞不好還祈禱能快點開槍，這樣就永遠不必再和我說話了。我這樣說我母親是不是很糟？

約書亞 這裡不做批判，我在這裡是為了傾聽並體會你的感受。畢竟猜對你母親的怒火來由也沒有獎品拿。

達芙妮 她很可惡，是這星球上最膚淺的女人。愛批評別人到難以置信的地步——愛批評我，這麼說才對。至於我的兄弟們，那又是另一則故事了，陰莖和睪丸給了他們無條件暢行無阻的通行證。然而，自從她把我從子宮裡擠出來以後，我那可恨的陰唇就一直是受到永無止境審查的藉口。

她的雙眼瘋狂地掃視地面，彷彿有什麼隱形的東西在地上亂竄。

達芙妮 老實說，她應該寫一本書叫做「如何成功透過你的孩子間接體驗人生」。她是專家，這方面的天才，約書亞。

達芙妮　直覺音：我覺得你應該保持安靜，讓達芙妮發言。

我真的不知道自己這輩子是怎麼忍受這些的，長達五十三年！不對，事實上，在我小時候她不是這樣的，但我一進入青春期，一切就變了。我成為她鄙視的對象，只能被用來當成一個計畫，企圖塑造出某種社會可接受的東西。

達芙妮氣得滿臉通紅。對面的派對歡鬧聲停止了，她開始嘗試找回消失的平靜神情，但為時已晚。她的眼中噙滿淚水，卻沒有落下半滴淚。

達芙妮　為什麼？為什麼她這麼討厭我……很抱歉，我討厭展現出脆弱的樣子。我說過我現在四分五裂，我不知道為什麼要告訴你這些。我只是想要睡個好覺，不必被心跳聲吵醒而已。我只是希望能夠外出吃飯，和朋友待在一起並好好享受。

憐憫音：雖然達芙妮已經取得成功，但還有很多需要解決的事。她真的經歷了很多，背負了好多壓力、怒氣和悲傷。

約書亞　從另一個角度看來，我認為你告訴我的內容對這個空間、對這段諮商關係很有助益，謝謝你。

達芙妮　為什麼要謝我？

約書亞　因為在這裡所說的一切，都超越了我們用來保護自己免受評論傷害的防護牆。雖然不認識我，但你還是決定分享我猜多數人都沒有看過的這一面。這是非常罕見且無價的，而這也正是屬於這個空間的事物。我很感激這樣的信任源於他人的推薦，也替你覺得傷感。

達芙妮 謝謝你。雖然我只覺得自己像個被寵壞的孩子，大肆埋怨自己的媽媽。天哪，我已經變成心理治療的老屁了！

約書亞 （咯咯笑）好像是喔。

她露出笑容，似乎放鬆下來了。

約書亞 你說你想要和朋友出去？那是什麼意思？

達芙妮 噢，我參加私人生活中的社交活動時，會感覺到令人窒息的焦慮。

約書亞 私人生活？

達芙妮 坐在接受訪談的椅子上，或是待在鏡頭前，我能夠自動完成任務。切換至私人生活時，我似乎就會遇到某個問題，簡單來說是這樣。這也是我來見你的部分原因。

約書亞 「工作模式」的你和工作以外的你有明顯差異嗎？

達芙妮 （毫不遲疑）有。

約書亞 在私人生活中，和他人互動時會發生什麼事？聽起來幾乎像是兩種不同的性格。

達芙妮 我好像會呆住且想太多，和朋友或大多數家人在一起時也一樣。所有事情都變得……比較無意識，更加不確定。我似乎突然非常在意別人在想什麼。我只想逃離現場，自己安靜地待著。這真是太瘋狂了。四分五裂的瘋狂。

我坐著聆聽。

達芙妮　就以今天早上作為例子吧。我的家人，包括我媽在內，下週要來拜訪我。光是想到這點，我的胃就開始翻騰，心臟怦怦跳。這真是太蠢了，我已經是個成熟的五十多歲女性，簡直荒謬……

達芙妮　她向前傾身，用雙手抱著腹部，形成自我保護的姿勢。但不只是面對我媽，任何時候都是這樣，即使是和經紀人一起吃點東西、拜訪表兄弟的家或是住在科茲窩的朋友也一樣。焦慮如影隨形，每個人都期待我當個有自信的人。我有錢，幸運地擁有美學天賦，還天殺的會拉丁文，但如果把我放在桌邊，而且不需要扮演一個反抗故事的女英雄，那我就會崩潰。真的就是崩潰。天哪，很抱歉我又開始發牢騷了。

憐憫音：你並不懦弱，達芙妮。

分析音：如果她留下來，我們就必須挑戰這些信念。

達芙妮拉上提包拉鍊準備離開，我感覺到必須盡快說些什麼。

約書亞　你並不懦弱。我相信分享出脆弱的一面是勇敢的一種形式，可惜這點很少受到讚揚。

達芙妮　你說這些純粹是因為你喜歡我的電影，因為我的身分。我只會因為我假裝不存在的事受到稱讚。

偵探音：很好的自我觀察。

直覺音：反映了先前的說詞。

約書亞　我什麼時候提到喜歡你的電影？

她露出尷尬的神情。

達芙妮　你說你很欣賞那個偵探角色，還做了嚇人的模仿並放在網路上。

約書亞　確實，但那部電影……還可以啦。不過，我還是很敬佩你的演出。

達芙妮　你對我在這裡的演出具備同樣水準的判斷力嗎？

約書亞　絕對沒有。我也希望你在這裡不要演戲。

達芙妮望向已經空無一人的休息室。生日彩旗仍掛在窗戶上，歌頌著已經結束的午餐派對。

達芙妮　我發現我很難展現出脆弱的樣子。

偵探音：有趣的發言，達芙妮可是演繹了不少現代電影中最感人的場景。

意志音：值得借鏡的自我觀察。

焦慮音：這好嚇人，但我做得到。

約書亞　請原諒我這麼說，你知道我看過你的多部作品，但就我的觀點來看，你成功地在大銀幕和舞台上表達出了脆弱的情感。

我停頓了一下，達芙妮滿懷期待地盯著我。

約書亞　我想要問的是：從外人的角度來看，你真的很擅長表達脆弱，為什麼還會覺得表現出脆弱的一面很困難呢？

她沒有移開視線，但我看得出來她正在思考這個問題。接著，覆蓋她雙眸的鹹冰河開始輕微破裂，但仍然沒有淚珠浮現。不是現在，還沒。

達芙妮　當你不是自己的時候，要展現脆弱很容易。當我不是……自己的時候。

預約好下週的晤談之後我送達芙妮離開。我坐下，嘆了口氣並放鬆肌肉。我點燃一炷香，試著專注在當下，但很困難。

憐憫音：你做得很好，這樣的事情並不是每天都會發生。

批評音：有很多更好的心理師能幫助她，你太想把她拱上神壇了，傻子。

憐憫音：讓他靜靜吧，他做得很好。

不敬音：「有能讓打火機發揮用處的東西嗎？」

內在參考架構——每個人專屬的心理結構

你有沒有過這樣的談話經驗：感覺對方只希望你趕快說完，這樣他們就能繼續說些早就準備好的內容？你是否認識某個人，往往會立刻把話題從你的經驗帶到自己身上？「對耶，我有遇過……」緊接著是他們自身的現象學獨白。你是否曾因在乎聆聽者的沮喪心情，而忽略了自己的感受？「別人的情況更糟」、「我現在不想聽這些」、「你這人很負面，搞得別人心情不好！」那麼，請容我介紹**內在參考架構**，這是一個神奇的透明浮動框架，我們藉由它凝視這個世界。每個人都有一個框架，而我的框架角落有隻滴水嘴獸。

世界上任何一個時間點都存在著大量的內在參考架構，如今大約有七十八億種——地球上所有人各有一種。想像一下：七十八億個小相框在地球上晃來晃去，每個相框都有自己的鏡頭和觀點，且只能從正前方捕捉到經驗。你將得到七十八億種不同的看法，有些看起來很相似，有些則完全相反。如我所說，這取決於相框面對的方向。

我們都透過自己的內在參考架構來理解並情境化自己的存在，簡單來說，就是站在自己的立場看世界。心理師訓練很大一部分是要學習如何跨出自己框中的圖像、跨出自己的立場，並試著想像站在他人位置看到的世界是什麼模樣。他人透過自身的鏡頭，看到、感受到什麼？總而言之，心理師會這麼做並與個案交流，幫助他們感覺自己被理解——被看見。

這就是為什麼人們很容易因為共同的經驗建立聯繫，共享內在參考架構可以讓人共同體會到某種經驗帶來的困難和緊張。那是友誼和團結的感覺，讓人們不感到那麼孤單。就我個人而言，當有人能夠理解我嚴重的焦慮症及其附帶的持續解離狀態，以及恐怖的「萬一」想法與心悸問題時，我的感覺會好上十倍。無論是什麼經歷，人們經常聚在一起分享彼此框架之間的共同點，不論是喜悅、憤怒、焦慮、困難，或者只是對網飛（Netflix）上最新節目的相同熱情。當內在參考架構重疊時，能更容易與他人產生連結。

最令人敬佩的人類特徵之一，也是我認為情感成熟度達到頂峰的標誌，就是踏出自我框架的能力，並嘗試以他人的觀點看待世界。「我好奇這會讓他們有何感受？」、「在這個特定的日子她會感到悲傷」、「他會欣賞這個舉動，因為……」、「很難想像他們的感受，但我正在嘗試……」、「或許我應該閉嘴並聆聽，因為這很有可能正是他們的需求」。

擁有踏出自身框架能力的人，通常都被視為體貼、善解人意、樂於聆聽和令人欣慰的存在。他們也可能因為「敏感」或「軟弱」而遭到貶低，但這些人往往會是人們敞開心扉傾訴的對象。這是一種天賦。某些人天生就擁有踏出自我的能力，至於其他人嘛，則是需要練習。如果你曾用以下這些想法（或者更糟，說出這些評論）回應某人的個人故事，就能判斷自己可能需要練習走出自身的參考架構——「那我呢？」、「你覺得這讓**我**做何感想？」、「這真的會替我和我的感受帶來不便」。

老實說呢，我並沒有踏出自身內在參考架構的天賦。並不是說我以前很自私，但我需要大量的自我發展、訓練和成長才能更輕鬆地從別人的角度看待事物。回首一望不禁令我畏縮，我發現當世界無法順應自己的框架時，我有多麼神經質。但這些都是成長的過程。每當我遇到能夠站在他人立場的人，我都會努力與他們保持聯繫，就算僅是友好的點頭之交也好。強而有力的連結立基於同理心，甚至只是**嘗試**同理他人就可以促成。我努力向所有個案傳遞這種同理心，因為我們日常中的許多人際關係可能缺乏這種基礎，而所有最頂尖的心理師也都是這麼做的。若你正在諮商，或者考慮進行，只須知道你的心理師正等著拋棄他們的個人內在參考架構和立場，準備好要跳入**你的內在參考架構**了。一切都是為了你。

列維02｜不斷闖入腦海的駭人想法

焦慮音：他為什麼這樣盯著我？

列維坐在我對面的沙發上，將有刺青的手指扳得喀喀作響，正等著我開口。這次他決定坐下來而不是在我的諮商室裡來回踱步，著實令我鬆了一口氣。上一次的晤談就像是一陣情緒旋風，但我很榮幸他回來參與這次諮商。肯定有什麼事做對了。

上次晤談的大部分時間都用於提供列維一個哭泣的空間。他大肆抽泣了大約二十分鐘，然後說他覺得自己的大腦「著魔」了，而我溫和地反駁這一說法。列維的新刺青今天沒有蓋著保鮮膜，除了輕微的腫脹外，幾乎都已經癒合了。我讓靜默填補我倆之間的空間，他繼續不耐煩地盯著我。這近乎古怪，彷彿他在等我變完魔術一樣。我率先劃破寧靜。

約書亞　最近如何，列維？

列　維　什麼如何？

約書亞　這週過得如何？

列　維　跟平常一樣。這週末城裡很安靜，使得夜晚更加漫長。我同事雷因為闌尾炎不得不就醫，所以晚上我們少了一個人，幸好老同事曼蒂過來幫忙。

約書亞　雷還好嗎？

列　維　還行，雖然我擔心他最討人喜歡的部分已經被切除了。

約書亞　他的闌尾？

列　維　沒錯。這是個笑話。你們心理師都聽不懂笑話嗎？還是你們都只懂得情緒和面紙？

約書亞　（笑出聲）好吧，我懂了。

分析音：參考上一次晤談或許是個好點子，有些關鍵時刻可能值得探討。

列維仍舊盯著我不放。當你的朋友正要向你訴說前一天晚上的尷尬糗事時，就會用這種眼神注視你——警戒，害怕被羞辱。

約書亞　我記得上次見面的時候，你相信自己某種程度上被「附身」了。或許我們今天能討論這個？由你決定。

列　維　我真的**被附身了**。

不敬音：他媽見鬼？這肯定很棒。

偵探音：我要去拿筆記本。

約書亞　為什麼你這樣覺得？

列　維　我的大腦冒出我不應該看到的東西，同時是我不應該想到的東西。薩菲亞說這是魔鬼的傑作。

我點頭，鼓勵他繼續。

列　維　薩菲亞是我太太，我們結婚十二年了。

共情音：好想知道嫁給一個被附身的保鑣是什麼感覺。

憐憫音：請對這位敞開心胸的男子有點憐憫心。

批評音：你以為諮商室裡見到的事物會是「正常」的嗎？

約書亞　薩菲亞也覺得你被附身了？

列　維　我太太是最先發現的人。她說的都不會錯，我相信她。她陪著我嘗試和練習……怎麼說呢……驅魔的所有方法。

焦慮音：好像有點難懂。

約書亞　了解。在家裡驅魔是什麼樣子？

列　維　在我家？你是在笑我嗎？

生理音：每分鐘一百二十下是新的正常心跳次數。

約書亞　不是的。很抱歉，我只是想進一步釐清這個情況，在這裡我不常聽到人們被附身的故事。希望你知道，分享出來是絕對沒問題的。

他看起來接受了我的解釋，我說的是實話。

列　維　我們嘗試了一些方法趕走惡魔。最好的辦法是阻撓它，好換來短暫的平靜。

約書亞　聽到你正在努力應對這樣的感受，真的很鼓舞人心。

列　維　你不相信我體內有魔鬼，對不對？

約書亞　我……我希望能知道更多，並了解你認為自己體內有魔鬼是什麼感受。

列　維　當我心神專注時，那魔鬼就會掌控我的腦袋。感謝薩菲亞和我們的醫生，我能夠掌控它並阻止它在夜晚傷害我。

逃避音：太好了，真高興有醫生幫忙。

約書亞　好的。在我問你為什麼覺得魔鬼操控你的腦袋之前，我能問問你是怎麼阻撓它的嗎？

列維站起身，彷彿輪到他表演和說故事了。

列　維　我可以展示給你看，讓我先轉個身。

列維開始將襯衫往上拉，露出後背。一切看起來像是慢動作播放，但我想是因為眼前即將出現震驚畫面的緣故。

列維的背部皮開肉綻，布滿長繭的傷痕，盡是起水泡、結痂或鮮紅的傷口。傷疤層層堆疊，背部中央本應是皮膚的位置血肉模糊。乾掉的血塊凝結在他受虐的皮膚上又大又深的裂痕中。這是一幅紅粉相間的拼貼畫，是一塊瘀傷累累的調色板。

焦慮音：有夠多。

生理音：很抱歉，我們現在用不上你胃裡的東西。

逃避音：你必須離開！

直覺音：還不能離開。

焦慮音：說些話呀。

野人

關鍵時刻
救你，
也救家人

懂這些，才能撐過黃金48小時

★囊括誠品、博客來暢銷榜

第一本專門為台灣平民打造的戰爭生存手冊

- 模擬實境插圖 最詳盡的物資準備建議 簡單易懂的求生技巧
- 附 8 張緊急避難檢查卡 可隨身攜帶

戰爭中，人民的自救能力是
國力的展現，也是戰後復原的實力。
當戰爭爆發，平民如何自救？
每個人都不希望用到，但絕對必備的生存手冊！
懂這些，才能撐過黃金 48 小時！

邱世卿◎著
平裝／全彩／ 224 頁／定價 450 元

一致推薦 平秀琳、朱凱翔、吳若予
范琪斐、烏凌翔、張國城

半導體地緣政治學

★誠品、博客來、金石堂、讀冊暢銷選書
★博客來年度【商業職場】百大暢銷書

地緣政治╳晶片大戰略

霸權競爭舞台上，最致命的攻擊武器
半導體如何影響多極霸權的板塊角力？
世界供應鏈正在發生什麼巨變？

本書作者憑藉超過 35 年的半導體產業報導經驗，精準分析 20 多國半導體產業的優勢與劣勢，清楚整理出國際鬥爭檯面下，各國真正的競合戰略，帶領讀者看見一顆小小的晶片，如何在全球地緣政治掀起巨大海嘯！

太田泰彥◎著
平裝／單色／ 296 頁／定價 500 元

一致推薦 沈榮欽、范琪斐、陳良基、陳松興
蔡依橙、謝金河、顏擇雅

約書亞 列維，你的背……傷痕累累。發生了什麼事？

偵探音：你知道發生了什麼，但很高興能確認一下。

列　維 我設法吞下一口口水並繃緊腹部，以免吐出來。

我知道，很驚人吧？這是掌控魔鬼唯一的壞處。每個晚上我都會進行一個儀式，花十分鐘驅逐惡魔。這能幫助我入睡。

憐憫音：可憐的傢伙。

總是有那麼一天，一位心理師會質疑自己所接受的訓練、知識和能力的局限性。列維的這次晤談離那一天很近了。

分析音：是時候考慮將列維轉介給更專業的服務了。

憐憫音：這男人有很嚴重的心理困擾，需要有人介入。引介別人沒什麼好羞愧的。

逃避音：我們不是為了這個才從事這份工作的。想想面紙和情緒啊，約書亞！

直覺音：冷靜，讓我們看看結果如何。

列維坐回沙發，露出微笑。給我看了背上的傷疤後，他看起來好像如釋重負。

約書亞 這個儀式是什麼，列維？你藉由傷害自己來阻止腦中不願見到的畫面嗎？

列　維 什麼？

約書亞 你自我鞭笞，因為你相信這樣能驅逐……魔鬼？

列　維 自我什麼？說人話。

自我鞭笞（self-flagellation）

自我鞭笞是指某人使用特定的儀式工具讓自己身陷苦痛的行為，通常是鞭笞或抽打自己。你可以想像有人拿著一條帶刺的鞭子，使盡全力甩到自己肩膀上，而這無可避免會擊中和刺穿背部膚肉。自我鞭笞和激進的宗教實踐有關，被視為一種精神修鍊。這通常是種敬拜儀式，可以被視為一種懺悔形式。身為一名心理師，我只覺得這是在自傷。

列　維　我們相信由於我的想法，我需要進行懺悔，而攻擊魔鬼時，那些思緒就會暫時離開。我的眼裡有我被附身的證據。我知道你不相信，但那千真萬確。

偵探音：薩菲亞也有參與嗎？

約書亞　是哪些想法？為什麼你覺得它們那麼糟糕？

列維的目光緊盯著我的時候，他的太陽穴上有一根青筋在顫動。我很緊張，但個人和職業興趣壓倒了這份恐懼。

列　維　我不能說。

約書亞　這裡很安全。還記得嗎，我受到保密協定約束。

列　維　不行，你有義務向警方報告某些事情。我很清楚，因為我們保全人員不能忽視這點。

約書亞　腦海裡有念頭不是犯罪，列維。不論它們多麼恐怖。

列　維　它們……很恐怖。

他開始流淚，用手揉著最新的刺青。我覺得他正在溫柔地自我撫慰。

救世主音：說吧，列維。你可以說的。

過了很長一段靜默，列維冷靜了下來。

列　維　魔鬼用一些畫面折磨著我……有太多例子了，說不完。

我沒有說話，只是專心聆聽。一分鐘過後，他繼續往下說。

列　維　在我告訴你之前，你必須明白不是我自願想著這些事情的。是那個魔鬼，為了某件事而懲罰我，我的苦行還沒有贖完。

約書亞　沒問題。

列　維　我的腦海裡出現來自地獄的不適當景象。比如傷害我的愛人、對孩子做些不當行為、把不該放嘴裡的東西塞進去，諸如這些恐怖畫面。

分析音：侵入性想法？

約書亞　好。

列　維　「好」是什麼意思？我剛跟你說了和孩童有關的恐怖念頭，而你覺得那很好?!

他的手臂自動抬起，彷彿準備要攻擊自己。意識到自己的動作後，他隨即停下。

約書亞　我不是說你的苦難很好，而是我知道你正在經歷的是一般所說的侵入性想法。它們很煩人，因為你顯然不想經歷這些。

列維低頭看向自己的指關節，似乎正在思考我說的話。

列　維　這些想法很噁心，我不想要。我寧願有顆子彈射進我的腦袋，也不要這些念頭成真。這是我體內的魔鬼的傑作，薩菲亞說它們最終會離開。拜託別報警。

他看起來無比脆弱。非常自責。

約書亞　我不會報警的。

我遲疑了一下，準備問一個必要的問題。開口時，我聽見自己的聲音幾乎帶著歉意。

約書亞　我必須這麼問，列維，但你有打算根據這些想法採取行動嗎？或者你是否已經做了什麼？

偵探音：如果他承認了，你知道你得將他交給警方。

救世主音：拜託別說有。

列維的臉漲得通紅。在他緊握拳頭時，所有指關節都喀喀作響。他大吼出聲。

列　維　我沒有戀童癖！

對於這樣的反應我並不意外，所以表現得泰然自若。這不是我第一次也不會是最後一次在這間諮商室問這個問題。

約書亞　很好，我想問題已經澄清了。很抱歉，我必須時不時問這個問題。這是為了確保安全，謝謝你回答。

我起身走到白板前，突然覺得有點興奮。列維看上去很困惑。

約書亞 現在，讓我說明一下何謂侵入性想法。

強迫性精神官能症

強迫性精神官能症（obsessive-compulsive disorder〔OCD〕，簡稱強迫症）是一種嚴重且受到廣泛誤解的焦慮症，通常伴隨著侵入性想法。不幸的是，強迫症經常被誤用來形容過於講究乾淨、整潔和有條理的人。「哇，我真是有夠強迫症！」這個術語不應該被用來描述你講求辦公桌要對稱的喜好，也不該用來自嘲所有DVD都要按字母順序排列的習慣。強迫症，尤其是未經治療和受到誤診的強迫症，是一種嚴重妨礙生活的焦慮症，可能導致令人衰弱的高度擔憂和憂鬱。

強迫症有多種展現形式，且是一種神不知鬼不覺的病症。我接觸過的大多數強迫症患者都在對抗侵入性想法，這些想法往往是令人厭惡、禁忌的想法和畫面，儘管我們不希望如此，它們還是會在腦海中浮現。侵入性想法的定義是所有不受歡迎、非自願和令人痛苦的想法，這些想法本質上都是令人咋舌、厭惡且相當怪誕的。強迫症患者最常見的侵入性想法包括以下類型：

- **暴力**——有關失控傷害別人的想法，對象通常是孩子、伴侶等親人，也可能是陌生人或自己。「要是我刺傷自己怎麼辦？」、「要是我淹死我的寶寶怎麼辦？」、「如果我毒死年邁的母親怎麼辦？」

- **性**——禁忌的性行為等不當念頭。其中可能包含通姦、我們通常不感興趣的性行為，或者涉及平常不會產生慾望的性別、家人、未成年者和動物。
- **毒害**——用某些東西（例如病菌、細菌或毒物）毒害自己或他人的侵入性想法。
- **組織**——如果事情不以某種特定的方式完成或組織起來，就會有糟糕後果的想法和感覺。
- **檢查**——有關房子失火、烤箱沒關、一氧化碳中毒、忘記鎖門等想法，這可能會導致過度和強迫性的檢查。
- **聲響**、**音樂和影像**——在腦海中無限播放一段聲響、文字、音樂，甚至是電影片段。

很重要的是，要明白強迫症患者並非自己選擇擁有這些想法，而且他們通常都是很聰明、有創意且勇敢的人。這種現象簡單來說是他們大腦的威脅反應機制產生混亂，並認為這些念頭可能是潛在的危險，從腦部掃描影像也能看出這一點。對我而言，我認為強迫症是聰明絕頂的支流——擁有極具創意頭腦的副作用，只是頭腦不幸地沒有貫徹善用想像力這項職責。以列維的例子而言，我懷疑他可能正在經歷某種形式的強迫症。

列　維　也就是說，我的大腦有一部分近似於我的祖先？為了察覺危險？

約書亞　對，沒錯。

列　維　所以這些……念頭……不是魔鬼搞的？

約書亞　我很確定不是。

列維仔細思考了一下，但顯得很困惑。

直覺音：打個他能有所連結的比方。

意志音：好主意。

約書亞　你在夜店裡有遇過嚴重的事件嗎？比方說，必須制止爭吵？

列維看向我，彷彿我正在問冰淇淋小販有沒有賣冰淇淋。儘管他揚起一邊眉毛，但我感覺有了一些進展。

約書亞　那麼，你還記得有哪一次特別棘手嗎？可能你和你的同事都處於危險之中？我知道你的工作風險很高。

列　維　是的。那種事並不常發生，通常情況都在掌控之中，而且我們可以向全城的門衛尋求協助。但沒錯，我記得有幾次特別危險。

他抬頭望著天花板，潛入了回憶的資料庫。

列　維　有一次當地的流氓開著一輛從車窗到車身全是一片黑的車子過來。那車子是來威脅我的同事雷——闌尾炎那個，因為他把一個公開販售毒品的人趕出夜店，那人真有夠狂妄。總之，那台車停下來，五個拿著大砍刀的傢伙跳出來……

列維　我看見他的身體繃緊，彷彿重新回到那一刻。

……當時總共有四個門衛，我們很快用無線電尋求協助。我記得我走向暴徒試圖緩和情勢。我的心臟猛烈跳動，感覺很不舒服。當下我想到薩菲亞、我女兒和同事們，希望不會死於那個夜晚。

列維　隨著記憶消散，他慢慢吐了口氣。

恐怖的時刻。

約書亞　謝謝你和我分享。我注意到你在回想時繃緊了身體，聽起來很嚇人。

列維低頭看著自己的姿勢，他的腹部緊縮、雙肩拱起、腿部不停抽動。這令他吃了一驚。

列維　嗯，對。我……我確實對那段回憶有些反應。

約書亞　而這正是你的威脅反應，也就是焦慮。若你想了解侵入性想法，就必須記住威脅不需要實際存在，也能讓你**感覺**很真實。你的威脅反應是針對想法或記憶的回應，因為這個機制占據了想像力的中心舞台。

列維　了解。但這和那些……那些想法有什麼關係？誰敢說不是魔鬼呢？我太太、醫生和我們的牧師都這麼說。

偵探音：到底是哪個醫生啊？

批評音：可以和他交流幾句話，對吧，小約？

共情音：如果一個人不懂強迫症和焦慮症，自然就不會指望別人懂。人們會從他們所知道的事情中得出自己的結論。

約書亞　我不相信有魔鬼支配你的思緒，列維。我相信……

焦慮音：你確定想這麼說嗎？

直覺音：說吧……

約書亞　……你在心底可能也這麼想。你為什麼來這裡呢，列維？你肯定知道我是一名諮商心理師——不是執行驅魔或趕走鬼神的人。在我看來，目前為止你所做的一切並沒有效，所以你勇敢地來這裡尋求協助。

不敬音：魔鬼殺手約書亞！

約書亞　你所說的念頭，以及針對它們的反應——自傷……

列　維　我沒有說過我自傷，小心說話。

約書亞　列維……你的背皮開肉綻，我相信你這麼做是為了暫時擺脫那些思緒。截至目前為止，你所說的很多描述聽起來都像是強迫症，但如果你願意的話，我想和你一起探索更多。我可以告訴你，你的想法有多常見、有多少人患有強迫症，以及我們如何治療它。

列維一語不發地盯著我。那一刻，他在我眼裡就是一個受苦的人——我忘卻自己內在參考架構中的焦慮感。他看起來很害怕，是一個身穿特大摔角手服，卻活得驚恐的人。而我不再感到害怕，因為我覺得自己可以看見衣服底下的人。

列　維　我今天得早點離開。我們有場工作會議，要宣布新規定之類的。

約書亞　好的，沒問題。

列維起身。當他走向衣帽架拿起飛行外套時，動作非常溫柔。

約書亞　下週想碰面嗎？

列　維　再看吧。

他開門踏出腳步。

約書亞　對了，列維……？

列　維　嗯？

約書亞　請你去看醫生……

意志音：真假？要指定個合格的醫生嗎？

約書亞　去找家庭醫生看看你的背，我很擔心。

他瞇起雙眼看了我一下，然後就離開了。

內攝——找出無益內攝，打破想法的桎梏

尋求成為心理師的求學期間，我所學到最喜歡的術語之一是**內攝**（introjection）。這個概念源於偉大的卡爾・羅傑斯，是一種吸收從生活經歷中推斷而出的信念的機制。舉例來說，如果我是一個放學回家後沒有人會跟我打招呼、也沒人問我今天過得怎麼樣的孩子，那麼我可能會「內攝」自己是個無趣的人，因為父母似乎對我不感興趣。我姊姊可能五分鐘後就到家，而父母會從椅子上跳起來，稱讚她贏得最新的運動比賽獎牌，真是在傷口上撒鹽。我可能會因此內攝，價值只能透過贏得比賽和體育成就來體現，或者我不如姊姊討人喜歡。想像一下，因為所有科目都拿甲等而備受稱許，卻因為拿乙等而受到批評，那麼我們可能會內攝：達到完美才有價值——別人以結果評判我們，而非動機。我們可以自任何地方內攝信念，將之吸收為自身信念系統的一部分。大多數的內攝都發生在年少時期，因為那時我們還沒有發展出批判性解讀的意識——換句話說，那時的自己不會這樣說：「這行為是他們自身的問題，與我無關。」

身為心理師，我一直在尋找無益的內攝信念。這就是為什麼電視節目會經常上演心理師探尋個案童年經歷的情節，因為孩子經常會內攝錯誤的信念，並且不幸地在長大成人後仍將這些錯誤信念當作無須質疑的事實。以下列舉一些例子：

❶ 孩子因為失去祖母而在喪禮上哭泣，這是完全自然且健康的行為。此時孩子的叔叔靠

過來，一手放在孩子肩膀上說：「別哭，為了祖母你要堅強。」孩子將叔叔視為權威人物，聽了後便停止哭泣，同時內攝一種信念，即隱藏自己的情緒就是力量的表現。（如果認識的人過世了，你絕對有權利哭泣，這就是這項基本生物功能存在的理由。）

❷ 在女孩的成長過程中，她的外貌一直是他人審視的焦點。諸如「你變胖了」、「你身材很棒」、「你確定要吃那個嗎？」這樣的評論屢見不鮮，同時還伴隨著在媒體中看到的社會風氣和對不切實際體型的頌揚。因此她有了內攝，認為只有所有人都接受她的身體時，自己才有價值。

❸ 一個年輕人在成長過程中質疑自己的性別和性傾向，但周圍的家人和朋友卻表現出恐同和性別歧視，因此他認為應該要壓抑同志傾向或者對性別的質疑，如此才更有機會融入同儕。同時，他可能也會內攝相同的偏見。

❹ 父母之中有其中一人離開了家庭，孩子可能會內攝，認為父母離開是因為自己，或者覺得自己不夠好，不值得獲得愛和關注。

❺ 一名男子因為和多位女性發生關係而獲得稱讚，因此他內攝和女性上床是種成就。相對之下，一名女子若和同樣多的人發生關係，就會被貼上可恥、性慾強烈的標籤。

❻ 一個人由於自身的信仰準則，內攝執行或思考某些事情是罪惡的。當這些事情發生時，便會感覺自己很糟糕。

身為成年人，我們是多種內攝的綜合體，這些內攝可能是個人的、宗教的、道德的、邏輯的，或僅是直接來自生活經歷。有些人之所以成為「討好者」（people-pleaser），便可能是因為內攝的信念，或許是認為獲得尊重需要有別人的認可，也有可能是一直處於虐待關係中，因此將討好他人內攝為一種安全行為（safety behavior）——「如果能讓這個情緒不穩定或情緒暴躁的人保持開心，那麼我就不太可能受到傷害」。

值得注意的是，大多數的內攝都是有益的。例如，我始終記得，過馬路前左顧右盼很重要；我在學校學到了仁慈和寬恕的重要性；我知道不應該殺戮、不應該偷搶；我慶祝勝利並讚揚努力；我永遠感激媽媽是因動機而讚許我，而不是為了結果。然而，正向的內攝並非敲響心理師內心警鐘的原因，我在尋找的是無益的內攝，個案相信這些內攝絕對是正確的，因為他們長期以來都抱持這樣的信念。包括我在內的很多心理師，都認同榮格所說的：「除非你將無意識變成你的意識，否則它將會引導你的生活，使你稱之為命運。」有意識地察覺到自己的內攝，是個人成長中很重要的一部分。了解自己的反應和行為是受到信念和經驗的影響，確實能讓人大受啟發。

內攝甚至在我們離開子宮之前就開始了。在性別揭曉派對上，男生以藍色為代表色，女生則為粉紅色，這是種根植於傳統、照本宣科的內攝信念。洋娃娃給女孩，玩具兵給男孩；嬰兒推車是女孩的，足球是男孩的；女孩可以哭泣，男孩要堅強——這些都是前幾代人傳遞下來的內攝信念。我想再重複一遍，內攝可以是正向的，但我舉這些例子，是因為無論是從個人角度或者在某些文化看來，這些例子往往都是不容置疑的。

羅傑斯認為，焦慮和憂鬱源於我們的信念系統**只依賴**無益的內攝信念，而非透過汲取自身經驗的內攝去緩解這些情緒。若你深受心理健康問題所苦，我會建議你溫柔地審視自己，自問對自己做某些事的原因，以及這些想法可能來自哪裡。我們都是內攝的結果，但我們可以質疑那些阻礙我們通往滿意道路的信念。

薩拉02——壓力罐裝滿時，溢出來的是什麼？

距離薩拉的第二次晤談還有十分鐘。

直覺音：不知為何，我覺得和薩拉在大樓外碰面是個好主意，有點擔心她再次恐慌發作。

救世主音：說得對，讓我穿上白騎士鎧甲。

我踏出主樓大門走到街上，迎接曼徹斯特罕見的陽光。我發現即使五年沒有抽菸了，我的手還是自動伸進後側口袋掏出打火機。這是我剛搬進這間諮商室時養成的老習慣，將大門口作為點火的地點。

偵探音：老天，真想念抽菸。

一輛淺藍色休旅車拐過轉角，在我身旁停下來。副駕駛座的門立刻打開，薩拉跌跌撞撞地爬了出來，她的雙頰鼓起，彷彿坐車令她缺氧。她抬頭看向我，顯然依舊很掙扎，但已經不像上次那麼驚慌失措了。

法伊札　需要我陪你嗎？

薩　拉　不用，我沒事。謝了媽。

薩拉關上車門，深吸一口氣幫助自己冷靜並動手拉平西裝外套。動作看起來有點滑稽，卻也頗為討喜。

薩　拉　早安，約書亞。

約書亞　早安。

我們走進門廳，在電梯前停下腳步。我不自然地盯著電梯，彷彿初次欣賞某個美術展。薩拉的臉色變得陰沉。

薩　拉　不行。

約書亞　為什麼？

薩　拉　我還沒準備好。

約書亞　你從來沒有搭過電梯嗎？

薩　拉　當然有搭過。

約書亞　了解。這台電梯沒有任何不同，我保證。

薩　拉　但要是我的恐慌症狀在裡頭變得更嚴重怎麼辦？

分析師：提醒她上次晤談討論的內容。

約書亞　那就更有理由這麼做了。而且，別叫我走樓梯，我很自豪從來沒有達到我手錶上顯示的每日最低樓層數目標。

暴露療法（exposure therapy）

暴露療法是認知行為治療的方法之一，用以降低恐懼和逃避行為。我們大腦的恐懼中心由一個叫做杏仁核（amygdala）的微小區塊所控制，這是我們腦袋中速度最快也最遲鈍的部分。若我們的心智感知到威脅，杏仁核就會釋放出腎上腺素和皮質醇等壓力賀爾蒙，這些賀爾蒙會立即湧入全身。當你感到腸胃翻攪（或是覺得很緊張）時，就是杏仁核觸發了這類賀爾蒙的釋放，你會心跳加速、有怪異的感覺、頭暈、心不在焉，並擔心即將發生可怕的事情。此時通常需要立即審視及分析局勢，決定是否要留下來、戰鬥或者解決問題。

杏仁核對於記憶編碼非常重要，尤其是那些可能存有潛在危險的記憶。這能幫助我們避免重複出現的威脅，對祖先們非常有用。舉個例子，假設上次我們遇到一隻熊並且受到攻擊，杏仁核會編碼這段記憶，將資料夾命名為「危險.zip」後儲存在記憶庫裡。下次當我們看到任何看起來像熊的東西時，杏仁核便會將其聯繫上記憶庫中的「危險」儲藏區，然後立即以比我們想像中更快的速度釋放腎上腺素和皮質醇。你可能經歷過這種感覺，比方說在朋友開玩笑嚇你時，或是快要睡著時做了一個摔倒的夢時。這些流程都和恐懼成形的過程完全相同。

如果你害怕蜘蛛，想像一下有人突然拿蜘蛛嚇你時是什麼感覺。這種情況下，杏仁核會先看到蜘蛛，預防你陷入危險之中，接著會釋放大量壓力賀爾蒙，令你的心率飆升。

這裡要記住的關鍵字是「以防萬一」。如果杏仁核感覺到任何威脅跡象，就會引發焦慮，**預防**可能出現的傷害。杏仁核的座右銘是「犯錯但是活著，總比怠惰而死亡好！」這就是杏仁核失靈時難以保持理智的原因。薩拉是一名醫生，比大多數人更了解生理運作機制，但由於她那太過熱心的杏仁核，導致她仍然懷疑自己在電梯中會有危險。此外，杏仁核可能會將某種沒有危險性的事物視為危機。此時就是暴露療法派上用場的時候。

藉由讓自己暴露在所謂的危險威脅中，我們可以向杏仁核說明某些情況其實並不危險。研究證明，如果你將自己暴露在觸發焦慮的環境之下，同時除去安全行為和焦慮強迫行為（anxious compulsion），那麼大腦和杏仁核就會自動重新連結，讓我們可以在不需要時關閉杏仁核的運作。在薩拉的案例中，我嘗試在挑戰她自身恐懼的情況下採用暴露療法——在這樣的情況下，她必須面對恐慌以及對恐懼本身的恐懼。

約書亞　這是你的選擇。我不會強迫你。

薩　拉　你在說笑嗎？你已經按下電梯按鈕了。

約書亞　我說了我不會走樓梯。願意的話就加入我吧，或者你可以走樓梯。

薩　拉　我應該會走樓梯。我還沒準備好，恐慌感會淹沒我。

約書亞　恐慌感永遠不會淹沒你。你能應付的比想像中還要多，薩拉。

我踏入電梯，但按著開門的按鈕不放。我往旁邊站一步，邀請她走進來。

約書亞　噢，對了，我忘了說我的諮商室搬到八樓了，得爬很多階梯才能到。搭電梯會容易很多。

分析音：騙子。

偵探音：騙子。

薩　拉　騙子。

約書亞　來吧。你可以的！來練習焦慮的感覺吧，這就是重點所在。告訴杏仁核我們可以容忍這些，讓恐慌不再主宰我們的生活。

薩　拉　好吧，他媽的。快點，拜託快按樓層鍵。

她衝進來，站在角落緊緊抓著扶手桿。

憐憫音：她做得很好，這是場公平競爭。

約書亞　你很棒。你現在可能有非常多「萬一」的念頭，像是「萬一困在裡面怎麼辦」、「萬一恐慌到負荷不了怎麼辦」，沒有關係的。

薩拉彎下身子但緊抓著扶手桿，像是走在摩天大樓外側狹窄的壁架上一樣。她呼吸微弱，烏黑的長髮遮住了臉。她點頭同意，但沒有抬頭。電梯繼續上升。

薩拉　我……我好害怕。

約書亞　我知道。誠實地說，一到十分，你的害怕有幾分？

薩拉　十二分。

約書亞　（咯咯笑）真假？我知道你很害怕，但你看起來比第一次見面時冷靜多了。如果上次是十分，這次是多少？

薩拉　好吧。八分，也可能是九分。

約書亞　很好。

分析音：你用的是源自認知行為治療CBT的主觀痛苦分數（subjective unit of distress，用來衡量焦慮情緒的強度）。

憐憫音：時機正好。

不敬音：在愉虐世界中，CBT代表虐待陰莖和睪丸。

意志音：閉嘴。

電梯門打開了。薩拉率先離開，模樣跟她離開母親的車時很像——上氣不接下氣。我跟在後面，一起前往諮商室。

約書亞　幹得好！你真的很勇敢，杏仁核不會忘記的。

薩拉　沒有下一次了！

進入諮商室後，薩拉花了些時間梳理頭髮，讓自己平靜下來。她看起來很有自信——雙手緊握著擺在大腿上。看見薩拉這番模樣，我能想像她坐在醫院辦公室時的畫面。她沒有表露太多情緒，但我希望她能為了在電梯裡暴露於恐懼之中而感到自豪。

薩拉　我在想你上次說的話。「容忍」這個詞揮之不去。

我將兩杯水放在桌上，在她對面坐下。

約書亞　什麼意思？

薩拉　你提到恢復的過程，是根據容忍某件事還是什麼的來決定？

約書亞　對，沒錯。對於焦慮症，解法永遠是練習容忍不確定性。這就是你決定進入電梯時所做的事情。

她露出有點尷尬的樣子，但接著說出她的觀點。

直覺音：也許停止過度稱讚比較好。

批評音：同意。想替這些最高級讚美加些毛毛球裝飾嗎？

薩拉　我一直希望焦慮趕快退散，試過各種方法趕走焦慮和恐慌。老實說，我花了很多錢在同事們會嘲笑我的事情上。

共情音：當你陷入恐慌迴圈時，任何方法都會去嘗試。

薩拉　那樣真的很蠢。我廚房裡有一加侖的大麻二酚油和各種形式的急救花精，我還花錢買那些網路虛假商人的愚蠢線上課程。我就是陷入了「快速恢復」的唬人廢話之中，因為我想相信做這些事能讓我好過一些。

約書亞 嘿，圍繞著焦慮及心理健康建構出的可是一個價值數百萬元的產業。聽起來你只是想減輕痛苦而已。

薩　拉 但我就是覺得很蠢。

我坐著，讓空間保持沉默。

薩　拉 總之，關於你所說的這個有益的容忍，在我看來你的方法確實說得通。

約書亞 那不是我發明的——是來自心理學和諮商文獻。說說看為什麼你認為說得通。

薩　拉 前幾天我得開會討論回去工作的問題，這件事觸發了嚴重的恐慌、內疚感和其他一切情緒。總而言之，每當發作時我就會衝進廁所把自己關在裡面。你知道的，一直等到它消退為止。但我實在太沮喪了，所以決定還是要參加會議。

約書亞 你離開家裡去開會？

薩　拉 不是，是在 Zoom 上面。我很焦慮且眼前一片模糊，但我還是設法連上了會議現場。我決定不再掩蓋恐慌，讓老闆看看我正在經歷的事。

約書亞 嗯，這麼做很好。

薩　拉 結果他們幾乎看不出來我很驚恐。他們只說我看起來很不耐煩！

她朝我傾身。

薩　拉 不管怎樣這些厄運和恐懼都會發生，但我發現當我試著專注在會議上時，我比較沒那麼……焦慮了？感覺還是很糟，但緊張感稍微緩和一點了。

生理音：轉移注意力可以減輕疼痛、不適等負面感受的影響。

約書亞　將注意力放在哪裡很重要，聽起來之前你掩蓋且過度關注這些感受的策略不太有效。

薩　拉　沒有效，我意識到這點了。這有點像是準備要打針的感覺，你可以凝視並專注在針頭刺下的那一刻，也可以在針刺下時轉頭和某人聊天。後者通常能讓過程好受一些。

分析音：不錯的比喻。

約書亞　進行暴露療法時，這是個很棒的比喻。

薩　拉　但為什麼我會變成這樣？我從沒想過會罹患焦慮症，我以為我很堅強。

約書亞　焦慮症和堅強程度沒有半點關係，焦慮不等於軟弱。

薩　拉　噢，別這麼大愛吧，聖雄甘地。你知道我是什麼意思。為什麼我會變成這樣？

約書亞　我有個理論。

薩　拉　需要再用到那塊白板嗎？

不敬音：哈哈哈笑死。

約書亞　不用……你希望我用嗎？

薩　拉　學校是怎麼教的？我是一個聽覺及動覺型學習者。我都可以。

我沒有起身。

約書亞 我是壓力罐理論（stress jug）的信奉者，也可以稱之為壓力桶（stress bucket）、壓力氣球（stress balloon）或其他類似的說法。壓力罐代表我們的壓力管理能力，罐子大小是取決於基因。因此，若雙親都很焦慮，我們就很可能繼承以這種方式運作的神經系統。但這不代表我們遺傳到焦慮症。

薩拉專注地皺起眉頭聆聽。

約書亞 通常，經歷過恐慌發作的人會聲稱這情緒「不知從何而來」，但這往往不是事實。壓力罐滿溢時，恐慌便會發作。每個人的壓力罐內容物都不一樣。

約書亞 我們個人生活中的壓力源會填滿這個罐子，可能是金錢憂慮、養育壓力、職業問題、健康狀況、悲傷、創傷事件、自尊問題等等。壓力罐裝滿後，我們的好朋友杏仁核——又名為威脅反應機制——注意到了……

不知為何，我用手比劃出大罐子的輪廓。接著我做出將想像中的液體倒入罐子的動作。手偶出現了，我的大拇指和其他併攏的手指變成嘴巴。我比劃得很不錯。

約書亞 自我們的祖先出現以來，杏仁核從未真正進化過，因此它無法理解現代的主觀壓力。它搞不懂。所以說，為了**以防萬一**，它就會觸發大量的焦慮和腎上腺素。

薩　拉 我的罐子滿了，威脅反應機制取得控制權，我懂了。

她似乎陷入沉思。

薩拉　這很合理。威脅反應機制釋放了壓力賀爾蒙，引發我這些奇怪症狀。這幾個月來，壓力反應……杏仁核……似乎將焦慮視為威脅了。我明白了……我懂了。感覺我好像困在一個循環之中，因為每次一出現任何焦慮的跡象，我就開始擔憂，然後演變成恐慌。焦慮彷彿等於威脅，我的心理和身體都瘋了。

憐憫音：很棒的形容方式。

約書亞　這是描述恐慌症的好方法。只有一點除外，你並沒有發瘋，只是不舒服而已。

薩拉　那要怎麼抑制杏仁核？

約書亞　我們要向杏仁核**展示**「正常」的情況並不危險，直到它的運作停止或是明顯安靜下來。然後，我相信我們能夠透過清空壓力罐來讓它保持關閉。在我看來，這就是心理治療真正有幫助的地方。

批評音：你愛死了自己的觀點。

約書亞　最棘手的部分是，必須要確認壓力罐裡有什麼。

薩拉　這是想要看我為了傷心事哭泣的詭計嗎？我不是為了這個才來這裡，只是希望恐慌不再發作。

偵探音：她開始質疑你了，先生。

約書亞　我們已經發現壓力罐中最明顯的內容物，在這方面我們已經領先一步了。

薩拉　你的手不再模仿嘴巴動來動去後，我的焦慮明顯降低了。

她笑了出來。

薩　拉　你是指我對恐慌的恐懼，對吧？是這個讓我壓力很大。然後我擔心自己無法繼續工作，我擔心會失業，擔心我媽受到的影響。我的罐子裡有一堆東西。

薩拉突然變得很沮喪。

薩　拉　必須克服罐子裡的所有事情，才能擺脫恐慌嗎？

約書亞　不必。這取決於你，以及你覺得舒服的方式。等我們對恐慌本身的恐懼一有好轉，我就會建議採取預防措施。這麼做可以為罐子騰出更多空間，以便能夠承受生活中的其他壓力。

很長一段時間沒人出聲。

薩　拉　我父親十個月前過世了。

觸發音：死亡。

生理音：砰。

焦慮音：哇嗚。

薩　拉　我……我不想討論這個，只是需要說出來而已。現在你知道了。

約書亞　好的。

薩拉投下這顆炸彈的語氣，彷彿只是在描述工作場所。她的聲音冷酷無情，不帶一絲情緒。我保持沉默。

薩　　拉　事實上，他不只是過世，還是被殺害的。他……

共情音：對她而言太不容易了。

薩　　拉　他是被我弟弟殺死的。被他刺死，刺了十二下。

我盡最大努力保持鎮靜沉著，繼續待在薩拉的內在參考架構內。我保持眼神接觸並專心聆聽。我的心臟震驚得狂跳，但在諮商室內時不時就會有這種情況。這就是我受訓的目的。

薩　　拉　我想這也在罐子裡，除了害怕恐慌發作之外，還有這件事。沒錯，我和父親非常親近，我弟弟精神狀況不太好且有學習障礙。這是一場……悲劇。

她的決心和神態舉止幾乎沒有退縮之意，但我能感覺到海浪下沸騰的情感漩渦。

薩　　拉　所以說，約書亞，我要怎麼清掉罐子裡這堆垃圾？

約書亞　你已經開始了。

哈利02——二〇〇八年七月，熬夜

媽　媽　五分鐘後他就得上床睡覺了。

約書亞　好，沒問題。

我轉向哈利。

約書亞　五分鐘，老弟。存檔吧，今天到此為止囉。

我們老是想碰碰運氣。我們多玩了大約十五分鐘，直到媽媽進來罵人為止。

媽　媽　他需要睡覺了，你也應該要多休息。

約書亞　你知道的，媽。我是夜貓子。

她揚起眉毛後離開。哈利刷完牙後上床了，我的床在房間另一頭。我們從小到大都共用一個房間，長大後每次回家也是如此。

約書亞　晚安，老弟。

哈利露出笑容。

約書亞　啊，我忘了說一件事……哈利？

哈　利　什麼？

約書亞　你聞起來臭臭的。

哈　利　你還真是成熟。

他翻了個身進入夢鄉。我走過樓梯平台，敲響媽媽房間的門。

約書亞　你睡了嗎？晚安，愛你。

媽　媽　愛你，別太晚睡。

我把遊戲機拿到樓下，開啟《決勝時刻》（*Call of Duty*）。我完美詮釋了二十多歲、沒有女朋友的小伙子這個形象。但當你的戰損比*和我的一樣迷人時，誰還需要女朋友呢？

門後傳來一陣腳步聲，接著門被悄悄打開了。哈利躡手躡腳地走了進來。

約書亞　你人在這裡會惹火媽媽的，老弟。

哈　利　我睡不著。可以和你一起玩嗎？

約書亞　為什麼？

哈　利　只是因為……學校裡發生的一些事。

約書亞　有人給你添麻煩嗎？他們欠揍嗎？

哈　利　不是那樣。我只是……我不想說這個。可以和你玩一下《傳送門》就好嗎？

約書亞　當然可以。但要保持安靜，我可不想被罵。

---

* kill/death ratio，電玩遊戲中擊殺與死亡次數的比值。

哈　利　可以喝一口你的啤酒嗎？

約書亞　不行。

他露出微笑，和我一起坐上沙發。

諾亞02——住在同個屋簷下，有兩張臉的控制狂

這次的晤談開始時，諾亞顯得放鬆很多，且似乎很樂意交談。上一次晤談的剩餘時間裡，我們聊到他身為年輕會計師的生活，以及他的愛好和興趣，之後他似乎就很信任我了。試圖「喜歡」個案並不屬於心理師的職責範圍，因為應該要以完全接納和支持的態度來對待個案，而不是做出評價。卡爾．羅傑斯稱此為「無條件的積極關注」（unconditional positive regard）。然而，生而為人，若我說自己不覺得諾亞很討喜，那肯定是在說謊。

諾　亞　……且能成為團隊的一分子真是太棒了，雖然他們花了點時間才對我表現出友好的態度。我應該要鼓起勇氣多說話並堅持自己的立場。這週末下班後我們要在城裡喝一杯。

生理音：我們喜歡啤酒，對不對呀，約書亞？想像一下，美味又甘爽。

約書亞　確實很振奮人心。你覺得最近成為團隊的一員有改善心情嗎？

諾　亞　有，我想是的。這座城市對我而言還很陌生，能落地生根是件好事，可以這麼說。

我笑著點點頭。

諾　亞　我的公寓看起來不那麼像監獄牢房了。我想辦法請到了兩位裝修工人幫我將阿姨的舊沙發扛上四段階梯，也已經替牆壁刷了油漆，明天就要安裝網路了。

約書亞　太棒了。

諾　亞　我還組裝好了我的床，手因為整晚都在轉動一把該死的內六角扳手而起水泡。

不敬音：六角型死亡稜柱。

約書亞　宜家家居的床？

諾　亞　對，我從來沒買過！這是第一次，我爸媽總是對此嗤之以鼻。這真是他們的損失，我有夠喜歡。半組裝家具簡直是一片魔法新天地。

約書亞　魔法確實是形容組裝家具的一種說法。

意志音：請回到諾亞的內在參考架構，他不需要知道你有多嫌惡組裝家具。

生理音：但那肉丸子和怪異果醬呢？

偵探音：你餓了，別再想食物了。

批評音：你為何不吃午餐啊？而且你是心理師欸——不能用「怪異」這個詞。

生理音：夥伴們，你們一定要聽聽恩雅是怎麼詮釋這首歌的。

諾　亞　是你的肚子在叫嗎？還是我的？

約書亞　很抱歉，是我。

諾　亞　噢，你需要吃點東西嗎？拜託別因為我餓肚子。

憐憫音：上天保佑他吧。

約書亞　不，我沒事，真的。它時不時就會叫一下，但很謝謝你的好意。

我把剩下的水喝完，填滿我的肚子。

約書亞 那麼，這次晤談你想討論什麼？

他聳聳肩。

諾　亞 我真的不知道。現在我很開心，真的不想令自己心情沮喪。

約書亞 可以理解，有時候感覺良好可以讓我們有信心從不同的角度看待事物。我不是說你應該要來這裡感受痛苦，但當你踏著雀躍的腳步時，泥濘會更容易濺起。

諾　亞 嗯……好的。你希望我說些什麼呢？

約書亞 你想到什麼？

偵探音：要說說那個刺激的祕密嗎，諾亞？

直覺音：跡象顯示現在不應該談那件事。

他靜下來集中注意力。

諾　亞 我……我只想到這週末的員工之夜。太令人興奮了。我希望能和他們建立更牢固的關係。

社交恐懼

社交恐懼（又稱社交焦慮）是與他人進行社交互動時會出現的恐懼和擔憂。徵兆出現時，感覺就像是透過批判視角對自我產生了過度的意識：我是否說了一些冒犯的話？他們覺得我很無趣嗎？他們會看出我很焦慮嗎？要是他們覺得我很怪怎麼辦？

有趣的是，大多數的社交恐懼都發生在**期盼社交活動時**或是**事後進行反思**的時候。人們會花好幾個星期緊張地期盼一場社交活動——活動來臨之前，他們就在腦海中演練著場景和對話；結束之後，他們也會花上好幾個小時不斷想著活動中的互動。這是種威脅反應，讓我們專注於察覺到的「表現」並找出其中的漏洞。我們會說服自己，擔憂並且過度分析自己的社交表現能讓我們在未來表現得更好。令人難過的是，有些人覺得自己必須要有特定的表現，但我很肯定他們只要當本來的自己就已經很優秀了。

社交恐懼通常源自於對受到他人批判或拒絕的恐懼，也可能是出於過去曾遭到霸凌或虐待、必須討好他人以獲得安全感的經驗，當然也有可能只是生性害羞（完全沒有關係！）。年輕時我也深受社交恐懼之苦，因為我非常渴望擁有歸屬感。不論社交恐懼的起因為何，嚴重的批判性自我關注是各種社交恐懼中普遍存在的行為。處理社交恐懼時，我經常會找出那些無益的內攝信念（見第九十九頁），並將之與認知行為治療策略相結合。

約書亞　聽起來建立這些新的人際關係對你來說很重要。

諾　亞　沒錯，我經常感到孤單。

共情音：住在一座陌生城市肯定很寂寞。

約書亞　搬來這裡之後嗎？

他遲疑了。

諾　亞　對，嗯……算是吧。

他的神態變得惆悵。

批評音：你害他傷心了！

分析音：這是諮商，通常需要討論些困難的事情。

諾　亞　坦白說——我一直都感到很寂寞。

我沒有回應。諾亞把袖子捏在掌心裡，盯著我桌上一盆榕樹盆栽，貌似在向它告解。

諾　亞　我有過朋友……也和幾位家人處得不錯……但是卻沒有和任何一個人產生真正的連結。我……從未有過伴侶。我猜工作為我帶來了壓力，因為我很渴望擁有連結。我報名去街友外展服務中心當志工，只是為了認識新的人……也為了感覺到自己有價值。

約書亞　我懂了。你感到寂寞，也感到緩解寂寞的壓力？

諾　亞　對。

我調整了一下坐姿。

約書亞　你說你「有過」朋友，也和幾位家人處得不錯？

諾　亞　是的。我和老家附近的男孩們一起長大，形成了一個朋友圈，這份情誼完全是基於地緣關係。高中畢業之後我們似乎就各奔東西，開啟了新的生活。我們之中有很多人都居住在不同城市。

約書亞　自然而然就疏遠了？

諾　亞　一開始我覺得是這樣。但是，回想起來，我覺得是因為我的性傾向。

約書亞　了解。

諾　亞　長大之後，我對女孩和男孩都有興趣，所以相信自己是雙性戀。但現在我會說我更傾向是泛性戀。

他不再對著盆栽說話，而是將目光放回我身上。

諾　亞　我發現他們在快畢業時就和我疏遠了。我開始發展出與正常人不同的特質，而我討厭這樣的自己。諷刺的是，我不是那個團體裡唯一的酷兒，只是沒那麼擅長隱藏這點而已。但在家的時候除外，在家裡我就成了一名優秀的演員。

分析音：他進入了心流狀態——透過記憶追尋他的思緒和感受。

諾　亞　當我走在花園的小徑上時，會不自覺發抖。那間屋子……

我看見他微微發顫，雙手握得更緊了。他的袖子已經被拉扯至彈性極限。

諾　亞　那間屋子，約書亞，我只能說，同性戀並不是那片屋簷下唯一被禁止的意識形態。

他深吸一口氣後嘆氣，啜飲幾口水後抬頭，接著搖搖頭，彷彿從半昏迷的狀態中清醒過來。

諾　亞　那屋子很怪，這也可以解釋為什麼我這麼奇怪。但和裡頭的東西相比，我很正常。

憐憫音：你不奇怪。

約書亞　老實說，我內心有一部分真的很想聽聽那屋子裡究竟發生了什麼事……

偵探音：輪到我出場了。

約書亞　……但我能看出，回想這件事令你很痛苦。你只須知道，如果想要探索它，這裡是一個安全的空間。

諾亞深呼吸。

諾　亞　沒事的。我知道必須在諮商的某個時刻談論這件事。

約書亞　你有和上一位心理師討論過嗎？

諾　亞　有。那一次已經夠棘手了，所以請原諒我有點難再次回顧過去。

約書亞　慢慢來，我也不喜歡走馬看花的旅程。

諾　亞　好的……我爸可以說是一個施虐者。他控制欲很強，會竭盡所能控制我，也控制我媽。他有可能變成一隻大吼、易怒、固執己見的野獸，把我們嚇得魂飛魄散。

約書亞　有可能？

諾　亞　奇怪的是，他的施虐行為和他平時的性格完全不同。他過去和現在都有能力成為一個完美的好人，就好像他有兩種人格一樣：一個是冷靜、謹慎、有同理心的人，另一個則是憤怒、發狂的人。

他臉色發白。

諾亞 其實，他的親切只是一種表象，從來都不是發自內心的善良。只有在他握有所有掌控權的時候，他才會變得和藹可親，也就是當我和媽媽都順從的時候，當我們順從他的生活方式的時候。

約書亞 是什麼樣的控制？

諾亞 主要是情緒勒索，藉由指控我們對他造成了多大傷害來強迫我們服從。他會扔東西、砸爛東西，有時候還會打我們。他說我們很沒用，說個不停。他喝了酒的話，情況就會更糟，但那種怒火隨時都有可能出現。

約書亞 聽起來很嚇人，你和媽媽一定過得戰戰兢兢。

諾亞 確實。所以我盡可能避開那間屋子，或者如果必須待在那裡的話，盡量不要礙手礙腳。

他突然皺起眉頭。

諾亞 千萬別幻想我和我媽在壓迫之下締結了同盟關係。她大多數時間都是在安撫我爸，也就是說她經常犧牲我。天哪，為此我真是恨她，但我想她只是為了求生存而已。

約書亞 你會覺得雙親都在和你作對嗎？

諾亞　我太常這麼想了。爸爸出門上班時，我能看見媽媽慈愛的一面。但只要爸爸在家，很明顯她就只會優先考慮自己的安全感需求。小時候她只有提過兩次要離開，但從來沒有行動過。她太害怕了。

共情音：弔詭的情況，對母親感到憤怒又憐惜。在那個家裡成長一定既困難又令人困惑不已。

諾亞　總之呢，我制定了度過難關的策略。我專注於學業，在需要時用自己的方法發洩。我不得不接受父母不會以我需要的方式幫助我或是陪在我身邊。

分析音：記得第一次晤談諾亞露出傷疤的時候嗎？

約書亞　其中一個發洩方法是割自己的手臂？

諾亞　對，那是其中之一。

約書亞　你還有和父母親聯絡嗎？

諾亞　有，每週會講幾次電話。我知道不應該這麼做，但我覺得好寂寞。我也很怕他們和我斷絕關係。在內心深處，我想我還是渴望他們的親情，還有他們的認可。我的老天……聽起來好可悲。我**感覺**好可悲。

淚水滾滾滑下他的臉頰。

意志音：給他面紙盒。

諾亞　謝謝。

諾亞講了更多關於父親施暴的細節，包括多次被陶瓷馬克杯敲擊頭部、罰他在雨中小便，以及被迫看著他父親拽著母親的頭髮拖她上樓梯。他經常不得不目睹父親性侵母親，當他父親在樓下其他女人上床時，他還得「站崗」。

生理音：我正在釋放壓力賀爾蒙，用來應付這些資訊的強度。

憐憫音：記得在這次晤談結束後，留些時間給自己調整呼吸並放鬆一下。

諾　亞　現在他平靜多了，但我還是很擔心媽媽。奇怪的是，我祖父去世後，爸爸變得冷靜多了。

分析音：可能是世代相傳的暴力循環？

諾　亞　我想他也被自己的父親毆打吧，我媽媽是這麼說的。我還知道他叔叔因為性侵小男孩而入獄。我只能想像這對他的成長產生了什麼樣的影響，而他勃然大怒、喝得不省人事的樣子足以說明這些影響並不是陽光和彩虹。然而，他仍是個只會模仿自己父親的膽小鬼。

約書亞　你認為這一切對你產生了什麼影響？

他思考著這個問題。

諾　亞　很明顯這影響了我的自信心，但我擔心也有別的影響。

我點點頭，示意他可以繼續說。

諾　亞　我……

他開始啜泣。

憐憫音：啊，夥伴，經歷這些一定非常困難。

諾亞 我很害怕……我怕我和爸爸一樣。

他又抽了一張面紙。

諾亞 我常常生氣、暴怒。我無法控制自己……

現在他真的在抽泣。他緊緊抓著抱枕，前後晃動讓自己平復下來。

救世主音：安慰他。

意志音：小心點。

憐憫音：安慰他。

分析音：為什麼要安慰？你了解得還不夠多。

偵探音：同意。

約書亞 你和你爸爸不一樣，諾亞。也許你能在身上找到一些類似的特徵，但你就是你。光是在這段晤談中，我就聽到了好多出自於你的關懷和共情。你會將這些特點和爸爸聯繫起來嗎？

他稍微放鬆了手中的抱枕。

諾亞 不會。

有幾分鐘我們倆都沒有說話。

諾亞　我很緊張，因為我無法控制情勢。我指的是要和同事一起出去玩的夜晚。我無法掌控被拒絕的可能性，我控制不了性傾向。我只……我只需要這一晚順利進行。

約書亞　嗯……你有沒有想過自己**可以**控制什麼？

諾亞　呃……我能控制自己的外表？出現的時間？說出口的話？

約書亞　那麼……

他笑了。

諾亞　你剛才問到我爸現在對我有什麼影響……

我揚起眉毛，對他回想起這件事表現出熱情。

諾亞　我覺得無能為力。我很無能，很沒用，甚至是個累贅。

約書亞　有鑑於你所說的成長經歷，我能明白你是如何得出這樣的結論。但你覺得這些信念現在仍然適用嗎？能用來形容一個成功在新城市展開新生活、找到工作且還交到新朋友，並尋求諮商為自己的心理健康負責的人？這些看起來都不像是無能、無用之人的特徵。在我看來，這些會令我想到堅定以及個人責任。

現場靜默了一下。我能感覺到耳中低沉的脈搏聲。

諾亞　有些事情無法挽回，約書亞。

偵探音：嗯……

達芙妮03——既渴望又害怕，難以違抗的重要之人

切菜時我打開了廚房裡的電視，增加一點背景噪音。最近點太多外送了，所以今晚想要自己做蔬菜咖哩。在我擠著一罐番茄醬時，揚聲器中響起了當地新聞台不必要的戲劇性開場音樂。頭條新聞是關於首相的參訪，照片中的首相作勢和當地學童一起玩耍。

約書亞　那個蠢蛋。

蔬菜沿著不沾鍋滑行時，發出了令人滿意的嘶嘶聲響。我倒入了香料和椰奶。第三條新聞是曼徹斯特國際藝術節的專題概述，由索爾福德市最優秀的桑尼爾·古普塔報導這場熱門活動。

桑尼爾　……皇家交易所劇院《琴鳥》午後場門票已售罄，在短時間內就被搶購一空，影評們已經開始稱讚這位身兼演員及導演的知名影星忠於自己對舞台的熱情，始終如一。

接著我聽到達芙妮的本名。我抬頭看向電視螢幕，見到她熱情洋溢的樣子。

達芙妮　劇組的所有人都很高興能夠來到這裡，我們很期待接下來幾週在曼徹斯特的演出。這個地區有豐富的傳統和對於戲劇的熱愛，我們希望觀眾能享受《琴鳥》，一如我們享受表演的過程。

桑尼爾　我很幸運能夠觀賞到午後場，必須說，你的演出真是太棒了。

達芙妮　非常謝謝你。身邊有出色的演員和舞台團隊，我才能如此發揮。他們太優秀了。

達芙妮如此冷靜又有說服力，但自從和她會面以後，我不確定這次採訪是她的真實自我還是一場表演。這其中有多少是她演藝生涯的自我，又有多少是真正的自我呢？突然間，燒焦的味道竄進我的鼻腔。我低頭一看，發現咖哩已經凝結在鍋邊並且開始燃燒。在我忙著拯救咖哩時，畫面已從達芙妮的採訪切換至下一則新聞。

約書亞　你看起來像是洩了氣的皮球。還好嗎？

達芙妮　還好，我只是累了。開幕表演會搞得你筋疲力盡。

達芙妮像往常一樣直挺挺地坐在沙發上，身穿橘色洋裝的她非常漂亮。相比之下，我不得不穿著已經褪色的《回到未來》（*Back to the Future*）T恤，因為我不小心用新的洗烘兩用機把所有襯衫都烘到縮水了。我還把茶灑到白色運動鞋上。達芙妮好像沒有注意到，謝天謝地。

約書亞　演出如何？

達芙妮　真的非常棒。想要避免被有嚴重控制欲的導演弄到抓狂，其中一個有效的方式便是讓自己成為控制狂導演。

約書亞　你現在是新的控制狂導演？

達芙妮 百分之百是。

我們都笑了。

分析音：這是個能輕鬆進入談話，並提醒她這個空間很安全的好辦法。

直覺音：再問一次。

約書亞 你確定沒事嗎？這麼問是因為你看起來很悲傷。

達芙妮 我看起來很悲傷？有一瞬間我忘了你是一位被訓練來察覺這種情緒的心理師。

約書亞 我以此為生。

達芙妮深吸一口氣。

達芙妮 我媽昨晚來看我，當然也帶了其他家人。我們外出吃晚餐。

約書亞 其他家人？

達芙妮 我大姊、繼父、弟弟和小姑，也就是我丈夫的妹妹。或許該說是前小姑，在我離婚後不知道要算什麼關係。我們去到一間義大利餐廳，接著怪事又一如往常地發生了。我母親左右著現場的氣氛和談話內容，她是餐桌上所有話題的法官、陪審團和劊子手。

她嘆了口氣。

達芙妮 全都是我的錯。我一生都在哄她，替我的女兒和兄弟樹立了相同的懦弱榜樣，於是現在我們變成由一位嚴厲指揮家帶領的蹩腳管弦樂團。

分析音：十足十的自我批判。

共情音：聽起來是恐懼導致的行為。

約書亞 人們哄著他人時，通常是出自焦慮。

達芙妮 我真的很怕她。這太荒謬了。只要她表現出任何反對的跡象，我就會蜷縮起來，僵在原地。

戰鬥、逃跑、凍僵或討好（Fight, Flight, Freeze or Fawn）

「戰或逃」是大多數人都聽過的術語。如果你上過中低年級的生物課，就會知道我們所有人都擁有這種對壓力或威脅做出反應的本能——會促使我們留下來對抗潛在威脅或選擇逃跑。舉例來說，如果有一隻熊朝你跑過來，杏仁核就會觸發戰或逃反應，你要麼留下來和熊打一架，要麼拚命逃跑。像我這個人和鐵釘一樣堅強，就會選擇留下來戰鬥，讓這隻小熊去見牠的創造者。然而，二十一世紀的時髦人士更新了「戰或逃」這個詞，現在通常被稱為「**戰鬥、逃跑、凍僵或討好**」反應。「凍僵」指的是人們在面臨威脅時看似默不作聲，這可能是由於一種不明顯的恐慌發作，讓人變得無話可說、演說到一半全身僵住、因震驚而動彈不得，或者是想起創傷事件導致精神完全解離。

「討好」是指當我們感受到威脅時，會說服自己討好別人以避免潛在衝突發生。取悅他人者之所以會有討好反應，通常是由於成長過程中的內攝信念——也許是為了討好一個不理性的權威人物，希望能得到對方的認可，也有可能是因為成長過程或是在虐待關係中受到情感和身體上的凌虐，因而將討好巴結當成一種安全行為。

達芙妮　這能很精確地描述我和母親之間的關係。我是會凍僵和討好的人，渴望得到她的認可。

分析音：也許值得探討這種反應的源頭。

不敬音：她都已經幾歲了，八十幾歲了不是嗎？

共情音：沒錯。她一生都在建構可怕的聯想和內攝信念，並且生成會自動駕駛的威脅反應。

憐憫音：同意。

約書亞　為什麼你將她的認可看得那麼重要？

達芙妮　我不知道，就是……搞不好這就是我需要諮商的原因？

約書亞　有可能。

我坐著，聽見腦中響起一陣叫喊聲，提醒著我關於上次晤談的一些事情。

約書亞　我想到你上次說想要被修復，想修復負面情緒。你有沒有想過，這些感受可能只是當下經歷的自然產物？

她的雙眼像眼鏡蛇一樣盯著我。

達芙妮　約書亞，別以為我母親是我人生中唯一的問題。若是那樣就太好了，不是嗎？讓達芙妮為了媽咪而哭泣，然後神奇地治癒自己？

我沒有回應。

達芙妮　我承認，或許我能選擇處理透過母親積累在身上的包袱，但是有太多事情填滿……你說的那叫什麼來著？填滿我的壓力罐？

約書亞　是的。

達芙妮　可能一次只能處理一件事。

達芙妮補了一下脣蜜。頃刻間她從個案變成了著名女演員，我必須提醒自己別做出反應。

達芙妮　很高興看到你今天付出了努力，我發誓上次你是穿很正式的襯衫。

焦慮音：露餡了。

約書亞　很抱歉，我那些比較好的衣服都被烘到縮水了。

達芙妮　噢，我的意思不是襯衫很好。

我們靜靜地坐了一會兒。

達芙妮　好吧。

我揚起眉毛。

達芙妮 在餐廳吃晚餐時，我感受到焦慮發作。毀滅的感覺突然排山倒海而來，我感到頭暈目眩。我衝進廁所……

她羞愧地咬著下唇。

達芙妮 我躲在廁所隔間裡。

我等待她接下去。

達芙妮 那感覺彷彿有頭騾子踩在我胸口上，我沒辦法好好呼吸。我小姑，或者管她現在是我的誰，十分鐘後進來關心我。然後是我媽，她開始從隔間門的另一端訓斥我。「為了逃避和母親在一起，還真是什麼都做得出來」、「你連五分鐘不演戲都做不到是不是?!」，接著是「我大老遠跑來，你竟然要膝蓋不好的我走進這裡？」她還說：「長大吧，達芙妮。你是五十三歲的女人了。你不可能還指望在餐廳廁所裡獲得擁抱，就因為自己無法應付一場簡單的家庭餐敘。」

共情音：哎喲喂，真是傷人。

批評音：這是好東西，我要寫下來。

達芙妮 可悲的是，約書亞，她說對了。那一刻我確實想要擁抱，想要來自那個恐怖女人的擁抱。我……我想要被抱在懷裡。

她的眼角因為情緒激動而抽動，但她迅速做出回應，堅定地瞇起眼睛，重新控制住自己。她彷彿是這場人體打地鼠的唯一玩家，每隻歡快跳出的鼴鼠都是一種負面情緒，而達芙妮揮舞著玩具錘子逼牠安靜下來。她恢復了平靜。

達芙妮 總之呢，事情平息後我又回到了家人所在的餐桌。我大姊應該有猜到發生了什麼事，她的洞察力很敏銳。我很快就轉換成最佳版本的自己，再次變得迷人有魅力，儘管我母親在微笑的同時向我投放暗箭。回家時間一到，我應該是親自將她送上了計程車。這足夠填滿一個壓力罐嗎，約書亞？渴求一位老婦人的親情？

約書亞 我很遺憾，你在焦慮發作時感覺那麼孤單。聽起來你滿強韌的，達芙妮。就我目前為止聽到的一切看來，你母親的權力凌駕於你，超越了你的自我價值。

達芙妮 別可憐我。

約書亞 我沒有。

現場安靜了一下，達芙妮盯著我放在架子上的一株植物。我注意到她的脖子和胸口一片通紅且起了疹子，但臉龐卻一如既往地毫無動靜。

達芙妮 拜託回答我這題。為什麼有些人就是沒辦法開開心心的呢？為什麼……為什麼我永遠都不夠好？

約書亞 誰說你永遠都不夠好？

達芙妮 母親的認可在我的成長過程中代表了一切，就像是毒品一樣。我的父親是個相當溫順的人，所做的一切都是為了取悅我的母親。他非常疼愛我，但也可以說，他的愛不如母親所能給予的那麼有價值。她的愛擁有如此強大的天賦，但卻鮮少分享出來。為什麼？為什麼我永遠無法讓她分享這一切？

約書亞　我沒辦法回答這點。只有你的母親知道答案……而她也可能不知道。

達芙妮看著我，似乎早就預料到會得到這樣的回答。

達芙妮　很抱歉。我應該停止這些牢騷才對，這太荒謬了。我是一個成功又有聲望的演員，如果我願意，還有足夠的錢能買一個新的母親。很抱歉浪費你的時間——肯定有其他真正需要的人急需你的協助，而不是一個生活安逸的神經質演員，還在這裡渴求能掛在媽媽的乳頭上。

批評音：「……掛在媽媽的乳頭上。」聽到了。前面那句是什麼？

她突然表現出積極的模樣，這是少數幾次我能看出她純粹是在演戲。

達芙妮　很棒的一次晤談！謝謝。我不需要待滿一個小時，對吧？我覺得今天這樣就夠了。

逃避音：她想離開了。

分析音：如果可以的話，說服她回來。但若她是真的想離開，那就不要勉強。

憐憫音：幫助她感受到應得的認同。

約書亞　你說媽媽的愛像是毒品，由此可以看出，她其實有愛人的能力？她過去曾經認可過你嗎？

偵探音：我們正在尋找內攝嗎，弗萊徹？

分析音：我們正在和達芙妮一起探索並學習更多。

達芙妮停下收拾東西的動作。有那麼一瞬間，她被傳送到了記憶最深處早已被遺忘的地方。我不知道她去了哪裡，但那似乎是個快樂的地方。她鋼鐵般堅毅的臉瓦解，咧出了笑容。即使只存在一剎那，那確實是一個感到足夠安全且快樂的人所露出的微笑。我真的很想成為其中的一部分去感受，但顯然我不會知道那是一段什麼樣的回憶。

達芙妮 小時候，我媽媽很疼愛我。她會幫我梳頭髮、唱歌給我聽、帶我去劇院、幫我穿衣服，並跟所有家人和朋友炫耀。我認為她希望我成為最棒的，但一切都變得好費解，都落入了她自己的希望和夢想之中。那樣的讚賞變成……一場交易……彷彿長大後我必須要自己贏得它。除非是演出的日子，或是我取悅了戲劇導演，否則我和母親之間的親密感就會降低。我不得不持續練習——歌唱、肢體劇場（physical theatre）、姿勢……

在她描述過往的時候，達芙妮的肢體語言不再緊繃。屬於她的舞台的簾幕稍微被拉了開來，使我得以短暫瞥見台上兩側的場景。對此我很感激，但我不希望達芙妮注意到這點，以免她不再繼續說下去。

達芙妮 我記得有一天，當時她已經好幾個星期沒對我說過好話了。那時我十四歲。沒有肢體接觸、沒有讚美、什麼都沒有。我不是想被當成小孩對待，只是意識到這點罷了。在我的劇團成功演出《理查三世》（*Richard III*）的那一天，我母親的冷漠暫時融化了。我飾演的安娜・內維爾夫人引起了熱烈迴響，當觀眾起身鼓掌時，她眼中寫滿了驕傲。連續好幾個星期我都在晚餐時間受到讚許。她緊緊地抱住我，把我當作獎盃一樣向別人炫耀。

共情音：我想達芙妮應該覺得這段回憶很棒，特別是在感覺到自己有多麼渴望被愛之後。

分析音：這是有條件的愛，提醒你一下。

約書亞 這種愛聽起來是……有條件的？

她盯著我。

達芙妮 這就是我即將意識到的。

約書亞 給予這份情感是以表現優秀為條件，前提是你是一名成功、讓周圍的人開心的人。前提是你——更精確地總結——**值得**被賦予親密、讚賞和愛，而這只有在你**非常傑出**的時候才算達到標準？

達芙妮 沒錯。

有滴淚就快掉下來了，她很快把它擦掉。

達芙妮 我認為她想給我最好的，但卻是以一種詭異、殘酷的方式給予。要不是為了她，我不會成為今天的自己，也不會讀戲劇學校。她資助一切，將我推往極限。她……她幫我打造了今日的所有成就。我很感激。我不是一個被寵壞的婊子，把一切視為理

約書亞 所當然——我真的很感激。我很感謝她……

聽起來你媽媽更傾向對自己協助建立的東西感到自豪——比方說，你的公眾形象。你自己的布局帶來了巨大的成功，你也很感謝她的協助。聽起來她很有影響力。

達芙妮又從手提包裡抽出一張面紙——忽略了我放在桌上的那盒。

達芙妮 她的成長過程很艱辛，我知道我外婆非常嚴厲。根據我表兄所說，她把我媽媽送到一所由虐待學生的修女經營的學校。我還知道，在她遇見我父親前，被酒醉的男友毆打了好幾年。當她告訴我外婆準備和男友分手時，我外婆站在施暴男友的那邊。

共情音：她踏入了她母親的內在參考架構。

分析音：通常這有助於情境化。

達芙妮 我想這裡發生了兩件事。

約書亞 什麼事？

達芙妮 我認為她是透過我間接地擁有生活。我猜我母親很羨慕我擁有機會且取得成功，但同時又非常熱衷於為我提供這些機會，因為她知道失去機會是什麼感覺。我想她也將這些成就視為自己的——她帶著我到處炫耀，目的是為了向人們展示：「看到了嗎？我有能力且成功了——看看我女兒！」我認為她將所有的愛傾注於提供一個她無法擁有的生活，但代價是要成為一個冷酷的母權夢魘。

約書亞 也就是說，當你有需求的時候，比方說焦慮發作的時候，就沒有反映出你母親希望

達芙妮 透過你擁有的生活？
沒錯！
分析音：你掌握了內在參考架構。
憐憫音：幹得好。

達芙妮 那是我的**失敗**。情緒化、掙扎，基本上所有不會被讚賞的事情，對我母親來說就是脫稿演出。

我們繼續談論達芙妮的母親對她的生活帶來的影響。她說得越多，這場討論越是一場平衡的分析，但我還是會時不時地掐一下自己。我自己的內在參考架構依舊想對這位坐在我諮商室裡的世界知名演員發出讚嘆，但我不斷重新聚焦，因為我在這裡是為了達芙妮，這位公眾形象背後的人。

約書亞 聽起來有點矛盾。你覺得如果你母親如你所願慈愛地養育你，還能取得現在的成就嗎？

達芙妮 誰知道？不可能去想像一個平行時空，但我很確定，如果沒有她，我在演藝和舞台生涯中不會取得如此多的成就。也就是說，我確實很好奇生活會變什麼樣子……
分析音：可能要應用完形治療法（Gestalt Therapy）中的空椅法（Empty Chair）？
憐憫音：可能會導致情緒激動，但或許能幫助達芙妮應付這些困難的情緒。
偵探音：這通常會揭露出罐子裡的其他東西。

批評音：她不會願意嘗試空椅法的，約書亞。你電視看太多了，你不是蓋布瑞・拜恩*。

意志音：試一下吧。

約書亞　達芙妮迷失在自己的思緒中，好像正盯著我的白鶴芋。若你願意的話，請照我說的做。想像一下，如果你能面對面和母親說些什麼，但她保證不批評指教並帶著同理心和關懷，你會說些什麼？

她笑了出來。

達芙妮　你打算扮演我媽媽，約書亞？要誘使我徹底探索更深層的感受？

不敬音：笑死，他哪有這個能耐。

我試圖發出無聲的誠摯邀請，請她進入到情境中。她回頭看著白鶴芋。

約書亞　你可以不用看著我。隨便選一個房內的物體，然後對著它說話。如果她是個親密、會擁抱你的媽媽，那你會說些什麼？

我以為自己會被忽視和責備，但驚人的是達芙妮持續盯著白鶴芋。我以為她正在考慮我的邀請，但接下來發生的事情簡直太神奇了。

達芙妮　哈囉，媽媽。噢天哪，你看起來和上次見面時好不一樣。你知道你的盆子上還貼著價格標籤嗎？看來你在英伯瑞超市的售價是四點九九英鎊。真想知道一直住在這間諮商室裡是什麼感覺，我猜這裡提供了你一個了解同理心和憐憫心的窗口。有人好好的餵你、替你澆水嗎？

她看向我。我繼續仔細聆聽。她又轉回去看白鶴芋。

達芙妮 噢，這還真是**新鮮**啊，媽。你通常都會用一些討厭的言詞來做回應，像是批判、惡意抨擊、說些毫無根據的意見，彷彿摩西按照你的命令將它們刻在石頭上一樣。總之，謝謝你提供空間讓我表達想法。

她看向我，等著我的說明。

達芙妮 你說這個版本的我媽是一個不帶批判、傾聽他人的人？

約書亞 嗯。

她嘆氣後接著深吸一口氣，繼續對著一向很有耐心的白鶴芋說話。

達芙妮 我一輩子都糾結於自己的心緒，媽。這真的很難。這折騰著我。我總希望你將這些思緒帶走，但也感謝你希望我變得堅強。我擔心要是我對你說出我的想法，你就會離開我、拋棄我，而那樣我會崩潰的。很抱歉我永遠都不夠好，但你必須明白，你在某些方面也讓我失望了。沒有人是完美的，但我感覺你用你的愛挾持了我。這……這讓我埋葬了我感到羞恥的部分。

---

* Gabriel Byrne，愛爾蘭演員，在電視劇《治療中，請勿打擾》（*In Treatment*）中飾演一位觀察入微的心理師。

淚水終於止不住滑了下來。

達芙妮　當我不是在工作時，甚至不知道自己是誰。不在台上、不在銀幕裡的這個人亂得一團糟，我感到如此、如此孤單。我騙了自己、騙了孩子、騙了家人、騙了大多數的人、騙了你。我說謊是為了感到安全。但我不能繼續撒謊下去了，因為這樣會害死自己。這對我的孩子和親近的人不公平。這……對我也不公平。

專業的表象徹底消失了。達芙妮正在一個原始、情感強烈且美麗的狀態中。她的淚水滾滾落下且鼻塞了，但還是繼續說下去。

達芙妮　我有好多事想告訴你，或者告訴任何一個人。我……我不是你期望的那個女人。事實上，我不斷質疑自己到底是不是女人。很抱歉我沒有跟你期望的那個迷人男子安頓下來。我試過了，結果他是個混蛋，一個虐待狂。我也懷疑自己是否喜歡男人。我不知道自己是不是女人，也不知道自己是否只受到男人吸引。我無法遵循你的傳統，媽。我不是你期望的那個獎杯。我是一個沒有身分、沒有性別的中年酷兒，仍然乘著你幫助我完善的技能的浪潮前進。但我只是希望你能看著本來的我。我希望你能看見我並愛我，我……我希望**我**能看見自己並愛著自己。我……希望你能幫助我做到這件事，也很遺憾……很遺憾你辦不到。

憐憫音：哇。

分析音：前後一致。

達芙妮
達芙妮抬眼看我，因為如釋重負而喘著氣。突然間她似乎感到一陣焦慮。

這全都是保密的，對吧？我是說，其實你可以將這些賣個好價錢。我的天哪……我幹了什麼？我對我的家人做了什麼？

共情音：在這之後感到害怕和脆弱是可以理解的。

約書亞
謝謝你和我分享這些，達芙妮。聽到你敞開心扉真的很棒。我重申一次，無論你在這裡說了些什麼，全部都是嚴格保密的，只會留在這個房間。若你希望的話，它可以永遠留在這裡頭。

達芙妮
謝謝你。

這次她從位於我們中間的紙盒抽出一張面紙。

情緒保守主義——盡全力迴避未知與負面感受

「你戳到我的痛處了」——對於很多人來說，敞開心扉非常困難。讓我展示一個尺度：在這把尺的其中一端，你會看到一個極度神經質、尋求關注、不斷向周圍的所有人表達自己情緒的人。說得誇張一點，這樣的人每年都會在自己或別人生日那天，在壽星準備吹熄蠟燭時，告訴大家自己的童年創傷。而在尺的另一端，你會見到一個鮮少表露情緒、上唇繃緊、不會為了《馬利與我》（*Marley & Me*）哭泣、冷漠、這輩子從來沒有在公眾場合流淚的人。他們一逮到機會就躲開或迴避談論情緒，並將談論情緒視為一種軟弱的表現。對這樣的人來說，這種軟弱令人作嘔。他們會說：「保持冷靜，繼續前進。」（Keep Calm and Carry On.）

請你思考一下自己可能是在尺的哪一端。需要情境的話，你可以和認識的人相比較。你認識的人之中誰最嚴苛、最矜持？搞不好比起脆弱，他們更樂意展現怒氣？有誰就算抱著一隻鼻子蹭來蹭去的小水獺，也絕不會流下一滴喜悅的眼淚？將這些人放置於尺度的其中一端。現在想像那些非常樂於展現情緒的人，無論是好的還是不好的情緒。這可能代表很有信心，或者令人感到惱火，觀感取決於你。將這些人放上尺的另一端。現在，你會把自己放在哪邊？理想情況下，無論是什麼情境，我的目標都是要邀請情感保守的人和情感開放的人在中間點會合。在這裡，我相信我們可以交流並解決那些為自身帶來負擔的棘手問題。

我的目標不是要鼓勵所有人都成為愛哭、神經質、不斷受自己情緒支配的人（在我的諮商室裡可以這樣，非常歡迎），而是要將展現脆弱這個行為，視為一種有益於個人幸福的正向轉變，但並不會改變我們的本質。韌性不應該是由保持沉默的能力來定義，應該由在有需要時跨出情感保守主義範圍的能力來定義。舉例來說，如果我深陷於焦慮情緒和憂鬱的思緒之中，並且想著要自殘，那麼我就需要移動到一個可以藉由談話來幫助自己的地方。另一方面，有時候沉默完全沒有問題，比方說當朋友說出一些痛苦經歷時。他們所說的話可能會引起我的負面情緒，但我會保持安靜並傾聽，優先考慮他們的感受。

情緒保守主義的主要問題之一是以焦慮本身做為基礎——害怕感受到負面及未知的情緒，或者在回應需要幫助的人時感到尷尬和無助。我經常在日常生活和我親近的人身上看到這一點。

來自於情感保守的恐懼，會讓人在聆聽他人的問題時，不由自主認為自己需要為對方負責。這是不對的。當你選擇花五分鐘傾聽某人的心聲時，並不需要成為南丁格爾或對方的終生照顧者。但情緒保守者往往會避免觸及困難的主題，因為坦白說，那麼做並不值得。未知的事情太恐怖了。撫慰自己的無助感，經常會戰勝憐憫他人的欲望。我經常發現自己不想讓朋友和家人感受到那種無助感，這就是為什麼我經常撒謊回應「你好嗎？」這個問題。我總是回答「我很好，你呢？」

哈利03——二〇〇九年十月，泛光燈下的喜悅

服務員　你們好像迷路了，需要幫忙嗎？

我給他看我們的票。

服務員　是這裡沒錯，穿過這個旋轉門後上樓即可。等等，等一下……

他上下打量哈利。

服務員　這是孩童票。你想糊弄我們嗎，小伙子？

哈　利　我十三歲啊！

服務員　十三歲個頭。你看起來比他大！

他指向我，我們都笑了。

服務員　第一次來嗎？

約書亞　對，我們超興奮的。我弟弟是超級大粉絲。

服務員　很高興你們過來。享受比賽吧，小伙子！

我們爬了大約一百層階梯。到達頂端時，我花了點時間彎下腰喘口氣，我弟弟則在一旁嘲笑我。

約書亞　用《傳送門》的槍就能直接上來了。

哈　利　搞不好戒菸就可以了？

約書亞　閉嘴。

從龍門架走進球場的這一刻終於來臨了。迎接我們的是巨大泛光燈，照亮了底下完美無瑕的綠色海洋。這真是太酷了，甚至比我想像得還要棒。球場廣大無邊，充滿興奮球迷的呼喊聲。

約書亞　我們的第一場球賽還不賴吧？

哈利笑著指向下方球場上正在熱身的球員。緊接著就是開球了，哈利支持的球隊只花了六分鐘就破門得分了。我們倆和周圍數百人一起尖叫跳起。隨後該隊又連進兩球，輕輕鬆鬆拿下比賽。球場周圍響起了美妙的嗡嗡聲。

哈　利　真是太讚了！我沒聲音了！

約書亞　我等不及要跟媽說你大吼大叫還罵髒話了。

當我的弟弟朝著離開球場的球員獻上掌聲時，我凝視著他臉上的喜悅。最近我沒有做出最明智的選擇，把錢浪費在不應該買的東西上（說大麻不會上癮的人都是在說謊），搞得自己負債累累。然而，我花光剩下的錢帶哈利來看足球賽。哈利臉上的表情讓我覺得每一分錢都是值得的。隨著視線逐漸聚焦，當我看著哈利的目光掃過一個個球員時，他那傻乎乎的笑容、歪斜的眼鏡和喜悅雙眼的所有細節都變得銳利起來。我間接感受到了他的狂喜，完全沉浸在他的內在參考架構中。最近我感覺自己像個失敗者，但至少今晚能說明我是個挺不錯的大哥。

哈　利　我餓了，來去買些薯條吧。

約書亞　你買，我他媽破產了。

哈利拿出媽媽給他的一些零用錢，讓硬幣在掌心上彈跳幾下。

哈　利　好。

列維03——你不是破碎的人

距離預約時間還有五分鐘，我的諮商室大門突然敞開，像是一扇被踢飛的酒吧大門。

列　維　你不是唯一一個認為這玩意兒是強迫症的人。

焦慮音：老天。

我吃藍莓優格吃到一半，一湯匙直接灑在了牛仔褲上。列維好像沒注意到或是不在乎，直接坐上沙發準備開始。

分析音：別忘了你的諮商界線，這也包括時間界線。

約書亞　早安，列維。我們幾分鐘後才開始，我快吃完點心了。如果可以的話，我去拿些熱飲好嗎？你要茶還是咖啡？

列　維　當然，請給我一杯茶。

我前往公用茶水間，看見帕特爾醫生正在攪拌咖啡。他熱情地跟我打招呼，但看到我褲襠處的白色汙漬後，立刻大步走回他的辦公室。我用廚房紙巾拍了拍髒汙，泡了兩杯茶，小心翼翼地走回諮商室。我進門，看見列維正在擺弄諮商室的百葉窗。

約書亞　來囉。

我把茶杯放在沙發旁的邊桌上。

列　維　謝謝。我們倆都坐下來。很高興在上次有些尷尬的道別之後，他還是來參加了這次的晤談。

約書亞　所以，剛剛說的強迫症是怎麼回事？

列　維　上一次晤談結束後，我聽你的話去看醫生。不是薩菲亞認識的那位，而是我在奧爾德姆掛號的醫生。我告訴他說：「醫生，我的心理師說我有強迫症。」然後給他看了我瘀傷、割傷、滿是各種傷痕的背部。

列維哈哈大笑。

列　維　你真應該看看他的表情！我以前從未被醫生認真對待過，但這次我引起他的注意了。

共情音：我們理解那種感受。

約書亞　接下來怎麼樣？

列　維　我被轉介給一位「緊急情況」專家。我跟醫生說不需要這麼誇張，我也不需要急診。我看過緊急情況，我這麼告訴他。男男女女因喝醉酒產生分歧鬧得頭破血流，而他對此一無所知。隔天我被轉介給一位心理學家，她問我一堆奇怪的問題，然後開始胡扯。

他咕嚕咕嚕地喝下幾口茶。

列　維　當她認真講解科學之類的東西時，我開始有點分心了——據我所知，她說的可能是日文。接著她提到了你們一直說個沒完的強迫症，「O─C─D」，然後開始問起我的侵入性想法和行為。我告訴她，你就是這麼說的！

憐憫音：能發覺是強迫症很棒，約書亞。他也按照你的指示去看醫生了，這點也很棒。

批評音：因為你自己有強迫症才能發現吧，冒牌貨。你一點同理的技巧都沒有。「看，有個人和我一樣欸。」我才不會頒發獎牌給你。

列　維　總而言之，她開了一些奇怪的藥給我，說我應該開始強迫症專門的療程，叫做……叫什麼來著……？預防暴露還是什麼……？

約書亞　暴露與反應抑制？簡稱ERP？

列　維　沒錯！她想推薦她認識的人給我，但我說想看看能否和你一起進行。

暴露與反應抑制（exposure response prevention, ERP）

暴露與反應抑制是一種心理治療方法，旨在鼓勵個案面對恐懼，讓強迫性和侵入性想法出現，而不是試圖消除它們。ERP主動引發杏仁核的憤怒，當我們讓自己暴露在恐懼之中時，杏仁核便會重塑連結，進而減去焦慮的衝動。有趣的是，杏仁核只有在被觸發反應時才能重塑連結，所以在我看來，面向某種特定的恐懼，將此作為對抗威脅反應的第一步是有道理的。

ERP是強迫症的標準治療方法，已得到全球性的經驗支持。對於強迫症的治療，心理師對此病症的了解至關重要，因為也有研究證實，從長遠來看，傳統的談話療法（talking therapy）可能會使病症惡化。原因在於，強迫症最常見的強迫行為之一即是針對侵入性想法的內容尋求慰藉。另一種常見的強迫行為是反芻思考（rumination），而開誠布公的談話療法可能會在不知不覺中觸發這種行為。強迫症源自於焦慮，正如我們所知，如果我們按照焦慮的指令行事，我們就會感謝它（和杏仁核），如此便會無限循環下去。和其他焦慮症一樣，強迫症的康復取決於我們是否願意接受不確定性。說這句話的同時，我是一個多年來都不願意接受的人。

約書亞 我們從哪裡開始好，列維？

列　維 什麼意思？

他在椅子上挪動身子，避開我的視線。

約書亞 想一想所有困擾你的侵入性想法。你想從哪一個開始？

列　維 我辦不到……

約書亞 我知道這麼做很恐怖，列維，正視你最深層的恐懼需要某種特殊的勇氣。記住，這裡是個安全的空間，踏出第一步時我與你同在。

列維　我沒辦法這麼做。如果你搞錯了怎麼辦？如果有個你看不見的惡魔怎麼辦？如果我變成了執行那些想法的可怕怪物怎麼辦？為什麼你是這套說詞，其他人又是另一套？

約書亞　其他人？

偵探音：也許要看一看這個問題的根源，老大。

列維　我太太、社區的人，你知道的……

直覺音：危險訊號出現了。

焦慮音：搞不好你錯了。

約書亞　你的社區？

列維　（提高音量）對，我的社區！你是什麼鸚鵡心理師嗎？只會重複我的最後一句話？

我沒有回答。

列維　很抱歉。

約書亞　沒關係。

列維　我是一個宗教社區的一分子。我們有間教堂，會在裡頭舉行儀式等等。在外人眼中他們有點瘋狂，但他們只是忠於自己的信仰而已。我們……我們很虔誠。

分析音：如果想嘗試探索危險訊號，繼續引導談話沒問題。

約書亞　你一直都是社區的一分子嗎？

列維　不，我並不是一直都有宗教信仰。在我人生的困難時刻，他們接受了我，而這要感謝薩菲亞。他們救了我，薩菲亞救了我，她是我的守護天使。我們認識幾個月後，她將我引介給社區。在那之後，我就一直盡己所能地懺悔……懺悔我的人生選擇、我的罪過。我們在社區前的小教堂結婚，那是我人生中最快樂的日子之一。

我露出微笑，因為禮貌上好像得這麼做。我不知道此時該有什麼感覺，只好繼續努力讓自己沉浸在列維的世界。

列維　當我真正開始對抗自己的腦袋時，他們想提供協助。你知道嗎？麥可牧師、薩菲亞，甚至是部份社區成員，他們是真的想出手相助。他們認為我是個好人，相信肯定有個魔鬼腐蝕了我的部分思緒。這裡真的是……一個很體貼的社區。我想他們不像科學界的你們那樣看待事情。

共情音：他的聲音聽起來帶有一絲懷疑，儘管他顯然很欣賞這個支持網絡。

約書亞　對於幫助你應對侵入性想法這件事，感覺你好像陷在了兩種截然不同的幫助模式之間。一種是家裡的說法……社區的說法……另一種是醫療機構的說法？

他沉吟了一下。

列維　對，我陷在了兩者之間。但這很奇怪。我還沒告訴薩菲亞或麥可牧師我們正在做的事。我還沒告訴他們我見過心理學家和你，也沒說我有去看醫生。我是說我掛號的那位醫生。

約書亞　為什麼你覺得有必要隱瞞在這裡做的事情呢，列維？

毫無徵兆地，一陣劇烈的戰慄忽然席捲列維全身。他好像暫時解離了。他壯碩的手臂蜷曲在身上，彷彿在試著安慰自己。

約書亞　你還好嗎？

列　維　我想是還好……

他咬緊牙關站起身，用力呼氣並旋轉著一側肩胛骨，彷彿正在解開一個結。我好奇肩膀疼痛是否能有效轉移對問題的注意力。

列　維　我只是想把一些事情區分開來。

共情音：他感覺很害怕，惴惴不安。

憐憫音：好，現在別逼他。

約書亞　了解。

他坐回去，跟之前幾次晤談一樣開始儀式性地折響指關節。看到這畫面時，我就知道這是種焦慮的習慣。

約書亞　我看得出來這個話題令你很不安，列維。請記得這裡是個安全的地方，若你想和我討論這件事或任何事情的話，完全沒有問題，談話內容只會留在這裡。我只是認為，我們應該要以應付得來的步調處理棘手的情況。上次你暗示說可能不會回來了，老實說，發生那樣的事我會很難過。

憐憫音：好呀，你是認真的。

批評音：是嗎？

焦慮音：要是他沒回來，我們就不需要擔心這麼多了。

逃避音：說得好。

列維點頭。他鬆開雙手，平靜地放在膝蓋上。

約書亞　若你不介意的話，我想問你和薩菲亞諮詢的社區醫生是誰？

他看向窗外一會兒，思量著我的問題。

列　維　一位另類療法的醫生……

不敬音：別跟我說是順勢療法。

批評音：別跟我說是順勢療法。

我稍微揚起下巴，示意他詳細說明。

列　維　社區有一位另類療法的靈性醫生。她幾十年前移民到這裡，成了教會的一分子。她是對抗藥局用現代常規藥物賺取巨額利潤的解方。

分析音：我猜他說的是製藥公司，那些「大型藥廠」。

列　維　她幫助了社區裡很多接受常規療法但不見好轉的人。她使用神聖的咒語並利用靈力來淨化思想、身體和我們的靈魂。她擁有傳承千年、世代相傳的古老智慧，這就是每個人都希望她能幫助我的原因。

偵探音：他用了過去式。
分析音：顯然他對社區提供的協助失去信心了。
不敬音：那是當然！你不能跑去找該死的巫醫治療強迫症！他們是住在哪個星球
　　啊?!真想參觀一下。媽，我回來了！
批評音：這些人徹底瘋了。
意志音：回到列維的內在參考架構，別這麼愛批評。

列維　但她辦不到。我的意思是……她只稍微幫到一點。

約書亞　怎麼做的？

列維　苦行。

約書亞　自傷？我是說……鞭打你的背？

列維　對，我說了苦行。

約書亞　薩菲亞怎麼看？

列維　她完全同意。她支持醫生和麥可牧師所說的一切。

不敬音：這完全是瘋了，約書亞。
意志音：回到他的內在參考架構！

約書亞　好的。比如說呢？這樣我就能了解目前為止你所做的嘗試。

列維　為了讓我好轉，我們試了很多方法。像是……呃……我不吃東西，讓惡魔餓肚子；

提供幾品脫的血作為獻祭；也像你剛才好心指出的，我鞭打自己；發誓保持沉默。我甚至在那些……儀式中出借了我的性行為，我沒打算和你談這個。薩菲亞一直在我身邊鼓勵我度過難關，她就像是我的磐石。

觸發音：好掙扎。

生理音：真迷人。

憐憫音：我要哭了。

意志音：你不會的。

約書亞　等等……什麼……什麼儀式？

列　維　各種奇奇怪怪、靈性的東西，約書亞。任何外人走進來看到都會嚇到的……現在是什麼情況……離題了？

約書亞　外人能看到什麼？

分析音：你離開列維了，現在你正在追隨自己的興趣和需求。

批評音：你把這次晤談變成自己的了。

焦慮音：你不會想知道這些的。

列　維　我不想透露細節，就說一切都是以「淨化」為名義吧。但沒有用，哈哈！

我發覺自己的心臟狂跳，肌肉緊繃且刺痛。我緊緊抓著椅子扶手，鬆開手指後上頭留下了汗水痕。我伸手去拿茶杯，試圖表現得冷靜且安定，但我的手不住顫抖，棕色的茶水在列維專注的凝視下濺到了桌上。

列　維　**你還好嗎？**

意志音：保持一致性、真實性、專業誠信。

分析音：同意。

約書亞　還好，只是聽到這些有點嚇到而已。並不是因為你這個人而感到震驚，完全不是。我很感激你與我分享這些，聽到你所經歷的事情讓我很訝異。這很不容易，列維。聽到你經歷了這些，我真的很難過。

列維微微歪著頭，端詳著我的表情一會兒，接著突然像是關機了一樣。顯然他拒絕繼續談論這個話題，指關節又開始喀噠作響……

約書亞　你想試試看ＥＲＰ嗎？

列　維　在這座城市的夜店大門前來回奔波，我學到了很多東西，但這種玩意兒還是頭一回遇到。

他笑了，我也跟著咧嘴。這是他「要麼接受、要麼離開」的提議，要以他能接受的條件重新開始晤談。也許是因為他所提到的有關家園生活的本質，讓他更積極地想接受ＥＲＰ療法。

列　維　好。就這麼做吧。

列維坦言，他與兩種侵入性想法搏鬥著——有關暴力和性的想法。他經歷過性侵傷害朋友和家人身體的侵入性想法，其中還包括他的女兒及襁褓中的孫女。這些思緒似乎集中在孫女身上，對於強迫症和侵入性想法來說，這很常見，因為當「風險很高」時，威脅反應會更敏銳。這就是許多母親會對自己生下的嬰兒產生侵入性想法的原因。我嚴正重申一次，經過風險評估後，我不認為列維會為他的家人帶來危險——列維並不是侵入性想法本身。侵入性想法往往會肆意蔓延，因為這些想法與我們的本質相反。不過，我確實擔憂他的健康狀況，特別是在聽到大量的潛在虐待儀式這種危險訊號之後。

我們的暴露與反應抑制練習從列維向我展示他女兒和孫女的照片開始。這對他而言非常困難，但他依舊堅持下去。我在練習的開頭和後續過程中都請他用一到十評估自己的焦慮指數。當我們看到他孫女在戲水池裡的照片時，他立刻別開目光，痛苦地咬牙切齒。

約書亞　看著孫女沒關係的，列維。這是你拍的照片嗎？

他開始抽泣並轉身，看起來相當嫌惡自己。

列　維　對，我拍的。

約書亞　拍這張照片時，腦袋裡有那些想法嗎？

列　維　沒有！當然沒有。

約書亞　這就對了，是個很振奮人心的跡象對吧？

他沒有說話。

分析音：盡量讓他的注意力集中在暴露上。

約書亞　照片裡的其他人是誰？

列維很勉強地回過頭來看照片。

列　維　那是我女兒，這邊這個是我前妻。還有這……這是我本來想自己做的柵欄，但失敗了。

他發出一聲壓抑而帶著鼻音的笑聲——暫時忘記了這張照片中的觸發點。

約書亞　多告訴我一些那天的事情，但要一直看著照片，試著不要別開目光。

列維繼續告訴我那天的景況。那天是他孫女的生日，他大部分的家人都在花園裡。他們買了一個戲水池，大夥兒一起享用烤肉。他解釋道，他和前妻維持著良好的關係，兩人都盡全力支持女兒。他說那是他那一年最喜歡的日子之一。

約書亞　聽起來真棒！列維，你說展示出照片時你的焦慮程度是滿分十分。那現在呢？

憐憫音：來吧……來吧……

列　維　現在……現在六分……我還是很害怕，而且感覺很怪……但是是六分……

憐憫音：好耶！

共情音：好耶！

約書亞　有注意到你的焦慮程度是如何在沒有避開照片的情況下減輕的嗎？有些焦慮還在，因為大腦尚未完全肯定這個情況是否安全。但之後只要我們繼續練習，它就會這麼想了。

列維嘴巴半開地坐在原處。他試著消化這一切，我在他臉上見到了一絲希望的神情。

列　維　你真的不覺得我身上有魔鬼，對吧？

約書亞　對。

他感激地點點頭。

約書亞　我們需要教育威脅反應，告訴它儘管這些想法的內容很可怕，但並不危險。那只是些很詭異的想法，和我們的道德形成鮮明對比並與之抗衡。不適感並非危險。

列　維　你覺得我會好起來嗎？

憐憫音：我不覺得你是個破碎的人。

約書亞　會。簡而言之，我是這麼認為的。但我們必須付出更多努力來照顧自己。

自我照顧——瑜伽、冥想我都試過了，為什麼沒有效？

我經常這麼問個案：「你怎麼照顧你自己？」接著換來對方困惑的表情。這並不奇怪，因為無論是在新聞還是社群媒體上，我們不停遭到那些為了整體健康「應該」怎麼做的資訊轟炸。民間流傳的含糊陳腔濫調之一是「自我照顧」（self-care）的概念。我是自我照顧的大力倡導者——何不呢？我是心理師，我在乎人們，且這件事相當重要。然而，不幸的是，在我看來「自我照顧」這個詞已經被劫持、濫用，並成為一個價值數百萬元的產業，經常在利用你的不安全感、恐懼和完美主義。若你在社群媒體上輸入「自我照顧」，迎接你的會是一連串當今世界的陳腔濫調，內容涌常是某個人吃活菌優格吃得神魂顛倒、在山頂精心放置一台4K攝影機並在鏡頭前練習冥想、邊喝羽衣甘藍蔬果昔邊讓線條分明的腹肌出鏡，或者是沾沾自喜地在大自然中健行，背景掛著達賴喇嘛的某句話。當然也會看到那些關於界線和「讓它去吧」的模稜兩可引言，就寫在顏色柔和的迷因圖上。

了解以下觀點可能會有所幫助：從心理治療的角度來看，自我照顧是你認為對自己有益和有助於健康的任何事情。在照顧自己這方面，我們並非完全是初學者。我們知道要吃健康的食物、不要飲酒過量、運動和睡眠對於日常生活很重要。但對於所有人而言，**個人主觀的自我照顧才是真正能影響整體健康的因素。**

每當有個案需要自我照顧的幫助來緩解焦慮時，我發現他們往往都嘗試了**反動**的方式，而不是採用適用於自己的方法。我已經數不清聽到這些話多少次了：「我嘗試過正念、瑜伽、太極拳、無麩質飲食、寫感恩日記、呼吸、CBD油、真言口號等等，但都沒有效！」這些都是自我照顧的好方法，也是針對心理健康的維護措施，但它們都不是能夠「修復」的速效良藥，也並不適用於所有人。**如果你做一些事情是為了模擬自我照顧，而不是為了享受它的樂趣，那麼你的自我照顧就不會有效果。**這麼做是在強迫自己進行自我照顧，而不是做自己，這就跟一個人強迫自己每天早上去跑步，但其實很討厭跑步一樣。在此公開一個祕密：我自己曾經困在這個陷阱裡很多年。

請記住，自我照顧並不是一個需要至臻完美的技能。那樣只會導向自我耗損（ego-depletion）的悖論，本來應該幫助你修復的東西反而讓你感覺很糟糕。你可以參加所有研討會並收聽所有探討自我照顧的podcast，但最終你才是評斷何者有效的晴雨表。關於什麼能讓你感覺良好，請相信自己，而不是其他人。當我看見個案努力吸收自我照顧的核心意義，然後用他們所謂的「失敗」作為指揮棒來擊打自己時，真的很令人難過。

我自己的自我照顧有多種表現方式。看起來都挺傳統的：我享受在大自然漫步、閱讀、在蒸氣室好好放鬆、和狗狗玩、躺在注滿熱水的浴缸裡，以及整天都保持著正念。然而我的自我照顧也有非傳統的一面：睡到很晚、打電動、和朋友喝啤酒、徹夜大笑、放假時吃垃圾食物。這些事情也滋養了我。說到刻板的自我照顧方式，我已經學會放棄仿效完美主義的做法，花時間傾聽我的思想和身體，並給予它們想要的東西。我們都是人——有時我們需要休息、營養和寂靜，其他時候我們則想要刺激、享樂主義、社交時間和難忘的經驗。

如果你覺得自己無法進行傳統的自我照顧，請不要灰心。我很高興身邊有許多朋友可以透過瑜伽或上健身房等活動找到平靜。如果這適用於你，請堅持下去！我有時挺喜歡初階瑜伽的，但可惜我是沙發馬鈴薯體質，所以有時我會坐著喝杯奶昔，花整晚玩線上遊戲，一邊透過耳麥大罵出聲。自我照顧是主觀的，可以因應你生活中隨時發生的事情有所改變。你只需要找到目前適合你的方法即可。記得，當自我照顧成為你必須「做」的義務時，效果就會打折扣，這樣它就不是自我許可的表達，無法解除嚴格的**生產力焦慮**束縛。

就我個人而言，在自我照顧的實踐中，我發現內疚感會阻礙我們花時間進行自我照顧。這真是種惱人的情緒，請盡量別讓內疚占據了它不配擁有的空間。定期停下腳步，擁有自己的時間沒問題的。當你有時間休息和充電時，你更有可能成為更有活力、更好的自己。就跟生產力焦慮一樣，當你身處專屬於自己的時間裡時，腦袋若是冒出「我應該……」這句話，考慮一下，叫它滾開吧。

自我照顧是一種技能，而這項技能的部分能力就是要對自己柔韌且有憐憫心。這並不代表你要讓孩子挨餓和忽視他們、拒絕提供藥物給你照顧的對象，或是拒絕替你妹妹送上一件備用救生衣，又因為她溺水打斷了你放鬆的抽菸休息時間。但**它確實代表要立下一條神聖、受到自己和他人尊重的私人界線**。這麼做是可行的，也是健康且必須的。自我照顧是平衡生活的必要技能，與在鏡頭前一邊吃經過三次發酵的泡菜一邊做捲腹運動無關。自我照顧是要做你知道對你有好處的事情，即使這可能意味著要忍受不適，以及不時勇敢面對自己的界線。

薩拉03——上路挑戰！一起克服駕駛焦慮

多次晤談之中，這是薩拉第一次臉上掛著笑容踏進諮商室。

薩　拉　約書亞，我自己開車來！天哪，我自己開車過來欸！

她幾乎要因為顯而易見的狂喜而發出光芒。

薩　拉　其實也不是整趟路。我朋友娜絲琳開車載我到這條路的路口，然後我接著開一公里到這裡。我已經很久沒有開自己的車了。

憐憫音：太棒了。

共情音：她也憐憫著自己。

約書亞　太厲害了，幹得好！這真是面對焦慮的好辦法，很棒的暴露和刻意容忍練習。

薩　拉　我知道，很棒吧?!

她似乎猛然想到了什麼，這個想法具體化為一種感覺，然後變成了肢體語言。突然間她看起來相當氣餒。她垂下雙肩，重重嘆了一口氣。

薩　拉　我說實話吧，其實就只有開一條路。我請娜絲琳一小時後來載我回家，因為我還是很害怕。一到這裡我馬上如釋重負地下車，我沒辦法再次在高速公路上開車。我只是……

約書亞　有那麼一刻，你以自己為榮。一次前進一步。為什麼要讓批評的聲音決定你成功的價值呢？

批評音：因為我又棒又強大，是所有客觀事物的統治者。

意志音：而且還很自以為是。

薩　拉　算了吧。我會抱怨些壓力罐裡的其他東西。

直覺音：在她坐下前採取行動？

分析音：以她已經開始的暴露練習為基礎。

意志音：去拿外套。

薩　拉　你要去哪？

約書亞　我們沒辦法在這裡進行開車暴露療法吧？

她雙眼圓睜。

駕駛焦慮（driving anxiety）

駕駛焦慮是恐慌症和特定場所畏懼症（agoraphobia，又稱廣場恐懼症、懼曠症）最常見的表現形式之一。大多數的駕駛焦慮都和對於開車本身的恐懼無關，而是害怕會不知何故失控，最終導致災難性的意外。大多數有駕駛焦慮症的人認為，恐慌會導致自己在某種程度上失去控制——導致他們轉向中央路堤、導致三十二輛車連環相撞。這通常會伴隨著有關車禍、栩栩如生的侵入性想法，或者是掉下橋梁、家人在後面尖叫的念頭。這一切都是因為我們在駕駛時會感到腎上腺素飆升。

一般來說，焦慮和恐慌不會害你失控。如果有什麼影響的話，那就是它們會讓你對周圍的環境變得高度警惕和格外謹慎。大多數的事故都是起因於粗心大意和注意力不足，而焦慮則會讓你轉頭看向另一邊，過度分析路上的潛在威脅。然而，正是這種「以防萬一」說服人們要避免開車。威脅反應讓這些人相信，再次嘗試開車的風險太大了。要是恐慌發作，失控了怎麼辦？要是昏倒了怎麼辦？要是在開車時心臟病發怎麼辦？這些念頭通常伴隨著內疚感，諸如不能拿家人的生命冒險、不能這麼不負責任、不能危害到其他駕駛之類想法。

駕駛焦慮可分為不同的程度。有些人可以不假思索地開車去任何地方，他們在高速公路的快車道上行駛時，杏仁核很安靜。有些人則會開上高速公路，但只在慢車道上行駛。還有些人會完全避開高速公路，只走當地「安全」的道路。患有特定場所畏懼症的人通常只會在一定的地理範圍內開車—可能是住家方圓十英里的區域內。在極端情況下，有些人會完全避免開車，因為光是想到開車就會導致腎上腺分泌，使他們處於焦慮迴避的陰影中。

有一些遭遇過交通事故的人可能會受到創傷後壓力症候群的影響。這需要在練習暴露療法時進行更詳盡一步的介入，並可能需要採用更多針對創傷的治療方式。

薩　拉　你不怕我害死你嗎？要是我恐慌發作，失控了怎麼辦？

焦慮音：我很怕。

生理音：正在為您測試臀肌力度。

約書亞　為什麼要怕？你會開車啊，不是嗎？你有駕照吧？

薩　拉　有，但是……

我們坐在薩拉停在建築物後方停車場的車子前座。她渾身發抖但正準備開車，將鑰匙插進了電門中並繫上安全帶。

薩　拉　那我們要去哪？我真的很害怕。

約書亞　那就先開到路口處吧？記得，一次前進一步。

汽車顫抖著開始前行，緩緩駛向主幹道。薩拉的呼吸變得急促。她吹開了一縷在嘴唇上不斷舞動的鬆散髮絲。她雙手發著抖，死命抓著方向盤。

薩　拉　我辦不到……你看我，我的手腳都在發抖。我控制不了。

約書亞　你可以的。你還是可以安全地控制這台車。看，這位先生讓你先過。

我指向一名坐在卡車內的男子，示意薩拉可以開到他前面。她的腳打滑了，踩油門的力道有點過大，導致引擎發出轟隆巨響。但她沒有踩離合器，所以車子動也不動。她變得驚慌又惶恐。

薩　拉　（音量拔高）我的老天，看見了嗎？我辦不到！

我轉向她露出笑容，然後打開收音機。

約書亞　啊，太好了，是仙妮亞．唐恩（Shania Twain）。多棒的歌手呀。

盛怒之下，薩拉踩下離合器，將車子開上主幹道。

約書亞　很好，幹得漂亮。你現在的焦慮是幾分？

薩拉全神貫注地咬著下脣，眉頭緊皺。

約書亞　薩拉，滿分十分的話，你的焦慮是幾分？

薩　拉　我太忙了，忙著避免殺死自己或其他人，沒空做你的語音問卷調查。

約書亞　好吧，是我不對。

薩　拉　八分。我很怕但很專注。所以我們要去哪裡？

約書亞　嗯……要去醫院嗎？

她驚恐地瞪大雙眼。

薩　拉　天哪，為什麼？我有什麼問題嗎？發生了什麼比焦慮更嚴重的事嗎？你覺得我們要死了嗎?!

約書亞　因為那是你工作的地方？

我開始咯咯笑。實在忍不住。

薩　拉　對喔，有道理。練習不焦慮時我會做的事情。要是被人看見怎麼辦？

約書亞　那又怎樣？他們大概會很高興看到你的狀況這麼好。

我們漸漸駛近車水馬龍的圓環。

薩　拉　噢不，我超怕圓環，如果熄火怎麼辦？老天爺啊，這我真的沒辦法。

焦慮音：你確定要這樣嗎，約書亞？

分析音：言出必行，要和個案並肩作戰。

憐憫音：你正傳達出對薩拉的信任，那是很強大的。

約書亞　慢慢來，你可以的。

焦慮音：希望她有辦法！

薩拉緩慢且謹慎地在合適的時機開上圓環。她的雙手仍抖個不停，繞了一圈後在轉彎處準備離開。她做得比我預想得還要順利。

約書亞　好極了，我們繼續吧。

即使雙眼仍然因為恐懼而睜得大大的，但她還是設法擠出了一個微笑。突然之間，我們身後傳來一陣可怕的刺耳聲響。一名盛氣凌人的駕駛開著廂型車穿行在車流中，一路開到了我們後面。道路變窄了，沒有空間讓他超車，於是他開始猛按喇叭狂打燈號。我瞥了一眼後照鏡。

批評音：真是個白痴。

約書亞　真是個白痴。

薩拉嚇壞了。她不能停車，因為周圍完全沒有空地。我們繼續沿著狹窄的城市道路緩慢前進。她的肩膀前傾，渾身發抖。我們後面的人繼續打燈且猛按喇叭。

約書亞　你做得非常好。我們別理他，專注在自己的事情上就好。

她的手臂抖動得更厲害了，並用衣袖擦去臉頰上的一滴淚珠。

意志音：我們可能誤判了，約書亞。

焦慮音：我覺得很有壓力。

生理音：你的眉毛需要一點汗水嗎？

廂型車越靠越近，幾乎要撞上了。那名駕駛將他滿是皺紋、展露憤怒的頭顱探出車窗，開始大聲咒罵。路人停下腳步，轉頭看究竟發生什麼事。薩拉的顫抖越發劇烈，淚水已經奪眶而出，卻出奇地安靜。我現在非常擔心她，同時也想揍後面那個人一拳。

憐憫音：她做得很好。

共情音：這感覺肯定糟透了，暴露療法本身已經很難了。

批評音：後面那傢伙真是混帳。

偵探音：記下他的車牌號碼，還有車身上的公司名。

不敬音：等他晚點在寒冷中獨自入睡，籠罩在離去親人的幻影中時，我們就去割破他的輪胎。

偵探音：不行。

救世主音：等一下換你載她回去好嗎？

批評音：曼徹斯特白騎士。

我們駛近一條斑馬線，薩拉停下來讓一家子行人先過。廂型車的駕駛吼著毫不掩飾的輕蔑叫喊，並催動引擎發出巨響。廂型車緩慢地開過來，輕輕地撞上了薩拉的車。

生理音：好啊，就是這樣了。戰鬥模式開啟。

我解開安全帶後開門。當我下車並轉身面對廂型車駕駛時，我看到薩拉已經衝到他的車窗前了。她舉起手機——大概是想錄下事發經過。她帶著令人意想不到的權威感走向駕駛座旁打開的車窗。

薩拉　（怒吼）我**正在努力**實行我的暴露療法。你絕對**沒有**理由魯莽地駕駛還試圖恐嚇別人。

那名駕駛一開始很震驚，但接著發出了笑聲。她移動手機記錄車輛碰撞的狀況。有些路人駐足觀看，一個孩子也跟著拿出手機錄影。

薩拉　你真該以自己為恥。我會……

她看向印在車身側面的公司名。

薩　拉　……跟肖恩．多納休建築公司檢舉你，並提供這支影片。你這爛人。

駕駛露出戒備的得意笑容。

肖　恩　哈！我**就是**肖恩．多納休，祝你好運囉，親愛的。現在從我的視線範圍滾開，開走你那輛破車。不然我就替你撞走它，親愛的。

令人難以置信的是，他一手擊打薩拉的手機然後將之奪走，朝她車子的方向扔過去。手機撞上柏油路面，發出響亮的撞擊聲。幾位旁觀者倒抽了幾口氣。我火冒三丈得血液沸騰，準備要親自面對這個男人，但薩拉堅定地看了我一眼，好像在說「別過來」。我繼續待在副駕駛座的車門旁。她又慢慢將視線轉回多納休先生身上。

薩　拉　你為何這樣做？

肖　恩　快滾！你懂不懂英文?!

在他來得及做出反應之前，薩拉的右手以迅雷不及掩耳的速度和驚人的準確性，瞬間伸進了肖恩打開的車窗一把抓走電門上的鑰匙。引擎聲戛然而止。薩拉站在原地高舉著車鑰匙，肖恩則一臉茫然地盯著鑰匙和薩拉。

薩　拉　我懂英文，謝謝你。現在請你搞清楚，當一個咄咄逼人的人緊跟在身後且不停按喇叭打燈號，這感覺真的很恐怖，更不用說咒罵了。

肖　恩　他媽的還我鑰匙……

他伸手，但薩拉嘲弄地移開手臂。

肖　恩　你他媽竟然敢！

他在座位上移動身子，一把抓住車門把手，憤怒地將門打開。

焦慮音：噢不！

意志音：阻止他。

薩拉冷靜地退後一步，再次看了我一眼。她在發抖，但看起來一切都在掌控之中。她高舉鑰匙。

薩　拉　你膽敢再靠近一步，肖恩先生，我就以醫師誓詞起誓，這把鑰匙，也就是發動你的車所需的鑰匙，將會飛進那條運河裡。

她指向不遠處的河川，就在輕鬆的投擲距離之內。

薩　拉　聽懂了嗎？你理解我說的英文嗎，肖恩先生？

他繼續向前。薩拉彎曲手肘準備扔出鑰匙。

薩　拉　哎呀，我不……

他僵在原地。

肖　恩　好……好，算了。

當他意識到這可能會讓他付出高昂的代價時，那虛假的男子氣概消失了。他看了我一眼，又看了看周圍的圍觀者，好像終於意識到了事情的嚴重性。

肖　恩　我只是……我很抱歉，我只是工作要遲到了。這……很重要……

薩拉　重要到足以危害路上其他人的性命?!

廂型車後面有幾輛車子等待著，全都專心觀看到底發生了什麼事。肖恩依舊顯得很慌亂，表情變得相當絕望。我靠著車頂觀看這一切。

肖恩　我……我太白私了。拜託別把我的鑰匙扔進河裡，我會完蛋的。你知道嗎，我還要養一大家子。

薩拉　一大家子？真希望你的孩子沒有學到你這種行為。但話又說回來，事情不就是這樣嗎？盲目地吸收我們父輩的理想，包括他們的缺點。

不敬音：噢。

薩拉在背後轉動手中的鑰匙。

肖恩　聽著，小姊，我很抱歉。可以請你將鑰匙還給我嗎？

薩拉　謝謝你的道歉，肖恩。現在讓我們都各自繼續我們同樣重要的一天。

她把鑰匙扔回去，對方笨手笨腳地接住了。拿到鑰匙那一刻，他的神態立刻改變。

肖恩　你還真是個愚蠢的婊子啊？我還以為醫生都很聰明呢。這麼容易上當？有必要的話我會把你那輛該死的車撞出這條路。若你是個男的，我現在就會送你一拳。現在他媽的把你的車移開。在油門碰到車底之前，你還有三秒鐘的時間。

焦慮音：噢不。

薩拉冷靜地笑了笑，沒有出聲。她以悠閒的腳步踏入車內，我也跟著上車。進門後她露出高興的笑容，然後我們就再次上路了。現在她的舉止透出沉著的自信。她的姿勢改變了，一隻手冷靜自若地搭在方向盤上。

薩　拉　去醫院！

我困惑地回頭看向後窗。令人驚訝的是，廂型車沒有移動，只隨著距離拉遠而越縮越小。當我們準備轉彎時，我看到肖恩跨出廂型車，在空中瘋狂地揮舞著雙臂。接著，他當著周圍旁觀者的面用力踹了廂型車的前翼一腳。轉過路口後肖恩和廂型車便從視野中消失。我看著薩拉尋求解釋，她將一把廂型車鑰匙丟到我腿上。

不敬音：真是太聰明了。

批評音：他活該。

約書亞　等等，如果這是肖恩的鑰匙，那你扔給他的是什麼？

薩拉得意地笑著，臉上沒有一絲懊悔。

薩　拉　我有一把堅固的單車鎖，它的鑰匙看起來跟一些汽車鑰匙很像。我打賭它夠像，那混蛋不會發現。

我愣住了，但又止不住笑了出來。高招。

薩　拉　嚴格說來我犯法了，我偷了他的鑰匙。你有向警察檢舉我的法律義務嗎？

約書亞　沒有。我覺得他們不會在乎，而且晚點你就會把它寄回肖恩．多納休建築公司，對吧？

薩　拉　對，我會的。要附一封道歉信嗎？

約書亞　不必了。

我們抵達了醫院停車場，薩拉似乎是自動駕駛到那裡的。她停下車，拉起手煞車後嘆了一口氣，接著哭了起來。場面有些尷尬。我坐在她的側邊，不像在諮商室的椅子上那麼舒適。儘管如此，憐憫心和同理心的原則仍然適用，我只是覺得有點奇怪而已。然後她真的開始抽泣，一聲低沉、壓迫胸骨的哭嚎——考慮到剛剛發生的事件，這種宣洩完全可以理解。

共情音：今天要處理太多情緒了。

憐憫音：她做得很棒。

她靠在方向盤上，暫時將臉埋在手臂裡。她躲在裡頭抽泣，身體因為情緒的波動而上下起伏。我認為這是一種心理治療和情感上的成長，但當我呆坐在醫院停車場，而旁邊的人淚流滿面時，情況實在有點棘手。

憐憫音：如果是位朋友，我會將手放在她背上以表支持。我真的很想這麼做。她很掙扎。

分析音：但她不是朋友，對吧？她是個案。

意志音：不，那樣不專業。別碰你的個案。

共情音：想像一下，身為一名正處於脆弱狀態的女性，剛剛才與一名咄咄逼人的男性發生了言語衝突，然後又有另一名男性在未經許可的情況下把手放在自

己身上。
憐憫音：我知道有些女性心理師同事在覺得這做法適用時，偶爾會這麼做。現在肯定適用吧？
直覺音：但你不是女的，約書亞。現在你身處真實世界。
分析音：你是個身高一八八的男性，在諮商關係中明顯的權力動態讓你處於具備影響力的優勢中。拜託好好想想，這不值得。

約書亞　好吧。
薩　拉　什麼？
約書亞　噢抱歉，我正在和腦中的想法爭論。你還好嗎？
薩　拉　我還好。謝謝你……給我這些時間和空間，這樣就很夠了。但你對於暴露療法的判斷是對的，現在我對開車更有信心了。
　她倒回座位上，讓自己冷靜下來。
薩　拉　（微笑）搞不好這整件事都是你安排的，對不對？肖恩是你朋友還是你的誰嗎？
約書亞　噢，肖恩和我是老朋友了……
　她笑了。
薩　拉　你介意我一個人進去醫院嗎？我想現在是面對現實的好時機。
分析音：再好不過了。

憐憫音：沒問題！

約書亞 當然不介意。快去吧，我在這裡閒逛一下。結束後回來找我。

薩拉走進曼徹斯特皇家醫院的大門。我以她為榮。我讓她獨自一人離開，自己則走到一條已經多年不曾駐足的路上散步。這裡的喧囂聲一如往常地熟悉，魯肖爾姆區的車聲和酒吧外大學生的笑聲交雜。我穿過當地的公園，欣賞著沿途風景。風吹過樹枝發出窸窣聲，一群好友在草地上玩耍，草地散發出淡淡的雜草味。有一位遛狗的人出聲喚回正在追球的斯塔福德鬥牛㹴。又是一個陽光燦爛的日子。來到這裡感覺真好。

我關上身後的公園大門，沿著醫院旁的道路走去。我感到口渴，便在報攤買了一罐芬達汽水。我拐進一條很熟悉的街道，記起這裡有一間我以前經常光顧的商店。我突然感到一陣寒意和令人不快的懷舊之情，感覺就像有個開瓶器刺進了我的腸子。我繼續往前走，感覺胃開始翻攪，突然之間我彷彿跋涉於卡士達醬之中。

觸發音：曼徹斯特兒童醫院。

生理音：我不知道這些按鈕代表什麼，但我肯定會按下它們。

焦慮音：喂，這些都是打哪兒來的？

我解離了。所有事情同時間忽遠又忽近。曼徹斯特兒童醫院的全新入口像是拉開窗簾一樣迎接我。我感覺腳步不穩，頭暈目眩。我的心怦怦狂跳，舌頭發麻。我踉蹌了一下，但還是將手靠在了附近商店的櫥窗上。我做了幾次正念呼吸。一名中年婦女一邊走來一邊取出嘴裡的香菸。

女　士　你還好嗎，親愛的？你看起來不太舒服。

她的雙眼警戒地掃視著我，尋找任何我是癮君子的跡象。

約書亞　我沒事。你有……你有多的香菸嗎？我現在想來一根。

哈利04——二〇一〇年三月，船屋通話

我的好友麥可在吧檯工作，托他的福，我喝下第六杯打折咖啡。我試著工作，但攝取了足夠的咖啡因後我的輸電網路被啟動了。電話響起時，我跳了起來，慶幸自己有藉口停止寫作。

約書亞 哈囉，媽。希望你知道你干擾到了勤奮工作的兒子。我正在寫論文呢！

媽　媽 少來，我剛看到你的臉書貼文，你昨晚出去玩了。

約書亞 昨天是我朋友生日！

媽　媽 是、是……你還好嗎？過得如何？

約書亞 挺好的。你知道的，一如往常臨時抱佛腳。你那邊如何？

媽　媽 我很好。你要和你弟弟說幾句嗎？他上週幾乎整個星期都很沮喪。他現在在這裡。

約書亞 當然！等我一下——我到外面去，那裡訊號比較好，還能沿著河岸散步伸展一下雙腿。

媽媽將電話轉交給哈利的同時，我示意麥可替我留意東西。

約書亞 哈囉，老弟，最近還好嗎？

哈　利 還行。

約書亞　你聽起來悶悶不樂的，怎麼了？

哈　利　沒什麼。

約書亞　少來……別來這套……

他沉默了一下才開口。

哈　利　我討厭自己的樣子，我好胖。

約書亞　你看起來很棒，老弟。外表如何不重要——對任何人來說都不重要。而且你瘦得跟竹竿一樣。為什麼會這樣想？

哈　利　身上就是有些地方讓我覺得很尷尬。我很害怕在體育課時換衣服。我的肚子總是脹脹的，也老是覺得不舒服。

哈利最近因為嚴重的腹脹感到不適，有時還會導致他嘔吐。媽媽帶他去看了幾次醫生，醫生開了治療胃酸逆流的藥物給他。

約書亞　你的肚子還是那樣嗎？吃藥沒效嗎？

哈　利　醫生說需要一點時間。我只是擔心其他男孩看到我的大肚子會取笑我。我一直找藉口逃避體育課。

即使是和親哥哥說話，我也能聽見他言詞中的猶疑。哈利是個害羞的小伙子，他聲音中的顫慄說明了談論這件事情有多困難。聽到他的傷心事令我心碎，但我也感到榮幸，因為他願意信任我，和我分享了他的脆弱和不安。

約書亞　噢，我還記得待在更衣室裡的感覺，那曾經令我相當恐懼。待在裡面時我們對體育老師斯克爾先生開了一個玩笑。他說：「孩子們，快去洗澡吧。」我們回答：「但我們還沒上體育課欸，老師！」

哈利爆笑出聲。

哈　利　太壞了。

約書亞　對啊，我們有夠壞。總之，你看起來很棒，老弟。你是帥氣的小混蛋。不相信的話，你下樓去看我十一年級時的照片。我看起來像是被從《死亡之島》（*Dead Island*）C 號牢房裡拖出來的人，眉毛上還有一條裂縫。

哈　利　我知道，媽媽很討厭你剃頭。你有一顆巨大的蛋頭。

約書亞　謝了。

我們咯咯笑著。

約書亞　你什麼時候要來找我？

哈　利　媽和我期中假期時會過去找你。

約書亞　到時候記得帶上你那張帥氣的臉蛋。這間大學有一些非常性感的人，我得保護你不被那些愛吃嫩草的人搶走。

我能想像哈利在電話另一端翻白眼的樣子。

約書亞　噢對了，還要多帶一隻手把，這樣我們才能打電動。我室友麥可說他沒玩過《傳送門》。

哈　利　好，我要掛了。謝謝你和我聊天。

他不喜歡長時間講電話。

約書亞　不客氣。需要時傳訊息過來！我保證你的肚子很快就會好了。愛你喔，老弟！

哈　利　我也愛你。

知道**他**聽起來快樂多了，我感到更加開心。無論我在其他方面有多麼懷疑自己的能力，我總是知道該怎麼讓哈利發笑並表達我對他無條件的愛。能夠讓他感覺受到關注，這令我感覺相當不錯。我不知道這種感覺是無私還是自私，或是兩者都有，或者根本不重要，反正只要能讓他好受一點就行了。

我回到船屋打開筆記型電腦，一旁還有麥可送的另一杯咖啡。我向他豎起大拇指。

約書亞　謝了，老兄。我剛在和我弟聊天。

麥　可　那個帥哥？他還好嗎？

我告訴麥可哈利胃酸逆流的毛病，然後我們一起笑說他是因為太熱愛肯德基和糕餅才造成腹脹。希望這是他肚子腫脹和嘔吐的原因。為了讓這點成真，我願意付出一切。

諾亞03——別讓內在惡霸爲所欲爲

心理師難免會陷入存在恐懼（existential dread）的織網，以及伴隨而來的焦慮和恐慌之中。自我意識並沒有辦法阻止我們體驗各種人類情緒，只能提供知識，作為理解情緒的工具。然而，這樣的認知也無法使我停止在諮商室裡來回踱步，專心想著自己的存在很沒用，直到雜誌突然掉落的聲音將我從存在主義思想的倉鼠滾輪上拉下來為止。四年份的《今日心理治療》（*Therapy Today*）雜誌被自身重量擊垮，掉到了地板上。我一直相信總有一天我會坐下來讀完這些雜誌——一種對於規畫中理想自我的樂觀幻想。我應該只是享受蒐集雜誌的樂趣而已。如果我把花在Candy Crush、YouTube、Reddit或者思考存在焦慮的一半時間花在閱讀上，那我老早就讀完這些雜誌了。但我一點都不後悔。急促的敲門聲傳來，諾亞的晤談時間到了。

約書亞　你好嗎，諾亞？

諾　亞　我很好，謝謝你，約書亞。你呢？

約書亞　一切都好。

各自走向自己的老位子後我倒了兩杯水，接著我們都花了些時間才坐定。雨水打在窗戶上，在強風的吹襲下凝聚成一個個三角洲。我覺得諾亞今天帶著悲傷的心情過來。

諾亞　老實說，我不太好。抱歉，客套話好像都會自動脫口而出，對不對？感覺好像我是在跟雜貨店老闆講話。總之，我說謊了。

約書亞　沒有關係。你想告訴我更多你的感受嗎？

諾亞　其實那不是「感受」。我幾乎沒有任何感覺，就跟麻痺了一樣。我時不時就會流淚，只為了除去心不在焉的乏味感，但大多時候……我一點感覺都沒有。

他看著我，彷彿在尋求慰藉。

分析音：憂鬱症。

約書亞　感覺麻木、解離和哭泣通常是與憂鬱有關。我知道你過去曾患有憂鬱症，這種感覺，或者是缺乏感覺，似曾相識嗎？

諾亞　對，以前也有過。

約書亞　了解。所以你曾經有過這樣的經驗？當你發現自己已經走出困境時，會有受到鼓舞的感覺嗎？

諾亞　理性地說，有。只是很難。

我點點頭。

共情音：在憂鬱症的魔爪下感覺不到任何東西是一種孤立無援的感受。

諾亞　過去四天我幾乎沒有什麼動力。我試著在工作上做做樣子，也在今天把自己拖來這裡，但我的四肢就跟鉛塊一樣沉重。我的大腦沒有按照預期的方式運作。我難以集中注意力，也很難想起和記住事情。

分析音：腦霧。

共情音：可能會帶來阻礙。

約書亞 腦霧可能會帶來阻礙，特別是伴隨著憂鬱症的其他症狀時。你想不想探索導致憂鬱症的潛在原因？

諾　亞 我聽說憂鬱症可能是出於腦部化學物質失衡。單純談論這點會有幫助嗎？

約書亞 我相信談論你、你的經歷、壓力罐裡的東西和你對自己的信念，確實對治療憂鬱症有所幫助。不論化學物質有無失衡，我認為在這裡談話，以及和家庭醫生或精神科醫生討論藥物方面的事會很棒。

諾　亞 談話能有什麼幫助？

約書亞 理論上，在許多方面都經過科學證明，談話療法對憂鬱症有幫助。它可以幫助我們了解自己的想法和感受，並讓自己注意到可能隱藏在意識之外的事情，我相信這是減輕負擔、吐露心聲的好方法。我們也能藉此看看自身信念是如何影響行為，因為我相信我們的行為常會讓自己陷入棘手的迴圈中。

諾　亞 你有得過憂鬱症嗎？

約書亞 有。

分析音：謹慎一點。

直覺音：我覺得恰當的自我揭露有所助益。

偵探音：嗯。

諾亞　你是怎麼處理的？

約書亞　每個人都是無一無二的，諾亞。對我有益的事情可能不適合你，憂鬱症有許多不同因素。

諾亞　我明白這點，我只是想聽到一則希望的故事。

約書亞　簡單來說，我意識到我憂鬱的主要原因之一是我長時間的強迫性反芻思考。我抱持著同樣的想法和擔憂不斷反芻，在腦海中想像每一個可能的場景並試圖接受它們。我以前是世界上最會沉思的人，但我發現自己應該試著將沉思視作一種行為，並且挑戰我對於自己、對於世界那些自我限制的信念。而這也帶來了許多有益於生活的選擇。

意志音：回到諾亞的內在參考架構。

約書亞　你覺得你也陷在反芻思考之中嗎？

沒想到諾亞竟然笑了。

諾亞　我從來都不擅長運動，但若反芻思考是一種體育活動，我一定會去參加奧運。

他靠回椅背上。

諾　亞　真有趣。沒錯，當我感到憂鬱的時候，我**確實**花了大把時間在想東想西。比方說，昨天我坐在辦公室座位上，對著空無一物的前方胡思亂想，任何看到這一幕的人大概都會覺得我很奇怪。我將所有專注力都放在腦袋裡，洗澡時也一樣。我在裡頭待了四十分鐘，完全被腦袋裡的可怕思緒吸引住了。躺在床上也不例外，起床之前我花了一個小時不斷想事情。所以說，反芻思考是憂鬱症的其中一種行為囉？我們理出頭緒了嗎？或者快要了？

分析音：要看情況。

約書亞　沒錯，反芻思考是一種行為。當你的腦海中不斷上演災難並思索最壞情況時，你就知道這是反芻思考，而不是批判性或分析性思考。這適用於憂鬱症和焦慮症兩種情況。若是患有憂鬱症，我們會經常想到最壞的情況，或者當我們以憂鬱症的視角來看待自身存在時，會相信我們的存在已經是最真實、最淒涼的樣貌。

諾　亞　視角？

約書亞　是的。憂鬱症和焦慮症有它們自己的視角，會影響我們感知世界的方式。有點像是第一次約會後就迷戀上對方的人……

批評音：沒有人和你約會一次後會有那種感覺的，約書亞。

不敬音：哈哈哈。

約書亞　……這些人**以過度樂觀的視角**看待世界，腳步輕盈、輕鬆自在且充滿喜悅，就跟《小氣財神》（*A Christmas Carol*）的主角在聖誕節早上發現自己還活著，而不是在自己的墳墓前哭泣時一樣。我們看待世界的視角會根據心態而改變。如果我們感到憂鬱……

諾　亞　……看待世界的什麼都跟大便一樣。

偵探音：**就諾亞而言，使用這種字眼很不尋常。**

約書亞　對……憂鬱和焦慮會讓我們看什麼都跟大便一樣，我同意。

諾　亞　但這只是一種視角、一種錯誤的觀點，對不對？提醒自己這一點應該很有幫助。我看到、感覺到東西並不是絕對的，那些並不是客觀的事實。

約書亞　沒錯。

諾　亞　但那種感覺如此……強烈，如此具有說服力，幾乎像是真實的。悲傷是真實的，麻木感也如此劇烈，彷彿我身處於虛幻之中。

一陣強風吹得玻璃窗嘎吱作響，我們倆都嚇到了。

諾　亞　我去了之前告訴過你的員工之夜。

約書亞　嗯。感覺怎麼樣？

諾　亞　老實說，我覺得那就是這波憂鬱的根源。

我試著不要立刻表現出感興趣的樣子。

諾　亞　我們在餐廳碰面，甚至在到達那裡之前，我就能感覺到想讓所有人留下深刻印象的壓力。我和一群同事坐在餐桌的一端，他們人都很好……友善且細心。但我腦中的思緒就是這樣，約書亞，我的腦袋惹了一堆麻煩。我有一堆奇怪念頭，比如說我只是在假裝社交，完全是在演戲。那些想法都相當殘忍。

約書亞　怎麼說？

諾　亞　彷彿有道聲音正在攻擊我說：「他們了解你這個人之後就會討厭你的」、「你是個壞人」、「你是個騙子」，接著就這麼說個不停。「你不值得」、「你不被愛」，沒完沒了。我只覺得自己在退縮，然後，當我加入一段談話時，只會使勁點頭表示同意。當然，內在的批評聲就喜歡這種情況──「你甚至沒辦法為了自己堅持下去，膽小鬼。」

約書亞　聽起來有個惡霸追著你跑，試圖破壞你的歡樂時光。感覺真的恐怖又累人。

諾亞的眼淚流了出來，他迅速擦掉。

諾　亞　是我活該。

約書亞　為什麼會這樣想？

他凝視著諮商室一角，好像忽略了這個問題。

諾　亞　要怎麼做才能關掉這些東西？批評的聲音、憂鬱、這些想法，要怎麼讓它們停下來？我感到好絕望。此外我還很焦慮——社交焦慮。自從員工之夜後，我就陷入了這種憂鬱之中。一切都感覺像是一片可怕的烏雲。

約書亞　我不認為你應該被內在的惡霸欺負，諾亞，沒有人應該受到這種對待。你覺得為什麼會有這個惡霸？聽起來像是某個人嗎？

諾　亞　喔，童年基礎題。批判聲聽起來確實有點像我父親。但要找對應很容易，不是嗎？而且，我很害怕**我就是我爸**。那聲音是我自己的，但感覺受到了他的影響，聽起來也毫無同情心。但……但也像是我母親，缺乏保護，沒有人能依靠。我似乎融合了兩人的性情，用他們的方式表現得像個懦夫。雖然我媽也是受害者，我必須不停提醒自己這點。

他繼續沿著自己的思路前進。

諾　亞　然後是斷了的友誼和求學歷程。我在人際關係中缺乏親密感，都是我不好，所以才有……這麼多……錯誤。

憐憫音：他對自己沒什麼同情心。

諾　亞　這聲音像是打從出生起就被培養出來，彷彿這些事就是要以某種扭曲、宿命論的方式發生在我身上。沒有光滑就不可能有粗糙，對吧？陰和陽？而我是粗糙的，我是醜陋的雜草，突顯出紫藤花的美。若你不知道美的對立面，就不可能將美視為一種概念。我就是那個對立面，我讓其他人看起來很棒。

批評音：他也很棒啊。

他抓撓自己的手臂。

分析音：自傷嗎？盡職調查。

意志音：問啊。

約書亞 聽你這樣形容自己很難受，諾亞。我發現你一直碰觸手臂。我必須這麼問，你又自傷了嗎？

焦慮音：希望他沒事。我們很擔心。

諾　亞 別擔心。我沒有割自己，但我……一直抓自己的皮膚。

分析音：皮膚搔抓——摳皮症（dermatillomania; skin picking disorder）。

諾　亞 抓撓舊傷口的周圍。

約書亞 了解。

討論了諾亞的藥物治療以及與家庭醫生、精神科醫生保持經常聯繫的重要性之後，我們繼續談論諾亞對於自己的一些信念，特別是那些關於重要性和價值的信念。我運用以人為本的方式，提供諾亞自主探索的空間，並記下了他從小就形成的一些內攝信念，以及消極的自我基模（self-schema，解讀自我相關資訊的心理架構）。接著我採用了認知行為治療的一些方法，幫助我們以非正式的方式評估正在發生的事情。

我們使用了我的白板，開始記下**核心信念**（core belief）。核心信念是指有些時候我們認為是事實的東西——關於我們自己或這個世界、幾乎不曾受到質疑的根深柢固信念。諾亞的核心信念有以下這些例子：「我不被愛」、「我是壞人」、「我是騙子」、「我不配擁有好的事物」。我邀請諾亞一同回溯他動盪的童年，並探索核心信念形成的可能原因。我也質疑了他的絕對主義，表明沒有任何一項單一行為能夠定義他是什麼樣的人。父母的虐待行為並不表示你不受喜愛；相反地，這更可能是父母未能履行保護者的角色。你可以理解**為什麼**父母的虐待會讓你得出自己不受喜愛的結論，但並不代表這個結論是真實的。

檢視這些信念時，我們開始探索他的行為可能如何強化這些無益的核心信念。諾亞認為他有證據證明自己不受喜愛——他從未擁有過認真的戀愛關係。但當我們審視著這條信念時，卻發現他經常迴避親密接觸，以此作為安撫焦慮的安全行為。考量到他受創傷的成長經歷，穩定而安全的關係對他來說可能相當陌生，這是完全可以理解的。他也指出自己從未有過親密、可靠的關係並不奇怪，因為他幾乎從未經歷過、甚至沒有親眼目睹過一段能效仿的關係。之後他指認出更多安全行為，像是取悅和安撫他人。我們再次檢視了現在和過去行為的相似之處，以及這些行為如何強化了這些核心信念。

諾　亞　我懂了。從我的過往和核心信念來看，能看出我的理論基礎是有缺陷且扭曲的。但我**確實**是個壞人。

他顯得孤單、疲憊又空洞。

偵探音：又是那個祕密。
焦慮音：我有種詭異的感覺。
生理音：忐忑不安的感覺真令人興奮。

約書亞　我記得第一次晤談時，你說你希望有信心說出一個埋藏許久的祕密。你覺得將這件帶來負擔的事情說出來會有幫助嗎？我們可以就核心信念的觀點來看待這件事並質疑它，或許把罐子裡一些東西倒出來挺有效的？

他的雙臂開始顫抖，緊接著是雙腿。

諾　亞　我是壞人……

憐憫音：你不是。
救世主音：沒事的。

約書亞　沒事的，諾亞……

批評音：你不能這麼說……
分析音：別提供空洞的安慰。
救世主音：但他真的很痛苦。

諾　亞　不可能，約書亞。有些事情就是沒辦法。

偵探音：記住，如果他講了什麼嚴重的事，你得拿起電話報警。
焦慮音：我知道，這很嚇人。

我盡力保持冷靜和可靠的樣子，但我很緊張，不是興奮的那種緊張。唯一打破寂靜的是雨水打在玻璃窗上的聲音。我坐著等待。

諾　亞　我……

他抖得更厲害了，前後不停搖晃安撫著自己。他的下巴繃緊，脖子因為緊張而抽動。

諾　亞　我……現在做不到。我不值得你的憐憫。我不值得被愛。我不值得待在這裡。

他馬上站起來走向門口，打開門逕自離開。

約書亞　諾亞！

我跳起來，在門關上前抓住。我朝走廊望去，看到通往樓梯間的門砰一聲關上。我搭電梯到一樓，希望能及時在接待處看到他。電梯門打開時，眼前的景象令人沮喪——前廳熙熙攘攘，會議廳裡正在舉辦一場社交活動，人潮已經蔓延到接待處。我踮起腳尖，像潛望鏡一樣在原地旋轉看著人們的頭頂，眾人正在聊天吃自助餐，全然不見諾亞蹤影。

焦慮音：希望他沒事，別做什麼魯莽的事才好。

直覺音：不妙。

分析音：他是高風險個案。

我回到諮商室打電話給他的醫生。如果我認為個案有自傷或自殺的風險，我有責任讓他的醫生知道。

憂鬱症——身心俱疲，質疑自我存在的價值與意義

憂鬱症是一種使人衰弱的常見心理疾病，會對我們的感受產生負面影響。憂鬱感受和臨床診斷的憂鬱症有所不同，我們時不時都會感覺低落、心情不好，特別是聽到傷心的消息或是遭遇創傷事件時，但臨床憂鬱症可以說是長時間持續的心情低落。憂鬱就像焦慮一樣，能看作是一個量表，量表的一端是輕微的憂鬱，可能代表我們感覺情緒低落、精神不佳或有點空虛；量表的另一端則是無止境的悲傷、身心感覺麻木、對自己和世界抱持堅定不移的負面看法，並體驗到憤怒而冷酷的內在批評聲浪。嚴重的憂鬱症會讓你產生自殺念頭，感覺就像生活在一個可怕而黏稠的地下世界，裡頭充滿混亂的心理和生理跡象。

憂鬱症的心理症狀可能會以自我批判的形式出現，例如自己的頭腦中會發出刺耳的聲音。我的個案經常告訴我，這些聲音會這麼說：「你的存在有什麼意義啊？」、「你害人心情不好」、「你是累贅」、「你不被愛」。我們對於自己存在的看法也會因憂鬱而改變，此時這些看法會相當具有說服力，常見的憂鬱思緒包含：「這些事情有何意義？」、「這世界是個傷心地」、「我注定要孤身一人待在這裡」。這些念頭往往伴隨著強烈的自我孤立衝動，導致我們遠離擁有不同觀點、能撫慰人的人事物，因而錯失能夠平衡負面想法的機會。

除此之外，憂鬱症也會以生理形式體現出來。最常見的是疲憊和虛弱、胸痛、肩膀痛、耗

盡氣力的感覺、全身沉重、噁心和頭痛。我們的睡眠也會受影響，可能是根本不睡，也可能是睡太多。憂鬱症常常會改變我們的食欲，許多患者根本不吃東西，也有人會不斷暴飲暴食。若你出現這些症狀，請不要因為「懶惰」、「沒有動力」或「貪婪」而責備自己。相反地，想一下有沒有可能是憂鬱症，並向朋友、家人或專業人士尋求協助。情緒低落時，批判自己是沒有幫助的。

感覺低落有很多原因。憂鬱症可能是由於個人議題（personal issue，例如心碎或喪親之痛）造成的，也有可能是環境所致，甚至可能是基因遺傳。身為心理師，我認為我的工作就是幫助個案找出憂鬱症的潛在根源，並幫助他們審視那些關於自我及周遭世界的有礙信念。

憂鬱症往往會試圖孤立你，而我相信與優秀的心理師合作可以幫助你回到現實世界。

心灰意冷的時刻｜二〇一五年九月，利多超市

發現櫥櫃空空如也後，我散步去了超市。我快破產了。那週有七位個案沒有出現，使我忍不住懷疑自己是否適合諮商。我覺得最近和個案的關係都沒有進展，也很氣自己向政府借了那麼多錢來支付我的職業生涯追求。利他主義和共情心大概是屬於失敗者的。我覺得自己辜負了個案，而當尖叫的野孩子塞住走道、阻止我採買廉價蔬菜湯罐頭時，這種絕望感更是強烈。

我把容易烹調的基本食物，比方說義大利麵、湯、蔬菜、麵包和數量驚人的起司放進推車。過去幾個月我吃的東西好像幾乎都是米色或黃色的，而這台推車裝載的內容物令我感到沮喪。超市的喇叭開始播放四頂尖合唱團（Four Tops）的歌曲〈Loco in Acapulco〉。這是我很喜歡的歌，但那一刻音樂聲卻令我感到悲傷、孤單和解離。我匆匆把一瓶半脫脂鮮奶放進推車後走向收銀台，以免最後自己站在利多超市中央淚流滿面。

收銀員開始以令人焦慮的速度掃描我的物品。我試著以相匹配的速度將東西裝進袋子裡，但有些東西掉出來了，還有一些掉到地板上，而收銀員瞪著我。我冷靜下來把剩下的東西裝袋。在收銀員嚴厲的注視下，我拿出銀行卡付錢。

刷卡失敗。

收銀員冷漠的表情並沒有變得柔和。排在我後面的人似乎發出惱怒的聲音。我又試了一次。

刷卡失敗。

我將手伸進口袋去拿另一張卡，同時撞到了購物袋，裡頭的東西散落一地。隊伍裡好像傳來一陣呻吟聲，但我覺得主要的聲響都是來自我的腦海。壓在我胸口的鉛塊感覺更重了，我的淚腺顫抖著，四肢也有如千斤重。我幾乎要當著利多超市所有人的面哭出來了。我不認為必須堅守情感保守主義，但也難免會感到尷尬。

我不認為唯我論（solipsism）*是真實或健康的，也不相信有天意。我並沒有比其他人特別，不值得上帝特別關注。但今天，在索爾福德這個陰沉的下午，一位守護天使決定在我的艱困時刻來拜訪我。一位身材矮胖、臉上穿環的男人在隔壁收銀台打包完購買的東西後，注意到我看著掉落的起司躊躇不決的樣子。

迪克蘭　嘿！嘿……你……你叫約書亞嗎？

我正跪在地上的購物袋旁，快速擦掉滑落臉頰的淚水。

約書亞　是的。我是。

我沒有認出他是誰。

迪克蘭　你還好嗎？卡刷不過嗎？碰到這種情況時，卡片真是個大混蛋。

他露出令人敬佩的自信神情走過來，對著收銀員眨眨眼，然後拿出他的卡放在讀卡機上。付款完成後，讀卡機發出「嗶——」一聲。

迪克蘭　這種感應支付的玩意兒很危險，讓你可以做出各種衝動的購物行為。

我驚呆了。

約書亞　我……我……很謝謝你。我記得轉角那邊有提款機，我還你現金吧。很抱歉我的卡不能用。為什麼你要幫我？

迪克蘭　沒事的，夥伴。快打包你的起司吧。

他闔上皮夾，插回短褲的後口袋內。

迪克蘭　你可是約書亞，幫助了我妹妹的男人。她真是一團糟啊，老兄，沒辦法離開屋子和裡頭的物品，也很怕我外甥和外甥女被帶離她身邊。你真的幫了她很多，夥伴。我們全家人都很感激。她現在很好。雖然不如她期望的那樣，但還不錯，比之前好多了。

約書亞　我……

他笑了。

迪克蘭　讓我請你吧。雖然不多，就當作是謝謝你的小費吧。我們一家付的小費。

他頭也不回地離開了。

＊主張一切皆出自於人的主觀，所有外界事物都依附於自我意識而存在的哲學思想。

我總算抓起購物袋回家。離開利多超市時我淚流滿面，但並不是傷心的淚水。我投注於工作的熱情並不稀薄——這份工作幾乎定義了我——但在我人生的艱困時期，這個人提醒了我，即使在心存懷疑的情況下，我也熱愛著我的工作。

達芙妮04｜上台或下台，全部操之在你

我今天費了不少功夫打扮，拿出花很多錢買的新衣服，看起來就像是剛把Uniqlo的櫃位掃空一樣。這些衣服都嶄新無比，其中一件毛衣上還掛著標籤，而在達芙妮抵達之前，我得在標籤扎進我背部表皮前把它剪下來。

達芙妮 早安，約書亞。介意一起喝杯咖啡嗎？我累壞了。

約書亞 當然不介意，我來泡吧。你想喝哪一種咖啡？如果不介意我出去一會兒的話，公共茶水間有一台相當不錯的咖啡機。

達芙妮 我和你一起去，讓我來泡吧。無意冒犯，但之前你泡的真的很……難喝。有夠難喝，老實說。

批評音：哈哈哈。

救世主音：茶水間人很多。你確定和一位好萊塢明星一起去是個好主意嗎?!可能會引起多餘的關注。

分析音：保密協定很重要。

約書亞 你確定嗎？相信你還記得，這些晤談都受到保密協定的神聖保護。那片公共區域通常都很多人，有一堆吵吵鬧鬧的野蠻人。我怕你會受到不必要的關注，危及你的保

密協定。這裡所有人都知道我是心理師。

她不滿地揚起一邊眉毛。

達芙妮 你以為我是喬裝後才進入這棟大樓的嗎？打扮成寄給你的郵件？人們好幾次看到我進出這棟大樓了。我一生都受到大眾的密切關注，我想辦公大樓的公共區域不會是最難應付的場景。

約書亞 說得也是。你先請……

達芙妮若無其事地踏進茶水間，朝著咖啡機走過去。大約有二十個人分散在不同區域，有的在閱讀、有些在滑手機、有些在喝咖啡或是吃早午餐。這一切真是太超現實了。在諮商室裡，我的大腦已經對達芙妮在場一事感到麻痺，但在這裡和眾人待在一起，讓整個情況有了全新的感受。

焦慮音：希望沒有人注意到她。

救世主音：希望她不會感到不安。

批評音：她是個聰明的成年人了，讓她泡咖啡吧。

焦慮音：我只是不想要感到尷尬而已。

達芙妮 美式對吧？

她看向我。有些人抬頭看是誰在講話，從我的餘光能看見有人好幾次看向這裡。

約書亞 對，謝謝你。

機器嘎吱作響地磨碎咖啡豆，還伴隨著巨大的蒸氣排放聲，讓整個茶水間都是咖啡機的聲音。我環顧四周，有幾個人已經發現是誰在這裡了。有個男子將雜誌攤平放在桌上，一位年輕女性則張著嘴坐在原處，大拇指一動也不動地懸在手機螢幕上。還有另一位女士一邊瘋狂打字一邊抬頭看著達芙妮，好像開車時同時在發簡訊一樣。達芙妮沒有留意。她端著兩杯咖啡走到我面前，將我那杯遞過來。我示意我們回諮商室。突然間，有個聲音打斷了我們。一轉身，我就看到走廊另一頭站著大廈管理公司的潔米瑪，該死。

潔米瑪　呃、呃……不好意思，我……你是……？

我雙眼圓睜，用臉部表情無聲說著：「閉嘴！滾開！」想當然，潔米瑪完全沒有理我。她完全被達芙妮迷住了。我並不怪她，畢竟真正的巨星正走在這棟毫不起眼的辦公大樓茶水間裡呢。這可不是每天都有的事。達芙妮轉向她，這位年輕女子則因為得到回應而滿臉通紅。

潔米瑪　很抱歉打擾你，我只是想說，我是你的作品的超級大粉絲。我叫潔米瑪。

不敬音：閉嘴啦，潔米瑪。我才是巨無霸粉絲好嗎，閃邊。

意志音：不，你是心理師。

批評音：成熟點吧，約書亞。

達芙妮　哈囉，潔米瑪，很高興見到你。謝謝你的體貼，還有這麼溫暖人心的話語。你在這裡上班嗎？

潔米瑪　對……對，我在走廊那頭的大廈管理公司做通訊工作。不怎麼好玩，但是……

達芙妮　足夠支付生活開銷？

潔米瑪　對，確實如此。而且我和一些很棒的人一起上班，這是一份好工作。

達芙妮露出笑容。

達芙妮　我願意付出所有，只為了能每天上班，並且和友善、富有憐憫心的人一起工作。我很羨慕，真的。

潔米瑪盯著我。看來線索終於被連在一起，她知道達芙妮出現在這裡的原因了。她開始感到尷尬，顯得局促不安。

潔米瑪　謝謝，你人真好，我想再次為打擾到你說聲抱歉。約書亞真的很擅長他的工作。我朋友塔莎說他非常擅於處理焦慮。我的意思是，我並不是要假設……我、我很抱歉……我正好要去……

達芙妮　謝謝你，潔米瑪。我的名字叫達芙妮。你透過我的藝名認識我，但今天我是達芙妮，而且你說得對極了。約書亞真的是位很棒的專家。

她看著我露出微笑。

憐憫音：哎喲喂，太迷人了。

生理音：讓我們敲響那顆心，放出蝴蝶吧。想在臉上塗點腮紅嗎？

我尷尬地笑了笑，在她們倆之間看來看去，不知道視線該放在哪裡。

批評音：胡扯，你不過是一名參謀，所有心理師都會做同樣的事情。達芙妮已經準備好要在任何心理治療環境中傾訴心聲了。當你所做的只有忽略自身的控制議題和缺陷，並透過他人的成就來過生活時，你就只是一個冒充專業人士的騙子。

憐憫音：夠了，胡說八道。

意志音：我同意，閉嘴吧。

生理音：咖啡因害得我們心緒不定。

達芙妮 我們得走了，潔米瑪。謝謝你體貼的話語，祝你有美好的一天。

回到諮商室後，我們坐上往常的位子。達芙妮神態輕鬆，充滿自信。

達芙妮 這週我想了很多，也反思了很多。

我點頭回應。

達芙妮 我想了所有有關身分的事，也反思了我是誰。我問自己：什麼是真實性？什麼是一致性？並反思了充實的生活是什麼樣子。所有的思考都是在演出之間的空檔，我太忙了！我和母親之間也有了一些界線，這很有幫助。很抱歉上週那麼神經質地抱怨她。

今天她的目光緊鎖在我身上，在我看來，那眼神含有尊重和信任。對此我感到心滿意足，也能對於自己成功讓達芙妮安心地做她自己予以肯定。無論經驗有多麼豐富，這種感覺都是許多心理師無止境自我懷疑的解藥。

約書亞 你建立起安全界線了嗎？

達芙妮 對。我媽通常每天都會傳訊息或打給我，但我要求她只在晚上時傳訊息。她抱怨一番且數落了我，所以我就買了一支新手機和一張新的ＳＩＭ卡，把舊手機藏起來直到晚上才用。我所有親近的朋友和家人都有我的新號碼。這麼做很殘忍，但我也不想跟媽媽斷絕關係。透過這個方法，我和她就能有健康的互動，且不會影響我一整天。

共情音：可以理解。

約書亞 可以理解。

達芙妮 我真正想要告訴你的是，有天晚上我去約會了。

她不好意思地笑了笑。這位五十三歲女子的舉止突然像極了我想像中十九歲的她，儘管只是剎那之間。

約書亞 哇。首先，我很羨慕你能夠把約會塞進你的行程表之中。

批評音：今天早上你在浴室裡待了一小時，只因為在玩手機裡那個愚蠢的網球遊戲。懶惰的混蛋。

約書亞 約會如何？

達芙妮 還不錯，謝謝關心。我不覺得會進展成認真的關係，但是……感覺很棒，無拘無束，甚至……

分析音：上次達芙妮在實踐空椅法時稍微提到了她的性取向並質疑了自己的身分。

直覺音：讓達芙妮自己填補這些細節，如果她想說的話。

約書亞 噢？如何？

達芙妮向前彎腰，在交疊的雙腿上擺弄手肘。她綻放出閃耀的笑容，還吐了吐舌頭。

達芙妮 我想這就是讓我感覺可以完全做自己的那種初次約會。只有我和另一個人，我沉浸在那個時刻，不必考慮外界對我的影響——工作、大眾、家人。那是活在當下的連結。

她靠回椅背。

達芙妮 顯然曼徹斯特有些很棒且安靜的酒吧，而我們去的這間地下酒吧藏身在市中心。我們躲在一個黑暗的角落，幾乎沒有人注意到我們。這是逃離繁忙日程的一段迷人經歷。

共情音：可以想像，當你和達芙妮一樣有名時，這是一種奢侈。

達芙妮 你不想知道是誰嗎？

偵探音：你應該憑直覺就知道我想知道啊！

分析音：我們正身在你的內在參考架構中。

約書亞 如果我說不想，那肯定是在說謊，但只有在你想分享時，才需要講出這些細節。

她看起來確實想這麼做。

達芙妮 是劇組裡的一個人。我認識這人好多年了，比我年輕得多，但很多方面卻比我……成熟，懂得更多也更有自信。我發現這點真的非常迷人。對方讓我感覺自己像個人類。

達芙妮回想起上次晤談的事。

達芙妮 我記得我們談過條件性的概念和無條件的愛，那是叫什麼來著？

約書亞 「無條件的積極關注」，是卡爾．羅傑斯創造的術語，用來描述心理師或人們在幫助有情感需要的人時可以使用的無條件性概念。方法是傾聽而不倉促下判斷，予以共情而非忽視，並且要全面地關懷這個人，無論他們的觀點是否和自己的相牴觸。我認為羅傑斯意識到的是，當人們要他人「回到我身邊」並完全優先考慮自己的情緒來進行艱難的對話時，這是非常煩人的。

達芙妮 嗯，喬丹就是那樣，非常細心。即使不同意我的觀點，仍保有積極的尊重態度，無意攻擊或以自己為中心。我也迷失在喬丹的言語和世界之中。

約書亞 聽起來是很棒的約會。你確定不會建立更進一步的認真關係嗎？

她思索著這個問題，傾身將下巴撐在手掌上，雙腿也活力充沛地上下彈動著。

達芙妮 我不覺得會。有很多原因。就像我說的，我最近一直在反思，覺得還有很多東西需要被發現才能讓自己感到舒服自在。我認為有些情緒障礙最好是獨自一人處理。就像你在 Instagram 影片中所說的那樣，當你獨自面對焦慮時，你就是那個勇敢面對的人。你會成長、度過難關，而這樣的付出也不會成為任何不健康依賴關係的助力。

生理音：蝴蝶變得更多了。

約書亞　但這不代表你必須做出困難的抉擇並獨自一人度過難關。我認為，如果有人能陪伴或指引你度過人生的某些轉變，那便是一種健康的關係，尤其那份陪伴是源於無條件的愛和關懷時。

達芙妮　我明白。這感覺就像一種深刻直覺，你懂嗎？

直覺音：沒錯。

達芙妮　我內在的批評聲音這麼說……說這年紀進行身分探索沒必要又誇張。彷彿我應該要將籌碼兌現，降低損失才對。但很多聲音都不是我的。那些聲音是……是所有影響我的事物的積累，全都在某種程度上形塑了我。我也不只是在說我母親——我知道你們心理師對這種女家長的事情很感興趣，但她只是其中一片拼圖。我也不苛責她。坦白講她並不是很好，但我應該對自己如何衡量及判斷負責任。

她看向窗外繼續說。

達芙妮　這就是一切，對吧？我們在成長過程中必須面對的各種條件，它們的影響力是如此龐大——性別角色、父權規範、男性或女性的理想狀態，是社會建構把人們弄得亂七八糟。我一直都不明白我是如何構成的，約書亞。因此，我所做的一切都只是盡己所能地展現這些構成。幸運的是，就我而言，我做得好極了。我想其他人沒有這麼幸運的機會。

我點頭以示贊同。

達芙妮 我女兒還小時，我們買給她一組樂高。**不敬音：那玩意兒現在很貴。好吧，這些有錢人。**她會想辦法組出房子和樂高小人，然後以我們替玩具們命名，分別是她自己、媽媽和爸爸。它們……很不一樣，組裝得很美。但那時我卻覺得它們很醜，只能試著不要表現出來。她不需要貶低的話語，她爸爸說得夠多了。但我發現，我的批評是源自於我所有不完美建構的總和，如果這麼說還算合理的話。

達芙妮

約書亞 很合理。你在自己的生活中看到了象徵，樂高反映了你自身身分的建構。

達芙妮 我想是的。

很長一段時間沒有人說話。

達芙妮 我想要做更多更接近真實自我的事情，不再嚇得凍僵或拚命討好，這是我想前進的方向。我的思緒和身體似乎在告訴我，不這麼做會讓我的生活無法持續下去，一切會變得……太沉重……

共情音：一生都活在臺座上，肯定很孤單又累人。

約書亞　臺座總是沉重的。

她看向我，微笑表示同意。

達芙妮　感覺確實像是生活在一個臺座上，我一直努力撐在上面。

她低頭看著自己的大腿，我看得出來這並不是在演戲，她正在允許自己感受悲傷。

約書亞　你知道嗎？走下臺座沒有問題的，下方的世界很美好。再說了，人們的頭頂也不太好看。

達芙妮擠出一個笑容，抬起頭真摯地看著我。

達芙妮　希望我做得到，約書亞。但我擔心……

我迎上她的目光。這真是一個感受強烈的諮商時刻。

救世主音：沒問題的。

憐憫音：沒問題的。

共情音：沒問題的。

不敬音：你不會心電感應好嗎，約書亞。

達芙妮　我擔心我的真實樣貌會被看見，也擔心針對我個人的批評和拒絕。我害怕失去先前為此努力的一切，害怕失去女兒和工作。這個……這個臺座……它太高了，約書亞。道理我都懂，但有些人就是下不來。

兩行熱淚滑落她的臉龐。

分析音：思考這件事的二元觀點。

意志音：質疑這點，或是討論這件事？

約書亞 嗯……你不覺得這聽起來很「非此即彼」嗎？好像走下臺座就是徹底拋棄它一樣？沒有人要你這麼做。你說你的公眾形象是個不同凡響的人，受到了生活中許多事情的影響，我能否先問，你喜歡當那個人嗎？

達芙妮 為什麼這樣問，當然喜歡啊。也有不喜歡的時候，但我確實熱愛身為藝術家的自己。我熱愛演戲、導戲、沉浸在仰慕與崇拜之情中。這是種超凡脫俗的感受，我很幸運能擁有這些。必須承認，我確實很陶醉於人們視我為「堅強」的人，身為一個女人能夠獨立自主相當激勵人心。

她用面紙拍了拍臉頰。

達芙妮 然而，名氣也是個荒涼之地，讓人孤立無援。人們很興奮能在萬聖節或化裝舞會上戴面具，因為知道這是暫時的、異於平常的特殊場合。活動結束後他們就能摘下面具……下次可以買不一樣的，樂趣又會重新開始。我很怕摘下面具或是跳下臺座，因為我和站在上面的那個人太不一樣了，約書亞。

在我思索著該如何回應時，周圍一片靜寂。

約書亞 你有沒有想過……人可以同時有兩種樣子？可以在需要時跳下或跳上臺座？搞不好

可以這樣想，你的公眾形象只是自己的其中一種樣貌？我們都有多種樣貌——關於個性、身分或身而為人並沒有什麼嚴格的規定。

不敬音：這就是為什麼那些「我就是我……」的人那麼討厭。

約書亞 但我很有興趣和現在在這裡和我平起平坐的人多聊聊。這裡很安全。更多無聲的淚水滾落她的面頰。我感覺到她幾乎準備好了，準備好要抓住一個可能只在有限時間內開放的機會跳下臺座，然後再爬上去並收起身後的梯子。達芙妮此刻很脆弱。

直覺音：自我介紹一下。

批評音：別把她當小孩！

直覺音：某些原因告訴我應該要這麼做。

約書亞 哈囉，我叫約書亞。你叫什麼名字？

她看著我，看得出這個問題的誠意。這是個認真的提問。

達芙妮 哈囉，約書亞。我的名字是……我、我不知道……達芙妮感覺離我好遠。我好像……好像不知道自己是誰……

我們談論了身分、性別、地位、性向等敏感話題，以及如果達芙妮選擇要過更和諧、更真實的生活，這些層面可能會為她的個人生活帶來哪些影響。有一部分的我覺得現在用「她」來稱呼達芙妮不太合適，但這是我在尊重達芙妮的明確心願的同時必須克服的難題。我問她是否希望我用不同的代名詞稱呼她，但她說自己還未準備好。除非她另外說明或表示出更偏好的代名詞，否則我就會繼續將達芙妮稱為「她」。我擔心自己太冒昧，畢竟這不是我能做的決定。

達芙妮解釋了她因為性別被定義為女性而生活得不舒服，但從來都沒有足夠的安全感去質疑這點，尤其是在面對名聲帶來的壓力和膚淺偏見的情況下。總體來說，達芙妮厭倦了狀態良好的樣子，但仍然喜歡並想要保留這個成功專業人士版本的自我。我認為她希望能夠在需要的時候走上或跳下臺座——而不是被局限在針對女性樣貌的嚴格期待內。我指出隨時上下臺座永遠是個選項，似乎大幅減輕了她身上的壓力。

隨著諮商時間越長，我越是認識到這個美好之人深層的純粹形貌。我真的忘記了這是一位電影明星，僅僅因為見到了這個獨特的人而震驚不已，我想很多人都沒有見過這樣的她。

達芙妮自發性地決定要變回那個大名鼎鼎的自己。這是種輕鬆切換自我樣貌的做法，使其成為一種自由的流動。這就是上下臺座的技巧——我相信對她來說很有幫助，也將會是她非常擅長的事情。

達芙妮 你最喜歡我的哪一部電影？

我被這問題嚇到了。

達芙妮 別跟我說是黑色偵探電影喔？我會很難為情，九〇年代是個特別的時代。噢，對了，我想到你模仿我使用打火機的樣子。

約書亞 我愛死那部電影，也愛死那支打火機了。抽菸的時候，每次我問「有能讓打火機發揮用處的東西嗎？」，我朋友都會發牢騷。基本上，沒錢的時候我大多白抽別人的菸。你還留著那支打火機嗎？我一直想買，但複製品都做得好爛。

我們都笑了。

達芙妮 我沒有保留打火機的習慣，更別說二十多年前的了。但我很欣賞這種情懷。

分析音：小心，太多你自己的內在參考架構了。

她拉上提包拉鍊。

達芙妮 我想和你道謝，約書亞。我知道晤談就快結束了，但我想表達真誠的謝意。你以人類的身分，不帶批判地聆聽我說的話，幫助我感受到自己的部分假象——先不論那究竟是什麼，真的非常謝謝你。我有很多事情需要反思，但感覺是積極正面的，就像是在夜晚空閒時拼一幅有趣的拼圖一樣。我找到一條前進的道路……

她笑了，而我則因感激而全身發顫。我很想哭，但還是保持冷靜，微笑以對。

達芙妮 如果你能來看其中一場表演的話，我會很高興的。《琴鳥》的演出進入最後一週，若你來了，那將會非常有意義。

焦慮音：我的老天。

約書亞 我……呃……

達芙妮 我能理解，這關乎保密協定，還有諮商界線、專業精神之類的事。但我想讓你知道，邀請你來看表演是我有意識做出的決定。我們不需要交談，我保證你的職業操守不會受到質疑。

約書亞　你人真好。可惜我覺得不太恰當，專業界線之所以需要嚴格遵守是有原因的——有時是以犧牲自己的需求為代價！不過我想讓你知道，我真的非常感謝這個邀約。謝謝你。未來幾年我恐怕會一直掐自己，因為竟然有明星親自邀請我！

她的臉上綻放出美麗的笑容，大大的笑靨中露出了珍珠白的牙齒。至少在那一刻，這個人看起來非常快樂。

哈利05——二〇一二年四月，日間問答節目

哈利正在曼徹斯特兒童醫院八十四區病房觀看日間問答節目，我和媽媽則和腫瘤學專家坐在一起。兩週前，還沒有人知道我弟弟需要芬恩醫師。她用一種演練過的眼神盯著媽媽。我想她一定曾多次告知他人這樣的消息，但看來還是一樣很難說出口，只是比較熟練而已。

芬　恩　在勘探切片過程中，很遺憾我們發現了多個已經轉移到肝臟並進入會陰的腫瘤，導致大量的腹水積聚。這可以解釋哈利最近腹脹和嘔吐的原因。

我媽媽僵在原地，嚇呆了。她臉上的表情令人心碎，看見這一幕的糟糕感受甚至勝過了我的恐懼。我必須支持媽媽和弟弟，攜手度過未來的艱困時期。

芬　恩　我們建議立即開始化療。從今天開始會使用克莫抗癌注射劑（Cisplatin）和益樂鉑定注射液（oxaliplatin），進行為期六週的治療。我知道您有很多疑問，所以……

耳鳴聲使芬恩醫師的聲音逐漸變得模糊。媽媽嘴巴半開地坐著，努力消化這一切。醫師繼續談論治療的複雜性和副作用，以及接下來一週我們實際需要做的事情。

媽　媽　抱歉，我現在無法聽這些，太難以承受了。

她走到門外，走廊迴盪著她的哭泣聲。此後很長一段時間，這聲音都糾纏著我。

約書亞　我想你能理解……聽到這件事……對我們來說太震驚、太可怕了。

芬　恩　我明白，也為你和你媽媽感到遺憾。你有什麼想問的問題嗎？我可以現在回答，或者在你準備好的時候答覆。你可以問任何問題，晚點再轉告你媽媽。

約書亞　我的思緒在恐慌和困惑的漩渦中打轉。我只想要安慰，任何撫慰的話語都好。這能……治得好嗎？

我想我已經知道答案了，但心底還是抱著一絲是自己搞錯的期望。

芬　恩　每個人對化療的反應都不一樣，所以很難說。考慮到已經轉移的腫瘤數量，這將會非常棘手，但我們會嘗試。如果我們能夠縮小較小的腫瘤，甚至是消滅它們，那麼就可以考慮針對肝臟進行手術。雖然機會渺茫，但就像我說的，我們會盡全力嘗試。

約書亞　預後呢？

芬　恩　我認為現在進行時間上的推測沒有幫助。我們一步一步來。

約書亞　請老實告訴我，有多少人從這樣的病況中好轉？

芬恩醫師看向正在做紀錄的護士。護士朝她點點頭，彷彿在示意她可以說出來。醫師將目光轉回我身上。

芬　恩　恐怕不多，這……機率很低。

我再也忍不住了。我雙手抱頭痛哭，感到一陣深沉又無可挽回的哀痛。感覺好像有什麼破裂了——碎在身體也碎在心裡。感覺就好像他們試圖用談論機率來粉飾一場死刑。

護士走過來將手放在我背上。他什麼都沒有說，但用觸摸的溫度傳達了溫暖的憐憫。

芬恩 一次一腳步，約書亞。我們會做到的。一次一腳步。先想想接下來需要做什麼。

我擦掉眼淚，用護士遞給我的紙巾擤鼻涕。

約書亞 但我要怎麼告訴他?!我要怎麼告訴一個十四歲的男孩，他他媽的得了癌症？我要怎麼告訴我弟弟？天哪，我這麼愛他……我比他年長……我虐待自己的身體……為什麼是他?!

我再度哭嚎，感到肋骨發痛。我的嘴巴好乾。我好想吐。

芬恩 我很抱歉。如果這樣會比較好的話，我可以負責告知哈利。有時候家人會想要親自告知孩子消息，但我完全理解你和媽媽今天可能會很難開口。但我建議今天開始治療。請告訴我你們的期望。

我離開腫瘤科醫師的辦公室，靠在牆上以免跌倒。我要怎麼辦？可憐的哈利，我可憐的哈利，我年幼的弟弟。我還沒辦法去見他，也不知道該怎麼做。我不能毫無計畫就去找他！我還不能見他，因為我是個膽小鬼。這太痛苦了。噢，還有我媽！她在哪裡？希望她沒事。我真是太自私了。

批評音：確實。

我跌跌撞撞地走到醫院的後院。我的雙眼充滿血絲，雙手顫抖不止。我拿出一根菸點燃，然後將後背靠在冰涼的雕像底石上。有些人遠離我，擔心會被捲入我身上發生的天殺的任何事情當中。我掐熄菸蒂，馬上再點新的一根。

約書亞　思考，約書亞，好好思考。

我跨出電梯，走向八十四區病房——曼徹斯特兒童醫院孩童腫瘤病房。我稍微冷靜一點了，但還是不停發抖，胸骨的不適感也還沒消退。我按下門鈴，接待員來到門口接我。顯然她對於迎接新來到這個病房的受驚家屬很有經驗。她輕輕握著我的手臂，帶領我踏入走廊。

莎尼亞　你來看哈利嗎？你是他哥哥嗎？

約書亞　對，我是他大哥。我來這裡找他的碴，這是我的工作。我……我……必須告訴他壞消息。他還不知道吧？醫生告訴他了嗎？我們必須告訴他！你有看到我媽嗎？

莎尼亞　好的。他在八號房，你媽媽也在。準備好就進去吧。

透過八號房的長形門窗，可以看到一台小電視正在播放日間問答節目。我媽媽坐在病床旁握著哈利的手。她臉上帶著平靜的鼓勵神情——我相信，當堅強的父母知道孩子身在最需要他們的艱困時刻時，他們就會露出這樣的神情。她告訴他了，我看得出來。我太了解媽媽和哈利了。他們都笑著。他們好了不起，比我更堅強。

我輕聲躲到窗戶旁，看到護士將一些奇怪的有色液體連接到靜脈點滴架上。我聽不到媽媽說了什麼，但我看得出來她正在告訴哈利一切如常。我看著這一幕，害怕得不敢走進去。我立在原地，盯著我美好的家人。我是一名不幸的觀察者，像隻受困蒼蠅一樣陷在震驚和悲傷的汁液中。我緊握拳頭，全身顫抖。哈利正在和護士講話——和往常一樣親切有禮。

救世主：我們會救他。我們會拚盡全力救他，聯繫世上所有專門研究纖維板層肝細胞癌的頂尖專家，讓他們合作找出治癒方法。當化療發揮作用時，我和媽媽會確保他的身體是最佳狀態。我們要消滅小腫瘤，然後對肝臟的大腫瘤進行手術。如果化療沒有效，那麼我們會找到另一種有效的化療。我會籌錢，會找到能拯救他的醫院或醫生。我要做三份工作。搞不好會有新的實驗，新的神奇藥物的實驗測試。我們每天都會聽到這種消息！那會產生某種效用的。每次我全神貫注做某件事，結果都很棒，這次肯定也一樣。我們會救他的。我保證，我知道會的。

我轉動門把，將門打開。

約書亞　嘿……

列維04——鈴聲響起，是誰打來的電話？

我的諮商室大門被塞內卡夜店的保全主管撞開，這已經不是第一次了。我正在喝的那碗湯潑向半空中，紅色液體灑在我的下巴和頭頂上。列維臉上洋溢著喜悅的光芒，就像個走進生日驚喜派對的小孩一樣。

焦慮音：老天。

生理音：讓我們提高心率、放鬆腸道，約書亞寶寶。

意志音：以後可能都要鎖門。

批評音：馬後砲隊長說得對。

列維　約書亞！你不會相信這個……我……

他瞥向我的下巴和襯衫。

列維　噢，發生什麼事了？有人揍你嗎？你沒事吧？前一位個案很潑辣？

不敬音：我要被你嚇死了，老兄。

約書亞　是湯。

列維　噢……哈！下次我幫你帶吸管。應該要吸入嘴巴才對啊，老兄。

批評音：去你的，列維。

憐憫音：但是看到他露出笑容真棒。

約書亞 看到你露出笑容真令人高興，列維，但這並不是我們衡量進展的方式。我很期待你今天要說的內容。

列　維 講得好像我是某種娛樂一樣。

我笑了。他坐下，吐舌發出小小的嘲弄聲。

約書亞 你說我不會相信什麼？

列　維 對了！你會愛死的。所以我……

列維的Nokia手機突然播放出唐亨利（Don Henley）的〈夏日男孩〉（*The Boys of Summer*），打斷了我們的談話。儘管如此，我還是不禁心想這首歌真是好聽。

列　維 抱歉，約書亞。你介意我接個電話嗎？昨晚夜店出了點事，我需要提供簡短的口頭陳述。

約書亞 我不介意，你接吧。

列維起身走到窗邊，開始講起電話。他沒有意識到自己的音量，每個字我都聽得清清楚楚。我坐著擺弄手指。

生理音：你覺得晚餐吃那麼多水果很健康是嗎？我獎勵你一加侖的胃酸，不用謝。

我走到書桌前拿出幾顆胃藥，就著冷掉的茶吞下去，然後整理了一下桌上的文件。說實話，我感到有點尷尬，想讓自己有事可做。我發現列維和我之間有一種特殊的動態，大多數時候我覺得還不錯，因為在某些情況下，保持在專業範圍內的不尋常動態是你所能實現的最佳狀態。我的直覺告訴我，列維參與心理治療，以及他對於融入諮商關係的渴望，是我必須謹慎對待的事情。但也要保持在合理範圍之內。

分析音：可能要讓界線更明確，記住你接受過的訓練。

憐憫音：你很擅長你的工作，你能在不威脅兩人關係的前提下達到目標。

列維將手機放回牛仔褲後方口袋，坐回到位子上。沙發被他的重量壓得嘎吱作響，牛仔布料被他的大腿肌撐得都有點變色了。

列　維　很抱歉，我剛剛說到什麼……？

我也坐下。我對於是列維在決定晤談結構感到有點不高興，但也記起他想分享目前進展的熱情，這是所有心理師都很樂意聽到的事。

批評音：你沒膽告訴他，你不爽他掌管晤談的運作。

意志音：要談膽量？你是認真的嗎？這話聽起來有點愚蠢。

約書亞　請繼續吧，你好像很興奮，想分享某件事。

列　維　哈，沒錯！很抱歉得接那通電話，我必須幫忙一位朋友提供陳述。我同事珊卓拉昨晚試著把一個傻瓜趕出舞池，結果釀成一場扭打。那傢伙不知道吸了多少，我們看到粉末從他的臉上掉到襯衫上。他的眼睛睜得比餐盤還大……然後他開始像彈珠一樣在人群中彈來彈去、撞倒飲料還打起架來，引起一場騷動。總之，一群年輕女性走向珊卓拉，向我們檢舉那個人。

列維打了一個很大聲的噴嚏。然後他從面紙盒裡抽出一張面紙，更大聲地擤鼻子，接著才繼續往下說。

列　維　珊卓拉走向那個人，先是禮貌地要求對方跟過來，這樣她就能以他不檢點的行為為由將他請出去。顯然這男的吸得有夠多，自以為是太空超人，然後用那雙呆滯的眼睛把珊卓拉看成骷髏王。於是他一拳揮向骷髏王……

列維沉浸在敘述中，發出了一聲震耳的吼叫。

列　維　我跟你說，珊卓拉一個眼神就能打死骷髏王，更別說一拳了。她是一個恐怖的女人，不會理任何狗屁廢話，尤其是被逼得太緊的時候。她以拳王阿里之姿給了那個粉末頭一拳，正中對方鼻子，然後他的臉就爆開了。通常顧客都會露出驚恐的反應，但這次他們鼓掌叫好！他徹底變成一個傀儡娃娃，被我們扔到街上去。

他抽動的腹部平靜下來，在大笑後嘆了口氣。

列　維　總之呢，那通電話是調查團隊的人想確認珊卓拉的自衛行為完全是出於必要。警方正在做例行的調查。

約書亞　聽起來真是狀況很多的一晚。

列　維　希望能說是個特例。

他把手機放回口袋。

列　維　總之……你教我的那什麼ＥＲＰ，那個功課……我做了。暴露與反應抑制法，是叫這名字吧。

唐亨利突然又在列維的口袋裡放聲高歌。他向後靠，拿出了手機。

批評音：真他媽的。

列　維　啊，是蓋瑞想要搞清楚問題，沒人跟他說過這個激勵人心的故事……

約書亞　如果你有更急迫的事情，想重新安排這次晤談也沒問題。我不介意。

批評音：騙子。

列維一定有注意到我語氣中輕微的、無心的沮喪，因為他以令人生畏的眼神瞥向我。唐亨利的歌聲停下，然後又開始唱了。

焦慮音：替自己解釋一下啊。

分析音：堅守界線。

憐憫音：你可以的。

唐亨利終於放棄歌唱了，獨留我們看著彼此。

約書亞　諮商是雙方的約定，列維。我只是擔心這些電話會阻礙今天可能達到的進度，不論那可能會是什麼。老實說，我相信這些電話已經打擾到我們了。我也開始覺得坐在這裡等待有點傻。如果現在不是對的時間，那我會很樂意重新安排一個不那麼忙且合適的時段。

焦慮音：轟……轟……轟……

憐憫音：沒問題的。

焦慮音：他準備要說「我付你這麼多錢，你就按照我喜歡的去做」之類的台詞了，說完就會把你揍扁。

他瞇起雙眼。我只希望他能看到我的誠意。

列維　你說得對。很抱歉，我……不想這樣的，這麼做很不尊重人。

他把手機調成靜音模式，然後丟到一邊。

約書亞　謝謝，很謝謝你。現在你讓我如坐針氈，你的ERP作業怎麼樣了？

他的臉再次亮了起來。

列維　就是，我會產生一些關於女兒和孫女的恐怖想法，於是我們訂了這方面的作業對不對？老兄，這些挑戰如此違背我的直覺，但也讓我發現了一些事。薩菲亞和社區裡那些攻擊書本的人認為這是神的成果，但是，老天……我想要大讚一下……

憐憫音：你的嘗試值得各種讚譽。

共情音：ERP很難的。

列維　第一項功課是要單獨和孫女玩耍。這真是太難了！她剛出生時我經常那麼做，但自從有了那些念頭，我就很久沒這樣了。我女兒香黛兒過來和薩菲亞一起在後頭的房間縫東西時，我通常會找藉口出門，因為我害怕那些想法和感受，也就是你所說的威脅反應。但是……這一次……我說：「縫東西太無聊了，漂亮寶貝可以和外公一起玩。」然後我的心開始狂跳，那些想法閃過我的腦海……

共情音：你的心充滿了懷疑、恐懼和罪惡感，直覺告訴你要盡一切努力逃跑和閃避。

約書亞 我產生了罪惡的想法，還蹦出「萬一……」的念頭。接著我這麼想：「不行，列維，這是威脅反應，就像上次那些拿著刀的人從車裡跳出來一樣。但這次很安全！」

生理音：需要一些水汪汪的眼部分泌物嗎？

意志音：不，不是現在。

憐憫音：我們以這傢伙為榮。

批評音：就因為和孩子一起玩？

列　維 我把她抱到腿上。我們一起玩，一起聽音樂。我們笑著……

我從未看過列維像現在這一刻這麼快樂。重溫這段記憶時，他彷彿正在諮商室裡和隱形的漂亮寶貝一起玩耍。

列　維 我還是很怕。但我越是認真和漂亮寶貝一起玩，我就越……沒有那麼害怕，你明白嗎？

約書亞 太棒了，列維。這需要非凡的勇氣。

憐憫音：我以你為榮。

列　維　謝謝你，老兄！那些恐怖的想法還是不斷湧現，但和她玩得越久，我的感受就越沒有那麼強烈。我一直提醒自己你所說的威脅反應之類的東西。你絕對猜不到……他又開始大叫了，我不禁也受到感染，和他同樣感到喜悅。

列　維　房間裡突然瀰漫著一股惡臭。我以為我沾到了什麼髒東西，然後才想到自己正抱著一個小寶寶。

偵探音：快給這男人一張桌子！

不敬音：哈哈。

列　維　誰想得到這樣一個小東西竟然能發出這種惡臭？我把她抱起來，準備讓香黛兒去處理髒東西，但接著……接著我想到……這會是很棒的暴露法。練習阻止威脅反應決定我該怎麼做的暴露法……「不，我要幫我孫女換尿布。」我大聲這麼說。我露出微笑，聆聽關於勇氣的故事總是令人著迷。

列　維　於是我就照做。那想法出現了……惡魔的想法……魔鬼本人出現了……但我繼續進行。有夠多屎，簡直像是漂亮寶貝在屁股放了一個汙水手榴彈。我做到了。我做到了，約書亞。我……他快哭了，但忍了下來。

列　維　我做到了！雖然做得很糟。薩菲亞和香黛兒得過來重新包尿布，因為我包反了。但她們看起來很開心。我要繼續練習，不要成為那些逃避換尿布的人。我真後悔以前沒幫香黛兒換過，這感覺真好……

約書亞　非常棒。最後你的焦慮是幾分？

列　維　三分而已。那些想法也緩和下來，我能夠專注在家人身上了。

憐憫音：來吧！幹得好！

分析音：成功的暴露法。

不敬音：最棒的斬妖除魔。

約書亞　不需要除魔了？

列　維　今天不用。謝謝你。雖然還有很長一段路要走，但謝謝你。我搞懂你的……理論了。我還做了別的！你聽我說……

列維說起了其他的暴露練習，包含容忍以家人為對象的暴力想法。腦海浮現薩菲亞和香黛兒的身影令他相當掙扎，特別是有關刀子的畫面，所以他選擇和家人待在同一個空間裡切烤雞作為暴露練習。威脅反應再次響起，讓他陷入高度焦慮和自我懷疑中，但如同和孫女玩耍時的暴露，快要結束時焦慮減輕了，而他得以享用週日烤肉大餐。我們還制定另一項挑戰，要他和女兒一起去做水療。之前女兒曾提出好幾次邀請，列維儘管想去卻都拒絕了，因為他害怕看到女兒穿泳衣會讓那些針對女兒的侵入性想法浮現。然而，他最後還是去了水療中心，並鼓勵自己做一些暴露練習。他自是為自己感到非常驕傲，我完全可以理解。

約書亞 列維，你沒有逃避，也沒有儀式性地抽打自己，而是願意忍受不適感，這真的很棒。自我鞭笞的情況目前怎麼樣了？

列　維 他突然露出擔憂的表情看向我，接著擠出一個假笑。這個嘛，我保證沒有再那麼做了。

分析音：令人佩服。儀式性的強迫行為可能需要很長的時間才能克服。

偵探音：不太對勁。

直覺音：同意。

列　維 但是，呃……

列維的手機又響了。這次不是唐亨利，而是標準的鈴聲。

偵探音：嗯哼，他肯定已經轉成靜音模式了。

列維臉上擔憂的神情更明顯了，並因為恐懼而暫時僵住。接著他從外套口袋拿出另一支手機。

列　維 很抱歉。我必須要接，這是我的緊急情況手機。

約書亞 沒問題，我能理解。

列　維 但願如此……

他顫抖著接起電話。他的身體反應一如正在解釋自己的侵入性想法，或回想不好的記憶之時。

列維　嗨，親愛的，你好嗎？……我在……我正在上班……嗯？……沒有……我沒看精神科醫師了，是工作會議……蓋瑞當然沒有告訴你了，他沒有參加這場會議……對，很抱歉……我說我很抱歉……我會的，好的沒問題……拜拜，親愛的……

偵探音：（點燃一根想像中的雪茄）這是怎麼回事呢？

憐憫音：真令人擔心，希望他沒事。

列維將手機放回外套口袋，沒有調成靜音。他因震驚而脫離最近感受到的正面情緒，又回到了那個孤獨、憂慮的狀態。

約書亞　你還好嗎，列維？那通電話似乎嚇到你了。

列維　是薩菲亞打來的。你說得沒錯，電話響起時……我的……威脅反應就發作了。這幾天都這樣。

約書亞　怎麼回事，列維？

列維　我不應該在這裡……

約書亞　為什麼？

列維　她說我一開始就不該這麼做，說這是褻瀆，會阻礙我的復原。

約書亞　什麼？諮商嗎？薩菲亞說你不應該來諮商？

他的神情依舊很害怕。

列維　約書亞，關於我的婚姻，我還有很多事沒有告訴你。這很複雜。我也很困惑，到底是心理治療有幫助，還是我們在家裡做的事有幫助？

焦慮音：有種不祥的預感。

偵探音：需要更多細節。

約書亞 你們在家做了什麼？我們一起看看吧。

列維 約書亞，薩菲亞是個特別的人。她是獨一無二的，擁有獨特的能力，能夠引導靈魂和神聖的聲音。說出真相的並不總是她。她就像一個器皿，自上頭將審判傳遞下來。我知道這聽起來很瘋狂……

焦慮音：噢不。

不敬音：重回瘋狂小鎮吧！

憐憫音：他遇到了什麼事？

直覺音：這裡有好多危險訊號，約書亞。

列維 自從她受膏後，我們的婚姻變了。她變了，我們都變了。然後我們的生活重心就變成了社區。

他用如孩童般天真且悲傷的眼神望著我。

列維 我必須要懺悔過錯，我欠下太多罪孽了。

焦慮音：我真的很擔心。

偵探音：查出真相！

約書亞　列維，可以告訴我你在社區裡如何悔過嗎？他們要你做什麼？薩菲亞對你做了什麼？

列　維　我不能說，約書亞。我不應該在這裡。

約書亞　列維，你有危險嗎？

列　維　沒有……我得走了，下次見。我會繼續做ＥＲＰ，謝謝你。

列維奪門而出，獨留我一人擔憂他的狀況。

家庭暴力

約四分之一的家暴受害者是男性。然而，大多數男性受害者並未尋求進一步協助。毫無疑問，造成這種情況的原因對每個人來說都是主觀的，但我們不能忽視遭受家暴的男性所感受到的社會恥辱，這是源自於違背男性應該「堅強」或「有男子氣概」的歷史條件。

當心理師懷疑有家暴案件發生時，並不總是會立刻向當局舉報（除非有急切的生命危險）。我們必須和個案合作，而不是遵守毫無彈性的規則，花時間從個案的角度了解情況，往往能得到更正面的結果。堅持立即舉報虐待行為有時可能會使複雜的家庭情況雪上加霜。身為英國的心理師，我必須遵守諮商機構的道德規範，其中包括要仔細考量如何在保護個案或其他人免受嚴重傷害的前提下處理狀況。這點尤其適用於複雜情勢，若我打破了列維的保密協定，就會失去他的信任。我的直覺告訴我，面對警方，列維將會否認所有問題，然後回到自己的生活中，不再涉足諮商室所能給予的安全空間。

個案需要鼓起極大的勇氣才能講出潛在的虐待關係，列維願意和我分享是非常勇敢的舉動。心理師通常會是受虐倖存者第一個敞開心扉的對象，而我認為如果每位心理師都理所當然地違反保密協定，向當局舉報家庭暴力，就會導致信任感先行喪失。以列維的案例來說，我正處於理解和闡述事情全貌的階段。我覺得我和列維之間的連結很牢固，但基礎相當脆弱——我相信自己隨時都可能會失去他，也擔憂他會忽然對諮商完全失去信心。我的直覺告訴我，舉報他迄今為止與我分享的訊息，從長遠來看對他並沒有幫助。我選擇承擔這樣的風險，但有些人可能不認同。然而，身為心理師，我同樣必須遵守法律，所以要是我判斷或發現個案受到生命威脅，就會毫不猶豫向警方舉報家暴案件。

暴力的形式有很多種，最常見的是情緒虐待（emotional abuse）。英國國家家暴防治中心及慈善機構「人類倡議」（ManKind Initiative）表示，與他們接洽的男性來電者有百分之九十五受到情緒虐待；百分之六十八舉報了肢體暴力；百分之四十一遭受精神暴力；百分之二十三受到經濟控制；百分之十三則是高壓控管（coercive control），還有百分之三遭受性暴力。人類倡議組織也呼籲大眾關注男性長期身處在暴力關係中的原因：研究顯示，有百分之八十九的男性表示留下是為了孩子；百分之八十一堅信婚姻是一輩子的，還有百分之七十一的人留下是為了愛。其他原因包括相信伴侶會改變、害怕失去孩子、缺錢、無處可去、尷尬以及擔心另一半的健康。值得注意的是，百分之二十四的人表示，留下來是因為擔心自己被殺害。

高壓控管的施暴者會利用各種形式的情緒虐待來操縱他人，這可能包括懲罰、堅決要求、謾罵、情緒勒索、質疑受害者的理智（煤氣燈效應）、侵犯隱私和人身侵犯。倖存者的行動往往是基於害怕伴侶會將負面後果加諸於自己，而不是按照自己的意願行事。

無論列維的婚姻關係中發生了什麼事，在所有類似的情況下，作為心理師，我的工作就是在道德、個案最大利益和可能必要的保護之間找到微妙的平衡。

地下酒吧——遇見熟悉的那道身影

我們在一條破舊小巷中踏出Uber，因為下午已經先在曼徹斯特的雞尾酒吧逛了一圈而情緒高昂。

約書亞 你確定是這裡嗎？

阿莫斯 就是這裡沒錯。

阿莫斯敲了敲看起來像是逃生通道門的生鏽門板。門打開時，一名嚴肅的警衛向外看著我們。

警　衛 阿莫斯！你還好嗎？超久沒看到你了！

阿莫斯 我很好，史蒂夫。你知道的，我一直都很好。你看起來真棒！別讓這傢伙進去，他是個蠢蛋。

他指著蕭恩，蕭恩則以一種尷尬、懇求的神情回應。

警　衛 那你得解釋為什麼你們是朋友。

他們倆堅定地握了手，站到一旁讓我們進去。

我們走進燈光昏暗的酒吧，門口處有一群人坐在燭光桌旁。小舞台上傳來爵士三重奏推進節奏的切分音，整個空間都是放低音量的禮貌交談聲。這間酒吧散發出優雅和獨特的氣息。兩名調酒師在鏡面吧檯後面忙碌著，其中一位用雪克杯完成了最後的工作，另一位則在滿是氣泡的飲料中添加配料。

阿莫斯　坐這桌吧。

我們坐下後，一位穿著綠色圍裙的年輕女士過來替我們點酒。我點了波本古典雞尾酒，之後便專注於音樂，聽不清朋友們點了什麼。酒來了之後，我們靜靜地乾杯，然後懷著敬畏聆聽刻意變換的音色和令人嘆為觀止的即興演奏。

生理音：膀胱滿了，快去清空我。

約書亞　我去一下洗手間。

蕭　恩　我也要。

凱　拉　噢，真要好。

蕭恩和我走出包廂穿過桌子迷宮，前往一個黑暗角落，廁所就在那裡。我走近看起來特別擁擠的兩桌人，酒精引發的虛假自信說服我可以擠過去。當我露出一副充滿歉意的神情擠過兩張椅子時，有個身影引起了我的注意。

生理音：轟……轟……轟……

偵探音：這裡有什麼?!

我抬起頭，看到一個留著烏黑長髮的女人坐在靠近舞台的桌子旁。她和一群朋友在一起。

焦慮音：哇，真是驚喜。
偵探音：這是……薩拉？
分析音：嗯……患有嚴重特定場所畏懼症的人在這裡欣賞音樂演出？機率有多高？
批評音：你喝醉了，約書亞。冷靜下來。

離開廁所後，我再次瞥向了那一桌，所有人都背對著我們。我坐下，搖晃著剩下的酒。

阿莫斯 神探可倫坡，你沒事吧？
約書亞 什麼？
阿莫斯 我問你有沒有事。
約書亞 噢，我認得前面那桌的某個人。
凱　拉 我們的存在對你來說太無聊了嗎？
約書亞 一直都是啊。

三重奏樂隊在熱烈的掌聲中為樂曲畫下句點。燭光映出了黑髮女子拍手的剪影，上一次薩拉來晤談的回憶湧上心頭——開車穿越曼徹斯特、心驚膽戰的暴露練習、和廂型車駕駛發生口角。儘管十分焦慮，但她還是堅持住了，她堅持開回到自己工作的醫院，讓我滿是敬畏之情。很多細節我都忘了，因為當我發現自己離兒童醫院很近時，恐慌感排山倒海而來。

偵探音：她是個很酷的個案，約書亞。
生理音：讓我們的觀點暫時扭曲一下。謝謝你，波本威士忌。

逃避音：燭光是城市治安的守護者，多麼美妙的幻想呀。

意志音：閉嘴，給我閉嘴。

三重奏中的低音提琴手上前宣布中場休息。現場聲音越來越嘈雜，眾人挪動椅子發出了刮擦聲。我瞇起眼睛看著前方那群人，仍然無法判定那名女子是不是薩拉。

焦慮音：她是。

直覺音：她不是，只是你希望是而已。

那名女子起身走到另一頭的吧檯。她的其中兩名同伴則坐在凳子上，轉身面對其他人。笑聲流轉在他們之間。

偵探音：有必要查清楚。

分析音：不，沒必要。

生理音：若你想擺脫這種感覺，就得一探究竟。

約書亞 要再來一些酒嗎？

蕭　恩 有桌邊服務啊，你知道的。

約書亞 我想知道那邊那個女的是不是我認識的人，這搞得我好煩。

凱　拉 你覺得是誰？

焦慮音：你得說謊。

意志音：別對朋友說謊。

分析音：想想保密協定。

批評音：為什麼你要在諮商時間之外刻意走近個案？為了滿足私慾？

分析音：大家說的都有道理。

約書亞 你不認識。

我朝吧檯走去，有個人伸長手臂擋住了我的路。

阿莫斯 我了解你。是個案對吧？

我像是一個被逮到偷東西的小孩。我不能對朋友說謊。

約書亞 對，我只是……只是想知道……如果是的話……

阿莫斯 但要是對方看到你呢？肯定會有影響，對吧？

他沒有提到以前我們出去狂歡時，我吐在一位前個案身上的事。他不會那樣。阿莫斯很體貼，對他人的關心毫無保留，而且——我認為這是他最被低估的一項特質——很有品味。他知道那天晚上我肯定遭遇了其他事情，不只是表面上看到的那樣。我的狀況顯然不太好。

約書亞 我不會和對方交談，只是想看一下是不是那個人。

阿莫斯 好奇心會殺死喝了波本威士忌的貓，朋友。

他端詳著我。

阿莫斯 等等……你**想要**被看見。看看你，你梳了頭髮，還調整了衣領。你臉上的表情就是想表現出很……沉著的樣子。好像你看起來很酷一樣。

他笑了出來。

生理音：你的臉需要一點血色，讓血液注入臉頰和頭部吧。

約書亞　我……

阿莫斯　來吧……去瞧瞧吧。

阿莫斯帶我走向吧檯。我們經過一群人，其中包括那個有烏黑長髮的女子。可惜的是，她彷彿受到潮汐牽引，無論我們走到哪個位置，視角似乎都沒有改變。她一直都背對著我們。阿莫斯把手放在吧檯上。我站在他右邊，表現出若無其事的樣子。

批評音：你在幹麼啊，老兄？

調酒師　嗨，阿莫斯，想喝點什麼？

阿莫斯　我要一杯海明威黛綺莉，然後……

他後退一步，直起身子拍打我的背，接著以所有人都能聽見的音量大吼。

阿莫斯　**……來杯經典雞尾酒，給我這位帥到爆的知名朋友！**

焦慮音：殺了我吧。

不敬音：我愛死了，讓我被尷尬淹沒吧。

生理音：你的肚子裡不會有蝴蝶，我送了飛蛾給你！

周圍有幾個人露出好奇的目光。我尷尬地站在原地，不停地換腳挪移重心。左方有一群人投來視線，我忍不住轉頭看了一眼。急於知道真相的欲望和受到吸引的感覺太強烈了。那名留著烏黑長髮的女子盯著我，端詳著我的臉。我的心開始怦怦狂跳。

偵探音：不是她，神探可倫坡。

焦慮音：唉。

如釋重負的感覺襲來。阿莫斯和我點完凱拉和蕭恩的酒後回到桌邊。酒吧後方的紅絲絨簾幕泛起漣漪，爵士三重奏在熱烈的掌聲中重回舞台。冒牌薩拉的剪影在前頭坐下了。

阿莫斯　所以……是你以為的人嗎？

約書亞　不是，謝天謝地。

三重奏突然奏出相融的樂音，那種熟悉的溫暖感覺再次盈滿了觀眾的內心。阿莫斯向我靠得更近。

阿莫斯　那你為什麼一直盯著她？

他說對了，我確實盯著她。我也不知道為什麼。我應該要感到高興才對，因為我不必陷入與個案待在同一個空間、彼此的私生活偶然出現尷尬交集的困境之中。但我發現心底有一個聲音、一個暫時的自我操控者，希望那個人是薩拉。

薩拉04——打開潘朵拉之盒

再過幾分鐘薩拉就到了。與此同時，我正在為「想太多錦標賽」進行密集訓練，且表現得相當出色。我梳了頭髮卻又撥亂，因為我幹麼要在和個案碰面之前梳頭髮啊？為了取悅薩拉嗎？為了展現我的專業精神嗎？我原本穿了一件不錯的襯衫，但又不禁思忖我平常是否會這麼做。然後我得出結論，這不是我平常的作風，所以又換回了T恤。這一切都變得有點愚蠢——這是針對前一晚發生的怪異情況的焦慮反應。不需要小事化大。我深深吸了一口氣，提醒自己作為心理師的目的，然後平靜了下來。再次深呼吸幾次後，我的腦袋變得清晰。

敲門聲響起時，我發現自己並沒有表現得像個興奮的青少年，真是鬆了一口氣。我的專業腦袋回來了，我回到諮商室了。

約書亞　嘿，薩拉，進來吧！

薩　拉　我有回去上班的預定日了！太開心了。我從沒想過能走到這一步。

憐憫音：耶！

共情音：絕望消退真是一種美妙的感覺。

薩　拉　謝謝你之前陪我一起做暴露練習。那幫了我很多，特別是開車。

約書亞　你非常勇敢，也運用了我們討論的內容。做得好。

薩拉　老實說，我無法想像自己回到醫院的樣子。那個討厭的內在批評聲還是不停說我很可悲，但我意識到，聽它說話並不會幫助我緩解焦慮。

分析音：內在批評者一直是個不錯的論點。

約書亞　你今天想討論內在批評聲嗎？

薩拉沉思了一下。

薩拉　我想是的，沒錯。嗯……說「想要」可能太過頭了，我覺得是「應該」。我想我知道那聲音是打哪兒來的。

約書亞　嗯？

薩拉　你知道嗎，你說過焦慮症可能是起因於壓力罐超載？我認為我對恐慌發作和連帶的社會後果的恐懼是塞滿罐子的一個重要要素。我感覺自己在處理這個問題了，這……這是一件大事，對吧？

憐憫音：是的。

我露出微笑。

薩拉　你不會驚訝的，我的壓力罐有很大一部分是悲傷。我父親去世帶來的悲傷。

偵探音：被精神狀態不佳的兒子捅了好幾刀。

薩拉　我覺得……我覺得應該要談論這些……或許……

救世主音：你決定要說的話，我們就在這裡陪你。

身為心理師，這便是你渴望個案深入探索困境的時刻——渴望和他們一起跳進困境。坦白說，這種渴望有一部分源自於自身的好奇心，這是我人性的一部分，無法被關閉，但大部分的渴望都來自憐憫心，以及相信探討困難的話題可以促進個人成長的信念。在一個能夠感覺到有人傾聽和關心的安全環境中，僅是談論困難的話題，就能幫助我們清空壓力罐。

約書亞　你只需要知道，我已經準備好聆聽你要說的任何話了。不必按順序說，跟著你的思緒就好——它通常會將相關內容顯示給你看。

薩拉交疊著膝蓋。顯然她認為某個時刻自己必須談論困難的事情，而她決定今天就要靠向痛苦的情緒，讓未來的自己有機會感到心滿意足。這是她在諮商期間深思熟慮後做出的決定。

薩　拉　該如何說起父親被刺殺這件事呢？

我點點頭，鼓勵她繼續。

約書亞　我記得你說你和父親感情很好？

薩　拉　對，從很多方面看來都是這樣。他是一位非常出色的男性，也是我成為醫生的主要原因。

不敬音：《外科手術》(*Operation*) 是一款很棒的電池驅動遊戲，適合六歲以上孩童。

薩　拉　但不是那種如果沒有拿到最佳成績，就不能獲得關愛的關係。我並非被迫成為醫生。我父親勤奮工作，他的奉獻精神激勵了我。他……過去在所屬領域表現得非常傑出。他在神經內科方面的工作成果至今仍被現代醫學大量引用。真的很諷刺……

約書亞 怎麼說？

薩　拉 因為他沒辦法和我弟弟建立真正的連結，這讓他很灰心。我父親一生都在研究和努力了解大腦，但越是努力，他和我弟弟之間的鴻溝就越巨大。我弟弟狀況非常不好，他這一生大部分的時間都用在對抗偏執妄想、時不時爆發的憤怒和困惑，還有焦慮和嚴重憂鬱。儘管我們全心全意愛著他，卻也因為他的行為苦苦掙扎。但我父親試圖付出更多努力。

我再次輕輕點頭。

薩　拉 他想要修復我弟弟。我知道你相信「沒有人是破碎的」這種童話般的觀念，這是觀點的問題，但我弟弟有急切的需求，約書亞。

約書亞 我明白。

共情音：讓我們試著從薩拉的角度來理解目睹這一切是什麼樣的感覺。

約書亞 我正試著理解從你的角度看待這一切是什麼感受。

薩　拉 這不是什麼渴望關注的問題。以我的年齡來說，我一直都很成熟，並不會因為爸爸忙著和弟弟玩醫生遊戲而覺得不受關注。但當他為我空出時間時，感覺非常棒。他要這麼做並不容易，我能理解，也因此愛著他。

她好像沉浸在說故事的狀態裡了。蓋子掀開了，潘朵拉的盒子一旦打開就不能回頭。

約書亞　我聽到了你對他深深的敬佩。

薩　拉　我非常崇拜他。我可以理解他的掙扎和缺陷。

分析音：理想化？擺上神壇？

約書亞　缺陷？

薩　拉　對，就是缺陷，約書亞，每個人都有。我相信有一天你也會承認你的缺陷。

焦慮音：哎喲。

薩　拉　很抱歉，我不是有意要這樣。

約書亞　沒關係。我能看出你非常保護父親。

薩　拉　顯然還不夠，所以他才會被捅死。

她說這句話的語氣幾乎毫無感情。當人們試圖壓抑事件引起的痛苦時，就會出現這種冰冷的反應。

共情音：她對於弟弟的感覺一定很複雜。

約書亞　我想你對於弟弟的感覺一定很複雜。我已經聽到了你對他心理健康狀況的理解和共情，但我還沒聽到，對於他的行為你有何感受？

她繃緊全身。

薩　拉　因為他是個該死的神經病，約書亞！一個缺氧的廢物殺死了我們的父親！傷透了我們的心，傷透了母親的心。所有人都回不去了！

她嘶啞地大吼出聲，這是一聲十分鐘前就想宣洩的哭喊。

分析音：這種情況下發洩怒氣是健康且必要的。

薩拉 我恨他……我恨他……我恨他……

她低頭開始啜泣。我沒有出聲，讓她處理自己的情緒。一分鐘過後，她再次抬起頭來。

薩拉 那天晚上，我弟弟把自己鎖在車庫裡，還用木板封住了窗戶。我和父母出門吃晚餐——這是很難得的悠閒時光。我弟弟不願意參加是意料之中的事。媽媽很擔心讓他自己待在家，但爸爸堅持要表現出對他的信任。「我們都要相信他獨立自主的能力」，表面上，這聽起來有益且令人欽佩，但事實證明並不是最明智的決定。

薩拉瞇起眼睛，完全陷入回憶之中。

薩拉 在餐廳時，爸爸接到鄰居法蘭克和雪莉打來的電話。他們說聽到車庫傳來敲打和吼叫的聲音很是擔心，因為他們知道我弟的狀況。他們說他在大叫「他們要來抓我了！」或者類似的話。爸爸聽到後立刻起身去挽救情況……又一次……胡賽尼醫生來救援了……

她淚流滿面，有點結巴地掙扎著說下去。

薩拉 媽媽也很擔心，想要一起回去。我很失望，因為弟弟再次破壞了家庭聚會。所以你知道我說了什麼嗎？我對父親說的最後一句話？

薩　拉　**分析音：這將是極度內疚的關鍵要素。**
我對他大吼，讓他在座無虛席的餐廳內感到尷尬。「又來了，又是這個救世主情結。爸，你真的有必要當一個英雄，而不是花時間陪伴我嗎？」

她抽了好幾張面紙擦臉。

薩　拉　我真是有夠可悲，像個小孩子一樣抱怨著想獲得關注。當然了，我弟弟需要父親付出時間，他的狀況很不好。我只是……我……

約書亞　你是不是因為無法好好享受難得能與父母獨處的機會而感到失望？

她邊擤鼻涕邊點頭。

薩　拉　他們……一起回家了，只有我留在市中心生悶氣。爸爸顯然嘗試要進去車庫找我弟弟，我猜爸媽擔心他會自殺之類的。我弟弟不肯打開車庫門，也不肯與爸爸交談。相反地，他待在那些偏執的妄想之中，試圖將令他感到恐懼的世界鎖在外頭。我媽求我爸報警，但他不同意。胡賽尼醫生拯救得了所有人，那是**他的兒子**，他說了算。

薩拉開始發抖，但仍堅持說下去。

憐憫音：繼續吧，你可以的。

救世主音：我能幫你！

薩　拉　爸爸他……他想辦法在車庫側邊找到一根鐵撬。他把門撬開……然後……看到巴貝克拿著一把切肉刀站在面前。他警告爸爸不准靠近……但爸爸之前緩解過這種局面，他很擅長安撫巴貝克，但那天我弟弟狀況特別……糟糕。然後他……他在爸爸脖子上割了好幾刀，割斷了一條動脈，發狂似地停不下來……

薩拉的身子僵住了，但仍恍惚地繼續說下去。

薩　拉　鄰居聽到騷動後紛紛跑過來。法蘭克設法將巴貝克壓制在地上，雪莉則在媽媽來得及看見發生什麼事之前，趕緊將她拉走。她把媽媽帶到她家，幾乎是把她鎖在裡頭。我很感激她這麼做，因為我想媽媽會永遠無法忘記丈夫躺在血泊中的景象。警察前來抓住我弟弟。媽媽從護理人員衝向車庫的速度就知道爸爸沒有生還的機會了。我……我可憐的媽媽，還有我爸……我……這太恐怖了……甚至是巴貝克……他的人生也在那天結束了……

生理音：我盡力了，但還是落下了一滴淚。

我小心地擦掉眼淚。

約書亞　你經歷了如此恐怖的創傷，這是一場難以想像的悲劇。我很遺憾，薩拉。

她淚眼汪汪地看著我。

約書亞　告訴我這些肯定很困難……非常謝謝你。

薩　拉　談論這件事感覺很好……也很不好……但……感覺麻煩少了點……比較輕盈了。

約書亞　能感覺到哪裡變輕盈了嗎？身體？

她想了一下。

薩拉 對，肩膀和胸腔。感覺……比較放鬆了？

約書亞 我們的身體經常會緊抓住那些未經處理的情緒，特別是用以回應創傷事件的情緒。我相信把事情講出來，允許情緒升騰並將之表達出來，是釋放我們身體所承受的沉重感的好方法。

薩拉 就像一種驅魔儀式？

我們都笑了。

約書亞 你要這麼想也可以。

有一段回憶牽引著薩拉的心緒。

薩拉 我記得我想在葬禮前見父親一面。不知道為什麼……

約書亞 可能是想要有結束的感覺？

薩拉 對，沒錯。所以我去殯儀館看他的遺體。

觸發音：殯儀館。

生理音：交感神經系統啟動，釋放腎上腺素和正腎上腺素。來看看這些肌肉會變得多緊繃！

焦慮音：呼！

薩拉 你沒事吧？

約書亞　沒事，請繼續。只是有點胃痛。

意志音：把注意力放回薩拉的內在參考架構。

憐憫音：這是假警報，現在不需要注意感受。很快就會過了。

薩　拉　我覺得我需要去那裡看他。他們把遺體清洗乾淨，用一塊白布裹著。我無法想像看到摯愛之人的遺體會有愉悅的感覺，但我感覺這是一種解藥，可以驅散我腦海中父親的模樣——被刀子割得皮開肉綻的樣子。他看起來……很安詳。

薩拉繼續回憶父親。他如何成為她工作的動力，她多麼欽佩他在醫學和神經科學領域的地位。其他人如何尊敬他，以及她如何希望有一天也能贏得同儕同樣的敬重。她還提到了弟弟被送進精神病院、崩潰事件帶來的悲傷，所有複雜的一切都是來自一個親密的家庭。

薩　拉　約書亞，人有可能焦慮到發瘋嗎？比如說，如果太過焦慮，我的心智會不會崩潰？

分析音：看著弟弟的心理疾病所產生的恐懼？

偵探音：我也覺得是這樣。

約書亞　僅僅因為焦慮本身嗎？不會的，但經歷過恐慌發作的人經常問我這個問題。我保證恐慌發作不會讓你「發瘋」。

薩　拉　但焦慮不是會觸發……隱藏的潛在心理狀況？

意志音：做一些保證吧。

約書亞　你不是你弟弟，薩拉。焦慮會設法讓你相信自己會失控，通常是透過對周圍事物和環境的感受來達成。

薩　拉　好吧。但……有可能嗎？

約書亞　有，幾乎任何事都有可能，即使是我們最深層的恐懼也有可能成真，但說到生活中可怕的事情時，你必須算一算發生的機率。我相信以你的情況來說，機率對你非常有利，就這樣生活下去也沒問題。患有焦慮症的人能犯下的最大錯誤就是活在恐懼之中，以為恐懼即將來臨並成為現實，儘管機率並不高。恐懼來自於這樣的信念：如果壞事發生了，我們將無法應對，但這句話幾乎每次都是錯的。人類擁有非凡的適應能力。我的座右銘是：「壞事幾乎不會發生，即使發生了，我也有能力面對。」

薩拉思索了我的話，似乎得到了安慰。

薩　拉　我想，我不能再將焦慮視為失敗。好像每次一焦慮我就會討厭自己，彷彿一切都是我的錯。它不僅是一個讓我感到害怕的警報，而且還像是在提醒我某些事情失敗了。

約書亞　我明白了，對自己要求很高的人通常會將焦慮誤認為失敗。聽起來你想改變自己和焦慮的關係。

薩　拉　對，我想這應該有幫助。

分析音：認知框架重構（Cognitive reframe）？

直覺音：好主意。

剩下的晤談時間，薩拉和我草擬了一封寫給焦慮的信，彷彿焦慮是個住在她體內且有意識的實體。這麼做的目的是要喚起自我關懷（self-compassion），並對正在發生的事情獲得更平衡的理解。當薩拉試圖重構焦慮，將它從自己鄙視的東西，轉變為感受起來較模稜兩可的情緒時，我們都笑了。最後我們草擬了一封信，她似乎為此感到很驕傲。她把信摺起來放進提包裡，然後抬頭看著我。

薩　拉　我讀到一篇文章說你也有過不好的經歷。當你知道可怕的事情確實會發生時，要怎麼計算發生的機率？

觸發音：創傷回憶。

憐憫音：換你了。

意志音：換我們了。

約書亞　顯然我現在仍在這裡，過著充實而舒適的生活。但我們不是來討論我的。

薩拉盯著我的雙眼，深邃又滿懷憐憫心的眼神像是在傳達真誠和尊重之意。時間稍微慢下來了。光線映照著她栗色的眼眸。

生理音：她真美。

意志音：停下。

薩　拉　我覺得你所取得的成就非常了不起，約書亞。我……我深深敬佩你這個人，如果沒有你，我不會有這樣的進步。謝謝你。

生理音：怦怦、怦怦，這是你謀生的職業。

約書亞 我……呃……

我開始感到不知所措，雙頰染上紅暈。

批評音：醒醒啦，你這個白痴。你有在聽嗎？

分析音：整個晤談都是關於她對父親的敬佩，關於一位激勵她的權威人物。這是情感投射。

批評音：這不是休．葛蘭的電影，老兄。

約書亞 謝謝你的讚美。我發現時間到了，薩拉……

再三分鐘晤談就結束了。我心慌意亂。

約書亞 下……下週再繼續？

她笑了。

薩　拉 當然。

我透過諮商室的窗戶看見薩拉走向她的車子，發動引擎後駛離。

憐憫音：她經歷了好多，她很勇敢。

不敬音：也很幽默。

生理音：又有魅力。

意志音：閉嘴。

批評音：哎喲，變回青少年了！就說他是個冒牌心理師吧，應付不了任何一個對他露出迷人微笑的人。

意志音：拜託住口。

批評音：想得美！

憐憫音：我們會解決的，這種事情多少會發生在諮商室內。

致焦慮的一封信

那天午後稍晚，受到薩拉晤談中所做的練習啟發，我坐下來寫了一封信，寫給我自己的焦慮。筆尖一碰到紙張，我就讓文字自由流淌。

親愛的焦慮：

我知道我們有時不太合，我們可能抱持不同意見，也很難共處。消除誤會並將過去的一切拋在腦後，讓我們能夠共同努力，這是最好的做法，所以我一直想與你進行這段談話。有鑑於你沒有耳朵，無法聽見，我想寫這封信或許可以幫助你理解我的感受。

我必須坦白，曾經有一段時間我希望你離開。我只想要你閉嘴然後走開，留我自己一個人。很抱歉這麼說，但希望你能原諒我，在與你的關係最為混亂時，我甚至問過我的心理師是否可以切除杏仁核以停止痛苦。我並不為此感到驕傲，若你現在生我的氣，我也不會怪你，但你必須理解那是一段艱困的時期，我們都沒有想清楚。很抱歉當年那樣恨你。我現在明白了，你只是想要保護我的安全，但和我們人類一樣會犯錯。

我很感激我的人生已經來到這樣一個階段，我能夠感激你的存在，也感謝你出現在我的生命中。你是我不可或缺的一部分，現在我知道，沒有你，我就不再完整。也許這只是因為多年前想要（真的想要）將你割除而心懷內疚，但對於一些事情我想表達我的感謝。

謝謝你讓我活著。沒有你，我早就掛了。我可能會衝進車陣中、在城市上空從一座屋頂跳到另一座屋頂，出言挑釁比我更高大、更強壯的流氓，過上這種生活許多年。你讓我意識到真正的危險，無疑拯救了我不受割傷、擦傷、瘀青、鼻青臉腫、骨折甚至更糟的傷痛傷害。我就是個魯莽的問題兒童。沒有你的話，我無法想像可憐的媽媽必須承受些什麼。

謝謝你幫助我考慮如何做選擇，在需要時做出理性的決定。你坐在分析、直覺和意志等內在聲音旁邊，提供我寶貴的見解，讓我可以在決定之前審慎考慮。

謝謝你讓生活變得更有趣。沒有你，我就無法真正享受到雲霄飛車和恐怖片的刺激感。少了你，我也體會不到公開演講或是重大足球賽帶來的美妙又緊張的期待感。若不是你，我就會錯過我最喜歡的球員在一場勢均力敵的比賽中將球擊出橫梁那令人興奮又沮喪的感覺。有時候你是讓我有點痛苦沒錯，但也確實讓事情變得有趣許多。

謝謝你，讓我知道什麼時候需要擔心所愛之人。你幫助我了解何時該照顧他們、為他們空出時間、幫助他們並表明我有多關心。你激勵了我，讓我給予特別的人他們應有的關注。

謝謝你讓我恐慌發作。我知道這聽起來很瘋，但真的很謝謝你。如果沒有經歷過嚴重的恐慌和焦慮症，我就無法將日常生活的問題置於適當的情境之下。當你過度擔心我的安全時，儘管我很掙扎，但在某些方面，你教會了我如何知道什麼是真正值得擔心的，什麼是不值得憂慮的。你幫助我學會享受生活中平凡、普通、可愛的時刻。我真的很感激你為我上過的這一堂課。

我現在知道你存在的原因，也理解你的目的了。很感謝你為我做的一切。在很多方面，你讓我成為一個更好的人。但既然我們已經將所有的舊問題拋諸腦後了，我想請你幫一些小忙，這將有助於我們達成共識。

拜託你，請配合我向前看吧。

當我在週日和家人共進晚餐時，你不需要啟動。當我在電影院欣賞一部劇情精采的電影時，你不需要守護我。當我只是在森林裡漫步享受大自然的寧靜和美麗時，你不需要跟來。當我試著完成一場無聊的演講且不想讓聽眾睡著時，你不需要發動。當我和朋友出遊時，我不需要你隨機派出可能引起擔憂的侵入性想法。說到我的朋友，希望你能在我參加生日派對和婚禮時放鬆一下。出席這些場合是為了我所愛的人，不是為了要讓他們擔心我。

接下來這個是大問題，我要恭敬地請求你，請你不要再無緣無故地打擾我的腸道、肌肉和身體的其他部位。我只想在假日放鬆一下，而不是每二十分鐘就跑一次廁所，也不想知道為什麼我的腿不停地顫抖。這些真的不必要。

你知道的，我能理解你只是想把工作做好。我知道你是出於想要照顧我的好意。但有時候你太聒噪了，遠遠超過你受歡迎的程度。我希望你可以想一想，不需要總是負起一切責任。我的腦袋裡有很多有用的聲音，它們都努力要同心協力。有時候身為團隊的一分子會更好。如果你覺得你必須插話，那麼請讓團隊的其他成員參與其中，如此我們就能一起做出好的選擇。我知道你辦得到。我看見的你常常這麼做。

所以向前看吧，我們並肩努力。你給我一些時間，我也給你一些時間。我保證我們會處理好一切需要面對的事情，我會信守承諾。有時候，當你變得有點過度熱心、無緣無故生氣時，我會不得不把你趕走。這不是在針對你，而是基於尊重你。我重視你，所以希望你能在身邊和我一起工作，因為我知道在我嚥下最後一口氣之前，你可能會多次拯救我的生命。話雖如此，我還是希望你能成為最棒的自己，成為讓一切變得更好的自我版本。不要再精神錯亂、無端地不停咆哮，好嗎？

嘿，焦慮，看來我已經囉嗦夠久了。我確實希望你能接受我對於曾經憎恨你的歉意，並希望我們能夠本著相互欽佩、尊重和信任的精神繼續前進。

謝謝你閱讀這封信，祝你有美好的一天。

誠摯祝福

約書亞

哈利06——二〇一二年六月，飛越巨大甜甜圈

約書亞　我可以進去陪他嗎？

　我得大吼才能蓋過機器的噪音。

醫　師　當然可以，但你必須穿這個。

　放射科醫師拿了兩件防護鉛衣讓我選。

醫　師　你可以穿藍色的，或是上面有毛茸茸農場小動物圖案的。

　我自然而然拿了動物圖案的套過頭頂。防護衣很重，壓在我的肩膀上。

約書亞　哇，這衣服真重。

醫　師　對啊，鉛衣很重，這是為了隔絕電腦斷層掃描儀的輻射。

約書亞　這樣我等一下要怎麼變身成超級英雄啊？

　我們穿過一組加固的雙扇門，進門後我看到哈利坐在桌子的一端。他抬頭露出微笑，但我看得出來他很緊張。

約書亞　嘿，老弟！

哈　利　嘿。

約書亞　還好嗎？

哈　利　我不想躺下，我肚子裡的東西會重重壓在肋骨上。

他的腹部腫脹得跟一顆沙灘球一樣大。我轉向放射科醫師，他正在控制室玻璃窗的另一邊。

約書亞　有什麼方法可以不躺下做斷層掃描嗎？哈利的會陰積聚了腹水，平躺時會感覺疼痛，且呼吸困難。

他笑了。

醫　師　有人已經學會醫學術語了呢！

約書亞　過去幾週我在谷歌大學學了有夠多。

醫　師　很抱歉，但這台機器需要你盡可能躺平。我們會盡力掃描到各種角度的，哈利。我知道你已經做過一次，但我還是想說你可以想像自己正在飛過一個巨大甜甜圈。

約書亞　或是傳送門！

我走到機器另一邊，透過掃描機器的圓環朝哈利揮揮手。他沒有理會我的玩鬧。他太難受了。一位護士走過來遞給哈利枕頭和襯墊，幫忙減輕他的不適感。

哈　利　好，我好了。我可以了。

約書亞　甜甜圈開始移動前我會握住你的手。你可不會希望我的手出現在掃描畫面上，醫生會嚇瘋的。他們會以為你多了一隻手臂之類的。

燈光暗下，哈利穿過了掃描儀器的巨大圓環。我看見他咬緊牙關、呼吸困難，顯然他很不舒服，但卻毫無怨言，我的心幾乎碎了一地。如果我能為他做這件事，那我一定會代替他——斷層掃描、腫瘤，一切的一切。

醫　師　好的，很棒，我想我們有需要的畫面了。我會立刻傳送給芬恩醫師。

我幫助哈利在檯子另一端坐起身。

約書亞　太棒了，小伙子。我去幫你推輪椅。

我們將他抬上輪椅，然後我推著他離開掃描室。

約書亞　做得好，老弟。今晚我買披薩和ＤＶＤ過來，可以一起在病房裡看。

哈　利　好啊。聽起來不錯。

約書亞　但是，現在我們要去五樓見芬恩醫師，討論斷層掃描的結果。我們要踹門進去，在裡面吞雲吐霧……

哈　利　約書亞……

約書亞　抱歉。

我們在芬恩醫師的辦公室和媽媽會合。現場的寂靜說明了一種共同的恐懼，這種恐懼比防護鉛衣更沉重地懸在空氣中。芬恩醫師請我們進去，我們坐在她對面，在一張看起來很悲傷的茶几旁邊。桌子中央有盒面紙。我很好奇，有多少人在這個空間裡聽到親人的消息後抽了眼前的面紙。

芬恩醫師和另一位我沒見過的醫生一起端詳著螢幕。他們似乎在無聲地商量什麼，接著芬恩醫生把椅子轉了一圈，我的胃感覺也隨之扭動。宣告真相的時刻到了。

芬　恩　嗯，如你所知，哈利，你的肚子裡有很多腫瘤，肝臟上也有很大一顆。過去三週你表現得非常勇敢，我知道化療過程中出現了一些難受的併發症，也知道你甚至得在加護病房待上幾天。

哈　利　我哥哥說因為嗎啡的關係，我像個「發瘋的蛋蛋」。

我們全都緊張地笑了笑。

批評音：他媽的快點啦，芬恩，這又不是《舞動奇蹟》(*Strictly Come Dancing*)在宣布比賽結果……

焦慮音：我超級、超級害怕。

芬　恩　掃描結果顯示，我們能看到腫瘤數量明顯減少了。大顆的小了一半，小顆的也變得更小了。你表現得非常棒……

媽媽緊緊摟著我弟弟。

哈　利　媽！會痛……

他們倆都笑了。

媽　媽　我不管，我有權打你。

與此同時，我跳起來離開辦公室，以超級盛大又持久的膝蓋滑行滑下走廊。一名助理護士被我嚇到了，沒想過會看到地上有個壯碩的男子邊飛過他邊大喊：「耶！！！！！」

約書亞 他會做到的！他他媽的會做到！

附近有幾位護士從監測站探出頭，看起來都嚇呆了。其中一些人認得我，露出了微笑。他們知道是怎麼回事。

約書亞 很抱歉講話這麼粗魯。我的老天，我得去買披薩才行！

我衝出醫院朝牛津路前進，這是很長、很長一段時間以來最為輕鬆的一刻。

踏出電梯後我進入八十四區病房。哈利被轉移到一間單人病房，正坐在床上。他身邊圍繞著媽媽、他爸爸、繼母和正在替他進行下一輪化療的護士。對抗癌症時，磨難永遠不會停止。

約書亞 我等不及要開動了！我買到披薩了。披薩很棒，我們都愛死披薩了！

媽　媽 現在才早上十一點。

約書亞 在羅馬就是中午了！

護　士 一點道理都沒有。

我把披薩盒放到一邊，彎腰摟抱我的弟弟。雖然他很不舒服，依舊坐起身抱住我。這是我所感受過他摟得最緊的一次擁抱。

哈　利 我不會放開你！

約書亞 那……披薩怎麼辦？

哈　利　不管！我不會放開你，永遠不放！

我用盡所有的愛緊緊抱著他。

約書亞　好吧。如果要玩「擁抱小雞」，那我就一直待在這裡。誰先放手就輸了。但等到你想大便或洗澡時，事情就大條了，一切都會變得很詭異的。

媽　媽　約書亞！

我們大笑出聲，我弟弟歡快地笑得發抖，讓我的胸骨也跟著震動。

約書亞　抱歉……

那個擁抱是我一生中最快樂的時刻之一。

諾亞04——遲遲未現身的理由

上一位個案離開後，我關上門，一股罪惡感襲來。即使我一直秉持專業精神，晤談也進行得很順利，但我心裡明白，我很難如我所願，給予對方盡可能多的關注。雖然我已經付出了努力，但內心還是充滿憂心的念頭。我因為下一位個案是諾亞而感到焦慮，再十分鐘他就到了。

焦慮音：要是他沒出現怎麼辦？

偵探音：沒有他的消息，你確認過電子郵件了嗎？

焦慮音：要是發生了什麼壞事怎麼辦？

分析音：如果真有事情發生，你應該早就已經接獲通知了。

我走到辦公桌前點開電子郵件收件匣，什麼消息都沒有。從今天早上查看行事曆開始，我就一直很緊張。令人不安的是，焦慮會在真空般的寂靜中悄悄蔓延和變形。諾亞在上一次晤談中說自己不值得被愛，並在暗示自己不配活下來後迅速離開，於是我打給了他的醫生告知我的疑慮。在這樣的情況下，醫生應該會聯繫適當的心理健康團隊或與個案本人聯絡。我沒有收到醫生的回覆，所以不知道究竟發生了什麼事。

批評音：你之前應該打給醫生追查一下的。

諾亞的晤談時間已經開始十分鐘了，但依舊不見他的人影。我在諮商室裡來回踱步，頻頻瞥向窗戶下方的大樓入口處，完全沒有看到他。我從諮商室的門縫往外看，還是沒看到人。我走到桌邊檢查工作用手機和電腦，但一點音訊都沒有。

二十分鐘後我拿起手機打給諾亞，通話直接轉到語音信箱。我又試了一次，希望是因為他正好在通話，或是身在沒有訊號的地方才會如此，但結果還是一樣。然後我打給醫生。不出所料，醫生很忙碌，接待人員說她一有空就會回電給我。三十分鐘過去了，我接受了諾亞不會過來的假設。

午餐時間到了。我盯著裝了昨晚外帶印度料理的特百惠保鮮盒，卻一點都不覺得餓。我的胃翻騰著不適感，而我的焦慮則竭盡全力拍賣自身想法來吸引我的注意力。焦慮的贏面越來越大，我知道唯有獲得諾亞的消息，方能讓焦慮拍賣的木槌停止敲擊。我看著行事曆，上頭標示著今天還有三位個案的晤談。

分析音：考慮到你目前的心理狀態，繼續會見個案並不合適。

批評音：別這麼喪氣，好好做你的工作。

憐憫音：生活難免會出現阻礙，承認自身局限才是負責任的正確做法。

共情音：如果你無法完全身在個案的內在參考架構內，對個案來說並不公平。

諾亞的晤談時間一過，我就打給其他三位個案重新安排晤談時間。然後我就回家了。

我家簡直像個豬圈，為了分散對諾亞的擔憂，我試著找點事做。我把手機音量開到最大，以免他的醫生打電話來告知最新情況。我搬起堆積如山的回收紙箱，全部踩進一個已經塞滿的回收桶裡，接著戴上乳膠手套打掃廚房和浴室，再用吸塵器吸地板。我專心吸地，範圍甚至包括樓梯——我一直都覺得這件事非常無聊。到達樓梯頂端時，吸塵器發出劈啪幾聲後傳來一陣悶響，然後就一動也不動了。樓梯平台瀰漫著一股燃燒金屬的焦味。

分析音：這應該是你最後一次使用這台機器了。

我把報廢的吸塵器扔進外面的垃圾桶，蓋上蓋子後走進廚房洗手。接近水槽時，我看見手機螢幕亮了。有兩通來自曼徹斯特的未接來電。

約書亞 該死。

吸地時我沒有聽到手機響鈴。

我立刻回撥到諾亞的醫生診所，接起電話的是接待員。

約書亞 很抱歉，我想我錯過了戴維斯醫師的電話。我的名字是約書亞·弗萊徹。

接待員 你太好運了，戴維斯醫生還沒去休息。我現在幫你轉接。

在一陣短暫的音樂聲後，戴維斯醫生接起了電話。

戴維斯 哈囉，是約書亞嗎？

約書亞 是的。請問醫生有任何諾亞的消息嗎？上週我打過來告知了我的顧慮，但還沒有收到任何人的回覆，也沒有來自他的訊息。他今天沒有來參與晤談。

一陣短暫的沉默。

戴維斯　約書亞，很抱歉告訴你諾亞在週末時企圖自殺。他服用了過量的止痛藥。幸好他還活著，正在醫院等待康復，目前由危機處理團隊和他密切合作。真的很抱歉我們沒有早點通知你，我本來想這麼做的。

我嚇壞了，擠不出半個字。

戴維斯　謝謝你之前告知我你的擔憂，我當下立即通知了危機處理團隊。他們在週五傍晚前去拜訪諾亞，並回報說他們認為沒有嚴重的生命威脅。不幸的是，隔天早上他就服藥過量了。你知道的，這種事情有可能會發生，特別是預謀自殺的情況。

約書亞　了解，謝謝你告訴我。

戴維斯　我這裡有張紙條，上頭寫說危機處理團隊想與你聯繫。我可以提供你的聯繫方式嗎？

約書亞　沒問題。

焦慮音：我就說，糟糕的事情要發生了。

直覺音：沒想到會是這樣的結果，但你盡到責任了。

批評音：怎麼能這樣說？你甚至沒有再次聯繫醫生。

一小時後我和危機處理團隊的黛安聯繫。她告訴我諾亞人在牧師醫院，已經醒來可以講話了。然而，他不願透露企圖自殺的原因。

黛　安　諾亞一直說想和你談談，約書亞。但千萬不要感到有壓力。他現在已正式成為我們的照顧對象，不過我們都認為——從預防的角度來說——若他能和願意敞開心扉的對象交談，也許會有所幫助。至少短期內是如此。我們了解你有你的專業界線，如果這讓你感到不舒服的話，請不要承擔任何義務。我相信我們在未來某個時間點也會取得他的信任。

逃避音：你可以不管，他現在在對的地方了。他很安全。

憐憫音：像他這麼溫柔的靈魂，怎麼會做這樣的事呢？

偵探音：他有事情沒有告訴你，我不會急著把他視為溫柔的人。

分析音：由你決定，這是個不尋常的情況。

焦慮音：我需要知道，我需要解脫。

批評音：你當然需要知道了。老兄，你只關心自己，對吧？

約書亞　我今天可以過去。

黛　安　太好了！你到了之後，會有人去迎接並帶你完成保護協議。

約書亞　好的，晚點見。

結束通話後，我深吸一口氣，讓氧氣充滿肺部。我抬頭望向天花板，心中滿是懷疑與困惑。

直覺音：就這樣吧，感覺沒錯。

憐憫音：如果有什麼能幫上忙的地方，那就幫忙吧。

我倒了一杯水灌下，然後伸手去拿外套。

諾亞所在的醫院是古老的維多利亞式建築，位於大曼徹斯特郡的郊區外緣。通往接待大樓的道路兩旁種滿了冷杉、雲杉和松樹，庭院裡則長滿清新的鄉村綠色植物。儘管我來到這裡的理由很黯淡，眼前有別於灰濛城市的景象還是令我感到欣慰。

一踏入醫院內我就被護送到一間病房，房裡有一面寬大的凸窗可欣賞假山庭園造景。諾亞躺在窗邊的病床上，手臂上插著某種靜脈注射藥物。看到我進房，他抬眼對我微笑。見到他仍然是那個我認得的樣子，讓我鬆了一口氣。真是千鈞一髮。

諾　亞　嘿……

約書亞　嗨，諾亞。我，呃……

我不確定該說什麼好。

不敬音：他在這裡很開心，約書亞。派對時間。

約書亞　在這裡好玩嗎？

焦慮音：到底為何要這樣問？

批評音：認真的嗎……

諾　亞　我度過了一段很棒的時光呢，約書亞。

他笑了，大概是很欣慰能有這種正常的對話。

焦慮音：呼。

我將一把椅子拉到他的床邊，感覺有點尷尬，因為這次的談話不受諮商界線的限制和保護，而且我不確定我們在醫院裡的確切界線是什麼。

約書亞 我想我應該過來看看你過得怎麼樣。不必把這當成晤談，但你說的話我肯定會保密。你感覺如何？

意志音：牢記諮商準則——保密性、無條件的積極關注和契約性期望。

諾亞用遙控器調整了病床高度，讓自己能靠著背呈坐姿。機器運作的聲音響起。

諾　亞 比之前好多了。很抱歉，約書亞，我太自私了。我沒有告訴你不會去晤談。我……我滿腦子都是……我……

約書亞 沒關係，真的。

諾　亞 我做了傻事。這一點都不奇怪——我跟往常一樣自我中心。

約書亞 你一定是感到非常絕望才會那麼做。

諾　亞 對，那個恐怖的內在批評聲已經用爪子緊鉤住我，而且不停甩動。我陷入黑暗中，我認定自己無法爬出來。我……我很抱歉……太難為情了。真是浪費大家的時間，我就是個累贅。

約書亞 聽起來那個內心的批評鬼還在掌控局面，甚至現在也是。

諾　亞 或許吧。

他伸手想拿桌上的水，我將杯子推向他。他輕啜一口後閉上雙眼，彷彿正在承受某種痛苦。

諾　亞　自我寬恕是什麼樣子的？

約書亞　嗯……我想那是接受我們必須為自身行為負責的時刻，畢竟我們的行為可能會導致不樂見的事情發生。自我寬恕指的是相信衡量自我的標準是改變、成長和從不足中學習的能力，同時也選擇把注意力集中在自己更令人讚賞的部分。

諾亞倚在枕頭上轉頭看向我。沒見到他的這一週裡，他瘦了。

諾　亞　可以教教我嗎？

共情音：他想要一些指引，他缺少對於自我的憐憫心。

偵探音：我們要寬恕什麼？

約書亞　你想要寬恕什麼呢？

諾　亞　我變成我父親了。

約書亞　你不是你父親，諾亞。

兩行淚水自他的其中一眼中流了出來，順著他憔悴的臉龐流淌而下。

諾　亞　我現在要告訴你了。

約書亞　你之前說的祕密？

他點頭。

諾亞　這是保密的，對吧？

約書亞　是的，就像我在第一次晤談時所說的那樣。記得嗎？

焦慮音：嗯……不妙。

諾亞　記得。

開口之前，他用住院服的邊角擦了擦眼睛。

諾亞　四月時……我……我參加了一場聚會，試著在這座城市裡交點朋友。那是一場LGBTQIA+聚會，我們在同志村的一家酒吧碰面。那個夜晚很美好，大家都熱情又好客。我試著和每個人交談，結果自然而然受到雅各吸引，他是在這之中比較安靜的人，而且我們倆都很緊張。他還是個青少年——我記得是十九歲——比我小很多。也許這就是我覺得自己有能力關照他的原因。

諾亞闔上雙眼，可能覺得不看著我比較容易繼續說下去。

諾亞　夜晚逐漸熱鬧起來。我們跑了好幾間酒吧，但大部分時間雅各都和我待在一起。我們喝了好多酒，也做了好多事。再晚一點我們才開始嗑藥。賈奇無形中成為了團體領導人，提議大家稍後到他家續攤，所以我們都去了。賈奇住在市郊，我們叫了計程車。雅各和我單獨乘坐一台，我們……

更多淚水落下了。

諾亞　我們在計程車後座接吻。嗯，一下子而已。我覺得司機應該是恐同者，因為我們一開始接吻他就橫衝直撞地開車。也有可能只是我們太討人厭了，他忍受不了，誰知道呢？總之，我們到了賈奇家。他家超大的，就像美國電影裡兄弟會的處所。賈奇以前是一間名叫索羅門的建設公司的老闆，但選擇把公司賣掉過上奢侈的生活。接著毒品出現了。我沒什麼嗑藥的經驗，但我試了一些。雅各好心地告訴我那些分別是什麼、要吸多少、會產生什麼「快感」和作用。

偵探音：好想知道後續。

諾　亞　不久之後，雅各抓住我的手臂，我們就像兩個飄飄然的青少年，在房子裡探險。嗯，他確實是青少年沒錯，所以……樓上有幾間空房間，我們選了一間坐在床邊接吻。然後雅各拿出一個小玻璃瓶，說裡頭的東西叫做GHB。他解釋說，把這東西加進飲料中就能讓人亢奮，但由於我們已經喝了很多酒，實在不應該加太多。我順從了，當有人在孤獨、悲慘的生活中帶給你歡快的感覺時，約書亞，你很難說不。

他突然打住。

諾　亞　我辦不到，約書亞……

我耐心地坐著，沒有強迫他說下去。有些人感受到壓力時會退縮並封閉自我。話雖如此，我確實急著想知道後續。

不敬音：說出祕密呀，老兄。後來呢?!

意志音：別強迫他。

直覺音：這似乎是最好的辦法。

約書亞 沒關係的，我不會強迫你繼續。但我想請你思考一下，當你對別人談論這件事時有何感受。這樣或許能減輕負擔。

一陣有禮的敲門聲響起，接著一位護士走進來。

護　士 我只是來觀察一下，諾亞。

諾　亞 你介意十分鐘後再來嗎？我跟心理師說些事情就好。

護　士 沒問題，我等一下回來。

護士小心翼翼地關上門。

諾　亞 我們混合了G水和檸檬水後一飲而盡。雅各說得沒錯，亢奮的感覺開始上湧了。我們倆緊緊相依，雙手在對方身上游移，不停玩鬧。G水真的是一種很強烈的催情劑。然後……對於我們兩個來說……一切都變得好模糊……

他的臉色發白。

諾　亞 ……雅各的情況更嚴重，我想是因為酒精或是算錯劑量的關係，他受到的影響更大，變得虛弱且昏昏欲睡。我也有些反應，但高潮感非常強烈。我們……我們一絲不掛……門鎖著……

我輕輕點頭，示意他可以繼續說下去。

諾亞　然後是……只是一些畫面……很模糊……
他開始劇烈抽泣。心率監測儀顯示他的心跳加快，血壓升高。警鈴響起，護士走了進來。
護士　還好嗎？
約書亞　他只是講了一些不太好的事。如果這會對他的健康造成過大風險，我們可以停止。
諾亞　不……我需要說出來。我沒事，只是哭了而已。
護士走過來將監測儀上的警報關掉。他看向諾亞，諾亞點頭表示自己沒事。護士又離開了，諾亞冷靜了下來。
諾亞　不只是片段畫面和一團模糊的景色，約書亞。我只是試圖欺騙自己。我記得一部分，我……在他身上……我進入了他的體內。他……沒有意識……他沒有意識，約書亞……
焦慮音：我的老天。
意志音：聽下去。
諾亞　我醉了，這些毒品對我來說既新鮮又難以抵抗，但是……我在他體內，在他沒有意識……失去意識的時候……
他看起來很驚恐，整個人蜷縮成嬰兒的姿勢。
諾亞　我繼續下去……我就這樣繼續……我……我……

批評音：強暴了他。

他嚎啕大哭。

偵探音：該死。

諾　亞　然後他醒過來了，眼裡滿是驚恐，約書亞。他知道發生了什麼事，我知道發生了什麼事……

我的心怦怦狂跳，耳鳴讓我的耳朵發痛。我不禁震驚地問了一個在我舌尖上燃燒的簡短問題。

約書亞　謝謝你告訴我這些。我必須這麼問，諾亞……為什麼？

諾亞擦擦眼睛，擤了擤鼻子。

諾　亞　我不知道。我猜是因為衝動。一切都發生得太快了，那種……力量。我感覺自己被賦予了力量，但不是我理性、善良的那一部分，而是我沒有意識到的獸性、邪惡的部分。我想責怪內心那邪惡的部分，因為將它分開並歸咎於外在原因比較容易。但這是我做出的事，約書亞。我做了……這就是我無法原諒自己的原因。

約書亞　我聽到了大量的懊悔，諾亞。我不會寬恕你的行為，但我不認為試圖結束生命是解決問題的方法。懊悔和深深的內疚突顯出你值得培育的那一面，這個面向值得你花費時間和精力投入。

諾　亞　你覺得我遺傳到了父親的邪惡嗎？

批評音：你是個成年人了，該為自己的行為負責。你強暴了一個年輕人，給我負起責任！

分析音：你依舊是諾亞的心理師。

憐憫音：這個年輕人試圖自殺，他還處於高風險之中。

意志音：我正努力無條件地看待他。

約書亞　我想我們都需要為自己的所作所為負責。我看到的是你對自身行為深深的悔恨。我很擔心你，諾亞，我認為你的祕密滋長了內疚和憂鬱。我很感激你告訴我這些，坦白說聽著並不好受……

焦慮音：我很討厭這問題，但必須這麼問。

約書亞　那之後發生了什麼事？雅各……他有報警嗎？

諾亞用棉被蓋住臉，變得很孩子氣。

諾　亞　沒有，什麼事都沒發生。我試著打給他，想要做些彌補。但什麼事都沒有。我猜他跟某些人講了這件事，因為那次聚會認識的朋友們好像都不理我了。他們將我排除在外。

偵探音：啊，老兄……我們得報警。

生理音：好不舒服。

約書亞　這是嚴重的罪行，諾亞……

諾　亞　拜託……不要！不要！不要讓我被逮捕！

約書亞　諾亞，我受到契約上的責任約束……

直覺音：閉嘴！這個人正在接受自殺監控。

監測儀的警報聲響起了。諾亞開始在床上尖叫著翻滾。他拔出手臂上的插管，把靜脈注射推車推倒在地，發出砰一聲巨響。不出幾秒，三名護士便衝進房內將他壓制在床上。

護　士　你必須離開，先生。

我驚恐地站起身，靠著牆壁走向門口離開。那三名護士壓在諾亞身上，努力讓他停止尖叫。

焦慮音：媽的，真是亂七八糟。

我沿著走廊移動，推開通往戶外的防火門，能感覺到心臟狂跳。我閉上雙眼，努力讓自己冷靜下來。

心理師的道德框架中，有一部分是必須舉報在諮商室中揭露的嚴重罪行，尤其是來自犯罪者的供述。我和許多觸犯法律的個案合作過，在多數情況下他們的行為都可以視為「輕微」的罪行，而我根據自己的判斷，通常不會舉報。舉報一個三年前在公園亂丟垃圾的人，或者應十六歲弟弟的要求幫他買桃子酒的人，對於心理治療並沒有任何益處。然而，諾亞性侵了某個人，我不能隱瞞如此嚴重的罪行。這解釋了在我胃裡蔓延的噁心感。我左右為難：

在諾亞自白後的幾秒鐘內，我對他產生了一種發自內心的排斥感，但同時也多少在整體上將他視為一個有缺陷、感到悔恨和意圖自殺的年輕人。如此混亂的感受使我頭痛欲裂。

我回到醫院內，要求和諾亞的危機處理團隊召開緊急會議。發現自己身處於必須違反保密協定的境地，令我感到非常沮喪。我不禁為諮商關係的神聖性哀悼，因為當我向他的照護團隊解釋這件事時，這樣的神聖性就消失了。之後負責人便會通知警方，共同為諾亞制定最安全的行動計畫。我覺得自己正在交出某種受詛咒之物——儘管理性上知道事實並非如此，可怕的罪惡感和責任感還是揮之不去。對於揭露諾亞的祕密，我一直懷著不合邏輯的歉疚，但我仍希望他在坦白後能夠處理這個難題，並努力過上充實的生活。但願他能親自贖罪並尋求自己的救贖，不再背負自己沉重的罪行。

諾亞的作為代表他將會失去目前擁有的一切：他的工作、他新扎下的根，以及暫時的獨立自主，無論是出於入獄或者被定罪。儘管對諾亞感到憤怒且極度失望，但知道這就是等待著他的後果，並不會讓人感到高興。我也希望雅各能為曾經經歷的創傷尋求適當的幫助。

當諮商無效時——可能是什麼原因造成的？

我聽過最傷心的事情之一（而且常常聽到）就是「我試過諮商，但對我沒有效果。」在繼續往下談之前，我必須先聲明：**當諮商無效時，不是你的錯**。請把諮商看作是一個試錯的過程，在你找到適合的心理師或心理治療方式之前，可能會經歷幾次錯誤的起始。

我們想像中的諮商是什麼模樣，好萊塢必須負不少責任。忘記大銀幕上完美的線性過程吧！在諮商過程中，你不會坐在椅子上數月或數年，從一位明智的心理師那裡獲取明智的建議，心理師也不會深入你靈魂的最深處，讓你獲得智慧和啟蒙。諮商並不總是能帶來戲劇性的啟示和頓悟，從而解決你的問題並將你從心魔中拯救出來。真實的諮商可能是混亂的，必須面對令人不適的情況且不舒服，也經常讓人感覺毫無進展。

如果你的諮商歷程坎坷、醜陋又複雜，那也沒關係，你還沒有失敗。許多人在找到真正適合自己的心理師之前會與多位心理師合作，這是意料之中的正常現象。這同樣也不代表失敗，只不過是正常的運作方式。此外，請記得，即使你選擇離開並另外找一位新的心理師，你也仍然是在學習並受益，就算這是第五次這麼做也一樣。你可能會從一位心理師身上學到一件事，從另一位心理師那裡學到三件事，然後再從第三位心理師身上學到十件事。而這些獲得都同樣重要。單純因為沒有找到或尚未找到可以長期合作的人，並不意味著失敗，也不代表時間被浪費掉。心理治療的過程可以且經常在不同時間點有多位協助者的參與。

為什麼有時候諮商沒有效果呢？大多數情況下，是因為你遇到了不適配的心理師，或者你正在解決的問題和該心理師的理論取向不相符。值得慶幸的是，只有在極少數情況下，特定的諮商關係失效才會歸咎於心理師訓練不足、無能或不道德。可惜這種情況不免會發生，就跟其他任何職業一樣。但我認為糟糕的心理師僅是例外，不是普遍現象。

若你發現自己的心理師以滿不在乎的態度對待你、對於你的特定問題似乎準備不足或是提供錯誤的資訊、在安排晤談時間和簿記等方面表現得不專業，或者諮商過程大多是談及他們自己而不是你，那麼你就應該找個更好的心理師。在這種情況下，我會建議最好徹底結束這段諮商關係並繼續前進。沒有人有必要跟一個糟糕的心理師合作，就像不應該和糟糕的園丁或糟糕的汽車技師共事一樣。

然而，即使是與訓練有素、全心投入、體貼且專業的心理師合作，諮商也可能行不通。心理治療是一項投注熱情的職業，心理師相信自己所做的工作，相信自己接受的心理治療模式訓練及其背後的理論。他們欣然接受這些，有時甚至懷抱著強烈的情感。這很棒，但不代表心理師相信的心理治療模式一定適合你的情況。我自己也是在找到一位受過專業訓練且熱衷於治療恐慌症和強迫症的心理師之後，諮商歷程才有了進展。這並不代表我合作過的其他心理師很糟糕，他們只是不適合我罷了。

各學派的心理治療模式各有不同。有些模式本質上比較被動，心理師在你按照自己的方式前進時，大多是扮演一位沉默的引導者。其他模式則要求心理師在制定療程節奏或排程時更堅持或給予更多指令。除此之外，我們還得考慮個性。若你較獨立自主，那麼傾向規範和指導的心理師可能不適合你。這類心理師可能更適合那些偏好有明確方向且需要更多主動引導的人。個人喜好、性格類型和行為風格都是重要的關鍵，沒有對錯之別。

我們也必須了解，**心理師也是人**，是人就有缺陷。意識到這些缺陷是好事，你不必忍受它們。有時候，假如這些缺陷影響到諮商體驗和成果，我們就必須有所行動。並不是說你的心理師就是個暴躁的自戀虐待狂，他們可能只是在無意間惹惱你而已。這種事偶爾會發生。如果真發生了，千萬不要認為自己很失敗或是做錯了什麼。事實上，遇到這種情況時，你還是能夠從中獲知自己不喜歡的性格面向，這些也會是有用的資訊。

有時候你和心理師之間的諮商關係就是不順利，這不是任何人的錯，沒必要花時間相互怪罪指責。我有一些朋友喜歡土耳其軟糖，我覺得這沒有問題，但我沒那麼喜歡。在某些事情上我們可以分道揚鑣，而並沒有任何人做錯或是失敗。你和心理師也可能發生同樣的狀況，然後會怎麼樣呢？你會發現自己處於諮商無效的境地，但卻無能為力。你可能會考慮離開並找一位新的心理師。對於諮商無效，你可能想跟心理師說點什麼。你可能會有疑問，為什麼心理師要做他們正在做的那些事。你可能會陷入感覺自己都沒有進步、開始灰心的境地。你知道有些事情應該改變，但卻保持沉默撐下去。

你可能會覺得自己要對心理師的感受負責，因此不敢說出來或做出任何改變，不想冒可能傷害或羞辱對方的風險，這是個常見的錯誤想法。當然了，心理師也是人，應該像其他人一樣獲得善意和尊重，但你永遠、永遠不必為心理師的感受負責。**你的心理師受過訓練，可以在諮商中處理自己的情緒，並且應該要時刻關注著你，而不是自己。**如果你表示自己感覺缺少連結、方法不適用，或者因為缺乏進展而感到沮喪，這些並不會傷害到任何人的感情。如果你想結束這段諮商關係並尋找新的心理師，沒有人會受到羞辱。你不必為心理師的感受和反應負責，所以不必擔心這一點。

人們常常在換新的律師、會計師、家庭醫師和牙醫，而若你認為這麼做能帶來最佳成效，同樣可以更換心理師，完全沒有問題。坦白說，如果你的心理師真的對此有了情緒反應，那麼他們有義務在你們的關係之外處理這種情緒。做不到便是他們的失敗，而不是你的失敗。只要你沒有發表些字字羞辱人的長篇大論，質疑你的心理師或其祖宗十八代的性格，那就沒有問題。

人們受困於無效諮商的另一個原因是，他們自身必須面對的課題之一是習於取悅他人或尋求權威人物的認可。顯然，心理師在諮商關係中會自動處於掌權的位置，他們是權威人物，因此你尋求他們的幫助。如果你掙扎著想要取悅別人，或者你發現自己需要生活中「重要的人」的認可，那麼對你來說，質疑心理師或離開諮商關係可能會很困難。你可能擔心如果自己表現得「叛逆」或「忘恩負義」就會失去對方的認可。

開誠布公地和心理師談論你的健康以及心理師提供的幫助是否有效，並非叛逆、忘恩負義或不忠誠。你有權利為自己發聲。一位好的心理師會希望你這麼做，也會歡迎並鼓勵你這麼做。你的心理師受過訓練，能夠識別諮商關係中的權力動態，不會讓這樣的討論成為問題。他們不想要你的仰慕、崇拜或忠誠，那是邪教領袖的渴望。心理師不是邪教領袖，或者至少他們不應該是。你的心理師可能會意識到你正在尋求他們的認可，因為這是常見的現象，但他們並不是來認可你的，而是來接納和鼓勵你的。如果你發現自己和心理師不適配，或者他們無法有效解決你的問題因而使得諮商無效，那麼做出改變是合理的。

如果你正在諮商但感覺事情偏離了軌道，或者你沒有得到想要或需要的幫助，那麼**說出來很重要**。

諮商無效往往令人灰心喪志。你可能會覺得自己遇到了巨大的阻礙，或者一直以來所做的事情毫無意義，這些感受我都能理解。遇到這樣的困難時，將心聲表達出來完全沒有問題。請記住，沒有所謂的失敗，諮商過程有時可能有點坎坷，但就算是不成功的經歷也經常能教會我們一些事情，讓我們了解過程運作、自己的特定課題或是整體情況。

若你曾有諮商無效的經驗，請花一些時間輕舔傷口，向信任的人訴說你的心情。你可能會想暫時停止諮商，這沒有關係，需要多少時間都可以。然後呢，等你準備好後，再次上馬拿起韁繩吧。用你自己的方式尋求協助，光是這個行為就很勇敢了，應該得到認可——你在為自己做一件好事，這永遠不會是錯誤，即使這件事並不完美或不漂亮。

達芙妮05——永難忘懷的美好旅程

諮商室大門響起一陣不尋常的聲響。不是敲門聲，聽起來像是用腳輕踢門板的撞擊聲。我打開門，眼前站的是一位手上拿著兩杯咖啡、榮獲多個獎項的演員。

憐憫音：她實在是太體貼了。

意志音：我要將這一幕烙印在腦海中。

達芙妮 我有備而來！

我注意到她換了新髮型。

約書亞 謝謝，你真是體貼。進來吧。你的耳朵變長了嗎？

達芙妮 這個超爛的冷笑話不是上個世紀就消失了嗎？對，我剪頭髮了。

她把馬克杯放到桌上。除了髮型，她的穿著也變了——比平常更休閒。即使如此，她還是一樣迷人。

約書亞 你最近都好嗎？

達芙妮 還行。我的腦袋裡縈繞著很多問題，但是……我竟然感覺很好。

約書亞 上次的晤談我們好像談論了一些重要的主題。

達芙妮 對，很謝謝你聆聽並鼓勵我探索那些事。談論它們減輕了一些負擔，奇怪的是，在那之後我就沒怎麼去想了。我太忙了，沒時間一一審核那些急速發生的蛻變。

約書亞 可以理解。你說「蛻變」，而不是……「進化」嗎？

達芙妮 我不會反駁任何你偏好的說法，畢竟，過去一個月你幫了我很多。但要我說的話，我會避免使用這種詞語把我描述成……那叫什麼來著？我女兒小時候看的那個，小女兒也在看……

不敬音：寶可夢。

約書亞 寶可夢。

達芙妮 對對對！就是那個，那堆互相鬼叫、折磨對方、轉變成不同生物的討厭玩意兒。你可能喜歡牠們，但我可不是寶可夢。不過我確實很感激你對於我的「成長」提供的觀點和認可。

她喝了一大口咖啡。

達芙妮 抱歉我今天沒辦法待太久，今晚是最後一場表演了。你確定不來嗎？我可以給你一個靠近舞台的好位子。提醒一下，可能得穿得莊重一點。

批評音：哈哈，我就知道應該要換件褲子。

約書亞 喂！

我們都笑了。

約書亞 演出結束你有什麼感想？今晚不能過去真令人難過。但若少了嚴格的界線，我們的晤談就不會是現在這樣了。雖然很煩，專業界線還是有其必要。不然我很想去。

她翻了個白眼。

達芙妮 懂了……真的，我明白。

約書亞 身為心理師，你的邀請讓我感覺受到賞識。這點得說明白才行。這樣的賞識勝過任何你能送給我的禮物或免費門票。

批評音：我盡力證明你是個騙子，但現在你是對的。你這條魯蛇真誠在乎自己身為心理師的角色。

達芙妮看著我的眼神帶著深深的理解。我希望自己已經充分表達了我想傳達的想法，畢竟實在不可能不回應她那燦爛的笑容。

達芙妮 從很多方面看來，這次的演出都非常出色。我發現自從開始諮商以來，我已經能夠從各種不同的角度來看待自己的性格。嘗試最新的舞台創意令人非常興奮，我很享受待在曼徹斯特的時光。

我笑了，喝完手中的咖啡。

達芙妮 很抱歉我們的晤談必須結束得這麼突然。我得走了，要去參加慣常的媒體活動。最後一晚總是讓人不省心。你可不可以幫個忙搬到倫敦去？繼續當我的心理師？

生理音：一座蝴蝶館正在約書亞的胃裡開幕！千萬別錯過！

約書亞 我實在受寵若驚。但我很享受在曼徹斯特的生活，這裡是我的家。我可以推薦你幾位很棒的倫敦心理師。我總是主張應該在居住地附近找個安全的空間，和相處起來自在的人待在一起。當然這都是保密的，我不會推薦不專業的人。

分析音：從新的諮商關係中得到不同的觀點和方法應該會很有幫助。

突然真切地意識到我們的諮商關係即將結束，顯然讓達芙妮受到打擊。她的雙眼睜大，透露出焦慮和不安。她看著我，彷彿此刻是登機前最後交談的機會。

達芙妮　你……你讓我感到安全，讓我感覺自己被聽見……被看見……讓我的存在卸下了公眾形象的面具。你教會我，我一直深信的臺座其實不太高，只要我願意，隨時可以走下來。你讓我感覺自己……像個人，感覺束縛變少。你幫助我看見希望。謝謝你的無條件包容，這一切比你想像得更有力量。

她開始流淚，隨即又咧嘴大笑。這是人類最強烈的兩種情緒在面對情感衝突時，奮力掌握主導權的美妙調酒。此刻，眼前的這一幕幾乎打消了我對自己身為心理師的所有疑慮，達芙妮的反應就是諮商偉大之處最純粹的體現。

達芙妮　上週我完全沒有在夜晚爆發恐慌，我睡得非常好……我……我會想念你的，約書亞。

直覺音：說出來沒關係。

約書亞　我也會想念你。

新吸塵器——在雨中的意外收穫

我拿著新吸塵器走過曼徹斯特市中心，一方面很期待回家後插上插頭試用，另一方面明白，對家電用品有這樣的興奮感，代表我無疑已經是個成年人了。穿過寬闊的街道、小巷和公共廣場時，整個城市都響著嗡鳴聲，混雜的聲音和氣味不斷變化。我沿著牛津路走去，打算到最喜歡的酒吧來一品脫啤酒。進門後我扛著笨重的吸塵器在桌子間穿梭。

逃避音：我們值得來杯啤酒！

調酒師　這是你哪位朋友？

約書亞　噢，別理他。他吸多了。

調酒師　（翻白眼）哇。

她裝了一杯矯揉造作地叫做IPA的啤酒放到我面前。我們閒聊了一下，然後我在自動點唱機上點歌：有石玫瑰（Stone Roses）和鴿子（Doves）等曼徹斯特樂團的歌，還有一些約翰．科爾特蘭（John Coltrane）的爵士樂曲。用非心理師的身分和人聊天真棒。可以想見，很多調酒師都在無意間扮演了心理師的角色，而美髮師、按摩心理師和所有能讓顧客在隱密空間內放鬆心神的相關從業者也一樣。

當小賈斯汀的聲音從自動點唱機傳來時，我的第三杯酒正喝到一半，正在切萊姆的調酒師則抬起頭並挑起一邊眉毛。顯然我的額度用光後，點唱機開啟了自動播放功能。

調酒師　老天，別再播這首歌了。幾個月前有個怪人跑進來，投五鎊進自動點唱機後播了十次小賈斯汀的歌，然後就走出去了。

不敬音：笑死。

約書亞　哎呀……**小賈暴徒！**

她意味深長地笑了。

調酒師　對，我們就是這樣稱呼那個人的。

我喝完啤酒後起身準備回家。小賈斯汀唱完了，我向調酒師揮手表示「謝謝」和「再見」。

調酒師　很快再見啦。

我抓著吸塵器走到門口，曼徹斯特在另一頭等著我。

約書亞　不會太快的！

小賈斯汀又開始唱了。同一首歌，五首中的第二首。調酒師放下水果刀，站直後嘆了一口氣。

約書亞　因為我就是**小賈暴徒！**

調酒師　不——！

我踏出門外，自顧自地笑個不停。調酒師搖搖頭，但我發誓離開時看見她露出了微笑。

走去公車站的路上我經過皇家交易所劇院，外頭貼著一張印著達芙妮和其他演員照片的大海報。海報周圍裝飾著彩燈，旁邊還有另一張海報寫著：「《琴鳥》，今晚最終回」。穿著體面的人群發出了竊竊私語的窸窣聲，有些在外面排隊，有些在劇院酒吧裡徘徊。

約書亞　祝你一切順利，達芙妮。希望你跳下臺座時好運連連。

夕陽落到辦公大樓後方，在對街反射出耀眼的黃澄光芒。達芙妮在這裡的短暫停留即將結束。我的心情很複雜，但感受最明顯的是一種不尋常的自豪感。我扛著笨重的吸塵器走過劇院外頭的人群，在轉角處遇見一位穿著皮外套、看起來不太老實的人跟我打招呼。

黃　牛　需要今晚演出的票嗎，老兄？

約書亞　喔，是需要賣好幾個器官才買得起的手寫票券嗎？

黃　牛　沒在開玩笑，老兄。但沒有你朋友的份。

他看了眼裝著吸塵器的紙箱。

約書亞　抱歉了，老兄。沒興趣。

我往公車站前進時回頭看了一眼。我要搭的公車彎過轉角了，得跑快點才能及時趕上。跑下街道時，紙箱發出了有節奏的叩咚聲響。公車越靠越近，我就快趕上了。突然間，我絆到了人行道上的石板，踉蹌一下後掙扎著恢復平衡，與此同時紙箱滑落，一路滑過人行道摔在了馬路邊。雙層公車駛過，獨留我一人盯著地面。我雙手扠腰，重重嘆了口氣，回頭看了一眼剛剛走過的路。不知道是出於直覺、啤酒，還是沒搭上公車而感到沮喪的關係，我拖著那台可憐的吸塵器，轉身走向剛剛那個黃牛。

約書亞　門票多少錢？

我付了一大筆錢後，成功請求衣帽間的工作人員讓我暫時寄放吸塵器。劇院大廳裡熱鬧非凡，美麗的水晶吊燈和紅地毯是這個引人讚嘆的空間的要角。我快速瀏覽了節目和演員介紹，手冊上到處都是達芙妮的臉——她是導演、主要演員，是這場表演的亮點。

偵探音：真好奇是和哪一位去約會？

意志音：不重要吧？

偵探音：是不重要，好奇而已。

生理音：人類的好奇心。

劇院裡響起樂音，引座員像衝鋒隊員一樣蜂擁而出，觀眾紛紛走向座位。毫不意外，黃牛賣給我一個位在最高樓層的座位，但我很幸運，因為這部劇是圓形劇場的形式。雖然我坐在高處的屋梁之間，但視野很棒。而且被籠罩在黑暗之中，我就可以偷喝偷帶進來的酒（在超市買的）。表演開始了，令人興奮。

達芙妮真的好迷人。我肯定整場表演都目瞪口呆，親眼目睹她的演出和在家無精打采地看她的電影完全不可比擬。有時候我會看見諮商室裡的達芙妮，特別是當她抬頭凝視高層座位的黑暗時。有一回我感覺到她直視著我，使我短暫地置身於現實和諮商室之間的縫隙中。

我離開劇院，踏入了典型的曼徹斯特雨幕。我決定在城裡逛一逛，心想把吸塵器放在劇院裡一晚沒有關係。我喜歡在雨中城市漫步，因為這會喚醒我對黑色電影的熱愛。我經常放下憂慮，假裝自己置身於《銀翼殺手》（*Blade Runner*）、《鐵面特警隊》（*L.A. Confidential*）或《夜長夢多》（*The Big Sleep*）的場景中。我在街道上遊蕩了一個小時，在路邊攤買了些炸鷹嘴豆餅後散步到北區。酒吧和餐廳的燈光在滿是水坑的道路上蕩漾。

我有點累了，於是左轉穿越狹小的巷弄打算回家。這裡肯定還有另一間隱身在曼徹斯特的地下酒吧，因為我前方的路被黑色雨傘組成的牆堵住了。有一群人正站在防火門邊交談、吸菸，享受彼此的陪伴。

約書亞　不好意思，借過一下。

雨傘牆一分為二，傘下是一大群歡快、畫著濃濃舞台妝的人。有人正把香菸遞給身旁的人，還有人正在講述一則屬於他們這群人的有趣故事。我開始側身走過慢慢散開的人群。

約書亞　謝謝。祝你有個愉快的夜晚。

其中一把傘轉了一圈，差點戳到我的臉。

達芙妮　約書亞！

焦慮音：真是意外。

約書亞　我……呃……

達芙妮將我帶到幾尺之外，和我共用她的大傘。她抽著菸，看起來非常開心。

達芙妮　你和朋友來喝酒嗎？真高興遇到你！我立刻就認出你的聲音了。

分析音：你正和個案在外頭見面，約書亞。謹慎點。

憐憫音：真是個不尋常的夜晚，他有辦法處理的。

意志音：相信你的能力。

約書亞 我，呃……我正要回家。我……

我抹了抹額頭，雨水滴落下來。

意志音：實話是此時唯一需要的事物。

約書亞 老實說，達芙妮，我去看你的最終演出了。臨時起意的。

她立刻撲向前緊緊擁抱我，導致雨傘撞到了我的肩膀。

焦慮音：我不知道該如何是好。

不敬音：達芙妮抱你欸！太瘋狂了！

直覺音：別看我……

意志音：也別看我。

我謹慎地回抱她一下，然後笑著退後。

達芙妮 真高興你來了。你覺得怎麼樣？

約書亞 太精采了，恭喜你。我知道為什麼大家都這麼愛它了。

達芙妮 要加入我們嗎？這裡的食物和酒很棒，都已經付錢了。這是我們的慶功派對，很榮幸能夠招待你。

約書亞　啊，真希望可以參加。但你知道規定。

達芙妮　對……我知道……界線什麼的。

她露出微笑。

憐憫音：我真為你感到驕傲，為這所有一切。你勇於挑戰、勇於做自己，還是位傑出的演員。

直覺音：別這麼說，這是自以為高人一等。驕傲一直是演藝圈無益的信仰體系中爭論的焦點。

憐憫音：但我真的很驕傲啊！無條件地。

意志音：不恰當。

分析音：而且可能會牽扯到權力動態那玩意。

憐憫音：好吧，放在心裡就是。

約書亞　我得走了，達芙妮。

達芙妮　等等，離開之前……

她跑過防火門走入慶功宴，把傘留給了我。我尷尬地站了一會兒。幾位演員看過來，露出禮貌的微笑。我猜他們應該很想知道我是誰。

達芙妮回到門外，再次和我一起站在傘下。我伸手要將傘還給她，卻被她一把推開。突然間，她微微弓身，以機械般的姿態側身站立。我馬上認出來了。

達芙妮　我沒有要說台詞，因為我重視表演的完整性。但是……

達芙妮拿出一個老舊的銀色Zippo打火機，輕彈一下，火苗便冒了出來。

不敬音：有能讓打火機發揮用處的東西嗎?!

達芙妮　這是真品，我請助理找到後送來這裡。

達芙妮將打火機放上我的掌心，讓我的手指包覆著它。

達芙妮　這是你的了。謝謝你。

我很想哭，但還是將這感激的淚水忍到家裡才傾洩。那整個晚上我都像個開心的孩子一樣不停輕彈打火機的蓋子。

諾亞05｜犯錯時該尋求懲罰，還是彌補？

行事曆上標注為「行政」的那一段時間裡，我坐在諮商室內，嚴重拖延該做的正事。這次我選擇的拖延神器是《模擬市民3》（*The Sim 3*），這是一款電腦遊戲，你可以控制市民並幫助他們推展生活，或是當個虐待狂讓他們溺死在游泳池裡。當我正忙著替郵差建造一間沒有門的四壁監獄時，門口響起了一陣膽怯的敲門聲。我起身應門。

約書亞　諾亞！……哈囉……

焦慮音：感覺好怪。

逃避音：他現在正接受心理服務機構的照顧，你不需要和他保持持續性的交談。

憐憫音：我是人，他也是人。

諾　亞　嗨，約書亞。你有空嗎？抱歉打擾了，只是順道過來看看你有沒有幾分鐘的時間。

我盡己所能消化這句話的涵義。

約書亞　很抱歉，諾亞，但我們都知道我不再是你的心理師了。現在你的照護團隊之中已經有指定的心理師，若你有什麼想法，最好找這位心理師談談。

不敬音：狠狠罵他一頓吧，約書亞。

批評音：連我都覺得這樣很壞。

諾　亞　我知道……我明白……我……我只是想澄清一些事情。如果這會替你帶來太多麻煩，那我可以離開。很抱歉，我不是故意讓你感到不自在的。

我好掙扎。我內心的偏見強烈譴責諾亞性侵一名青少年，這顯然違反了職業界線，但這些聲音就跟內心的憐憫聲一樣大。

批評音：強暴犯。

憐憫音：我們都是複雜的，不能被單一特徵定義。

批評音：他確實強姦了一位十九歲少年。

憐憫音：我覺得事情沒這麼簡單，那不是預謀的。

批評音：你是強暴犯的辯護人嗎？這不能當作他這種行為的藉口，他是成年人了，要為自己的行為負責。強暴不可饒恕。

憐憫音：並非不可饒恕。如果一個人犯罪了，我們就要永遠否認他的人性嗎？界線在哪裡？如果所有的慈悲都消失了，那救贖的希望在哪裡？

批評音：他可能會再犯一次。

憐憫音：我無法確定。

約書亞　沒關係，進來吧。我還是有幾分鐘時間。

我們倆都坐下了。我並未坐在平常那張椅子上，以免複製先前諮商的權力動態，而諾亞似乎也注意到這點。

諾　亞　我只是想讓你知道，我已經向警方坦承了。我也寫了一封信給雅各——不知道他有沒有讀。我不是要尋求原諒，只是想表達深切的懊悔。我不期望他回應什麼，他又何必呢？

諾亞看起來很緊張，不停眨眼並努力鎮靜地坐著。然而，他看起來也下定了決心，要將想說的話說出來。

約書亞　好的……我明白你的懊悔，諾亞。我尊重你想盡力讓一切回到正軌的願望。儘管如此，我強烈建議你不要再聯繫雅各，除非他主動找你。我們必須尊重界線……

諾　亞　我越過界線了。

我禮貌地點點頭以示認同。

偵探音：真好奇他為什麼沒被關起來。

約書亞　你告訴警方時發生了什麼事，諾亞？

諾　亞　幾天後我被帶出精神科醫院——你去過的那間，警方等著要逮捕我。他們蒐集證據時，我被拘留了二十四個小時。他們訊問了雅各跟派對上其他人，還有我。

他低下頭，看起來像是羞愧得臉頰發紅。

諾　亞　顯然雅各並沒有提出指控。我承認且堅信我做了那件事，但雅各說他不想看到我受到指控。現在雅各被歸類為「敵性證人」（hostile witness），且沒有足夠的證據進一步拘留我。他們認為這次犯行的傷人程度不足以證明我對公眾構成直接威脅，也將當時的客觀情況納入考量。然而，我很堅持，我求他們扣押我。

約書亞　為什麼？他們怎麼說？

諾　亞　因為我做了恐怖的事，約書亞。我告訴皇家檢控署我會對大眾造成威脅，必須接受懲罰。我現在人在這裡，是被保釋中，直到審判開始為止。我媽媽保我出來的。

共情音：他在懲罰自己，他想用自己的方式贖罪。

分析音：真是扭曲的邏輯。

約書亞　你在尋求某種形式的贖罪嗎？你覺得接受懲罰的話會好過一點嗎？

諾　亞　對……

約書亞　這真的是為了贖罪嗎？還是更接近自我懲罰，諾亞？雅各說他不想控告你，你就不考慮他的感受嗎？

意志音：別急……

諾　亞　我知道他沒有提出指控，是因為他先給了我毒品而感到內疚。但這是我的錯，我強暴了他。

約書亞　我尊重你想為行為負責的渴望，但我不僅擔心你的健康，也擔心這種情況會讓你在聚會之前就已經存在很久的內心混亂雪上加霜。我擔心你會利用這種情況進一步傷害自己，甚至可以說這是另一種自傷手段。你正在把對自己的感受投射到這件事情上。

他思索我的話。

諾　亞　這很難，約書亞。當我承認自己的所作所為時，真的感覺如釋重負。

約書亞　還有，你跟警方說你會對大眾構成威脅？你真的這麼認為嗎？

諾　亞　我……不，當然不是。我絕對不會再做那樣的事。我……我只是很震驚，我的自首竟比不上雅各不顧指控的決定。他們竟然就這麼讓我離開了，約書亞。我覺得我必須說點什麼讓他們有所動作！

約書亞　如果你相信自己不會對任何人造成威脅，那麼入獄對誰有好處呢？

諾　亞　我……你說得對……我還是這麼自私。都是為了我自己，為了我的感受……我只是不想再有罪惡感而已。

約書亞　罪惡感是懊悔的一部分。你確實懊悔不已，我看得出來。我只是覺得你把對自己的懲罰最大化沒有任何好處，尤其因為你一直處於脆弱的狀態。如果你每天被困在牢房裡，我會擔心你的健康。

他看起來很憂心，似乎沒想過這一切。

諾　亞　你覺得我是壞人嗎？

憐憫音：你不是。

批評音：你是。

約書亞　**分析音：嗯……你做的事很壞，但我們還是暫且不要使用非黑即白的言詞吧。**

如果我相信人類都是由最嚴重的錯誤所定義，那我就不會成為一名心理師了。我不是道德評鑑委員，也不是悲慘真相的傳布者，但我確實選擇將注意力放在你的悔恨上，並且相信你整體而言是一個善良、富有憐憫心的人，也是一個深陷自身困擾、試圖重掌生活的人。我確實覺得這件事含有不幸的成分，但絕不是說你不必受譴責。

批評音：強暴犯憐憫者。你知道這種人對其他人造成了多大傷害嗎？他們摧毀了生命。

意志音：夠了喔。

憐憫音：他能藉此成長。

約書亞　你犯了嚴重的罪，聽得出來你想要補償。我想請你反思一下想要受到處罰的原因。若你想藉此攻擊自己，那我看不出來誰能受益。我只覺得這是自傷的另一種形式。你曾試圖結束自己的生命，諾亞。你的生命太重要了，不能冒險藉由自我懲罰來平息內疚。不論你做了什麼，請記得你都值得活下去。憂鬱會利用這件事來對付你，但你面前有巨大的機會，能用不同的方式做出補償。

諾　亞　我永遠無法補償雅各。

約書亞　我明白。

接著是一段長時間的靜默。我示意諾亞是時候離開了，因為我不想讓這段對話變成漫長的晤談。

諾　亞　我只會說實話並承認一切，老實地說出來。抱歉浪費了你的時間，約書亞。另外，如果法院傳喚影響到了你的工作，我也很抱歉。

他起身離開，我跟著他慢慢走到門邊。

約書亞　照顧好自己，諾亞。請和你的心理健康團隊及醫生保持聯繫。

諾　亞　我能讓你了解最新進展嗎？

約書亞　不太合適，因為這在我們的諮商協議之外。不是針對你，諾亞。

諾　亞　好……謝謝你。謝謝你之前的晤談，它們幫了我很多。我……我正在成為更好的自己。

約書亞　我相信是的。

憐憫音：真心相信。

約書亞　再會了，諾亞。

諾　亞　再見。

我看著他步入走廊離開，並按下電梯按鈕。他擦了擦雙眼走進電梯，電梯門在他身後緩緩關上。我站在諮商室門口緊握拳頭，然後輕輕敲了下門框。我的情緒混雜了憐憫、擔憂、憤怒、失望和自我批判的分析。我能有不同的做法嗎？我對諾亞太殘忍了嗎？或者太冷漠了？一個人並不能和所犯下的最大錯誤劃上等號，但當你仍然因為某人糟糕的選擇感到震驚時，實在很難記住這一點。憤怒和震驚的視角會使得畫面扭曲。即使如此，我還是無法讓自己討厭諾亞，並真心希望他能抵達一個自己滿意的境地，且完全相信自己並非注定要成為他的父親。

列維05——難以撼動的決心

有一位街頭藝人決定要在我的諮商室窗下做生意。一開始很令人愉快，直到他決定循環演出相同的五首曲目。他演奏紅髮艾德歌曲時過於誇張的情緒轉折開始激怒我了，感覺就像是宇宙在報復我的小賈斯汀點唱機惡作劇。我嘗試關窗，但諮商室裡沒有冷氣，不到幾分鐘就悶得我大汗淋漓。過了一會兒，〈高威女孩〉（*Galway Girl*）已被演奏了四次，而我的生存意志基石又多出一道裂痕，突然間一陣低沉的咆哮聲打斷了那位吉他手。

列　維　不好意思，年輕人。我很享受你的音樂，也很喜歡紅髮艾德。但我的諮商室就在你頭頂上方，我覺得自己會隨著音樂不停輕敲鞋底，因而無法好好處理自己的問題。如果我用五鎊讚賞你的才華，你介意到遠一點的地方去表演嗎？

表演者　沒問題，很合理。還有謝謝你。

我做好了心理準備要迎接列維標準的「硬漢踹門」，沒想到竟然聽到了有所顧慮的敲門聲。我走上前開門，儘管剛剛已經聽到了他的聲音，但還是想確認到底是不是列維。

列　維　午安，約書亞。

約書亞　午安，列維。

焦慮音：謝謝你敲門。

直覺音：別提這件事。

我們坐上了平常的座位。

約書亞　這週過得如何？

列維轉動著手上的其中一枚戒指，還將指關節扳得喀喀作響。開口之前他先慎重地吸了一口氣。

列　維　不是很好。我就直說了，我知道在這裡拐彎抹角沒有好處。

我在椅子上稍微前傾，採取更加投入的姿勢。

約書亞　發生了什麼特別的事嗎？

列　維　我覺得你應該知道。

偵探音：那個「社區」、他太太——激進的宗教行為？

約書亞　我不會直接做假設。

他看起來很沮喪，但接受了必須在某個時刻談論這件事的事實。他決定晚說不如早說。

列　維　我花了一星期的時間和薩菲亞及社區成員制定一些規則……或者像你說的……設立界線。我愛我的社區，但其中有些事太瘋狂了，感覺很怪。我同事曼迪一直開玩笑說那聽起來像是邪教。但你知道，如果有人一直用半開玩笑的口吻講同樣的話，那代表什麼意思？

約書亞　嗯。

列　維　你怎麼想？

分析音：也許要注意危險訊號？

約書亞　你之前提到了一些讓我擔心的事，列維，尤其是進行儀式和自我懲罰，或者如你所說的苦行。

他全神貫注地聆聽，看得出來他因為感到迷惘而想要更清晰易懂的解釋。

約書亞　當周圍的人相信他們正在傳達更高層次的神靈或鬼魂的話語，並以這樣的信念影響你的行為時，你很難接受也很難感到自在。我真心認為侵入性想法和我所指出的強迫症症狀，已經被薩菲亞和社區成員誤解成魔鬼。這讓我……很擔心你。

列維站起身朝窗邊走去。

列　維　介意我站著一下嗎？談論這件事很困難，我覺得面對面講會太緊張。

約書亞　沒問題。

列　維　多年來我都知道這件事，但就是很難提起……我太太她……她的狀況不太好。

我沒有說話。

列　維　薩菲亞並不是一直都這樣。我知道香黛兒注意到這點了，但她為了我選擇閉口不談。薩菲亞這種……偏執……已經持續好多年了。老實說我受不了，但你知道嗎？我愛她，我承諾過無論生老病死都會陪伴在她左右。問題是，薩菲亞的言語非常強大……坦白講……

他將指尖按壓在玻璃窗上，彷彿正指著遠方的某物。他的聲音很輕柔，甚至可以說懷著歉意。

列維 我很怕她。

他頓了一下。

列維 這星期我的侵入性想法很強烈。我沒有做暴露練習和其他作業，抱歉。太困難了。我又陷入了強迫症之中。

共情音：身處在帶來沉重壓力和實際威脅的環境中，要應對強迫症和侵入性想法會非常困難。

約書亞 沒有關係，這不是考試，沒有所謂及格或不及格的問題。你很怕薩菲亞？

列維 嗯。

約書亞 為什麼？

列維 她是……一個很強勢的女人。她控制著我，她的話語和眼神令我害怕。她會用超乎肢體暴力的方式恐嚇我，而我已經習慣了。感覺上……

他皺起眉頭，試著找出合適的字眼。

列維 當她覺得我夠好時，我就覺得自己夠好了。這說得通嗎？

我點點頭，他接著說下去。

列　維　所有這些關於淨化、重生、寬恕和懺悔的想法，全都在我的腦海裡。

共情音：也許很難原諒自己？

約書亞　你覺得薩菲亞和社區是否掌握了你試圖尋求的寬恕的鑰匙？

列　維　有可能。

約書亞　我指的不只是侵入性想法，而是就整體而言。在先前的晤談中你提到薩菲亞「拯救了你」。這話是什麼意思？

列　維　我擁有一段痛苦的過去，約書亞。我做了一些見不得人的事，我今天不想討論的事。當時是薩菲亞將我從黑暗中拉了出來。

對此他似乎十分肯定。

列　維　聽起來可能很怪，但薩菲亞似乎是我邪惡思想的控制者。每當她生氣或不開心時，感覺就好像她把那些想法放進我的腦海裡。感覺像是……心電感應，透過心電感應來進行懲罰。我知道這聽起來很詭異。

分析音：考量到侵入性想法可能衍生自威脅反應，這種感受並不奇怪。

約書亞　這並不奇怪。還記得我們討論過的威脅反應嗎？還有侵入性想法可能被解讀成威脅？

他點點頭。

約書亞　關於侵入性想法和威脅反應，就跟先有雞還是先有蛋的問題一樣，先有哪個都有可能。有時候侵入性想法會觸發威脅反應，也就是焦慮……但也有可能反過來。當我們的威脅反應接收到某些警報時，就會產生侵入性想法。這是因為威脅反應將侵入性想法與之前遇到的威脅連結在一起，因此將之顯示給你看。

列維 你的意思是薩菲亞觸發了我的威脅什麼鬼的，讓我感到更焦慮，所以更有可能產生侵入性想法？

約書亞 這是我想提出的可能性。你怎麼看？

意志音：啊，老套的「輪到你了」——幹得不錯。

批評音：你這人就是活生生的陳腔濫調。

列維 嗯。

他走向另一扇窗戶，陷入沉思。相較於前幾次晤談，我不禁注意到列維這次表現出的體貼和尊重，也對此很感激。

列維 我覺得你是對的。工作時一切都按計畫進行，那些念頭似乎沒那麼多。但在開車回家的路上，我覺得很……不安……彷彿那些念頭鑽進來了。接近家裡時，我覺得胃裡打了一個結。

約書亞 你認為是家裡的什麼導致這個結出現？

列維 除了侵入性想法之外的理由嗎？我覺得是……薩菲亞，我的太太。我的恐懼會變得更強烈、更大聲，然後我便覺得這些可怕的念頭對我施行了更嚴厲的懲罰。我……

他臉上緩緩浮現出震驚、恍然大悟的表情。

列維 魔鬼不在我體內，不是我。魔鬼在我太太體內，她體內有好多惡魔。

我等著他繼續說。

列維 直至此刻，我一直相信按照她說的去做、讓她開心就是在幫助她。但……事實並非如此，這完全幫不到她。起初只是很細微的改變，產生變化之前，她一直是個明理的人。我……我猜她相信了那些怪力亂神的崇拜。

他轉向我。

列維 我不是笨蛋，約書亞。我能識破騙子和潛藏的動機，也覺得自己是很……敏銳的人。但這個社區會影響你，約書亞，它會利用你的悲傷。

他又轉回去面對窗戶，一隻手捏住有刺青的後頸。其中一枚戒指在陽光下閃閃發光。

列維 幾年前我們失去了一個寶寶。是猝死的，只活了一個多星期。這件事傷透了我們的心，薩菲亞得了醫生所說的……那個女人生產後的精神症狀叫什麼？

約書亞 產後憂鬱？

列維 對……類似那種東西。她開始變得偏執，情緒起伏很大，還聽到了「天使的聲音」。醫生說這是……產後的症狀。

他嘆了一口氣，用手背擦了擦眼睛。

憐憫音：啊，老兄，這對夫妻經歷了好多。

共情音：肯定很艱辛。不只是失去孩子，還目睹了妻子的衰退。

約書亞 這太令人哀痛了，列維。我感到很遺憾。

我暫時讓這真誠的哀悼情緒瀰漫在空氣中。

焦慮音：我有點害怕問這個問題……

約書亞 你如何應對這樣的失落？

列　維 只能繼續過日子，不是嗎？埋頭工作、上健身房、兼差、鞭策自己，保持忙碌就對了。偶爾也會在威士忌中尋求慰藉。

他握緊拳頭，凝視著窗外。

列　維 薩菲亞則是在家裡默默承受痛苦，獨自一人。當我在外頭哀嘆時，她讓那些魔鬼進化了。

約書亞 我不相信有人在震驚和悲痛的情況下還能展現出最好的自己。但我聽出來了，你希望花更多時間陪伴在她身旁。

列　維 對。

他重新坐下。

列　維 她嚇到我了，約書亞。有些日子她沒事，其他時候她則讓我相信她是我們生活的主宰——上帝派來的恐怖信使。我知道這聽起來很瘋狂，但當她看著你下指令時，那感覺很……強烈。我知道，內心深處我理智地明白她生病了，但她變成那樣時，我的思考和身體就會動彈不得。

分析音：創傷反應？

約書亞 你覺得，為什麼這種情況會如此強烈地觸發你的威脅反應？

他看向諮商室角落，思量著這個問題。

列維 薩菲亞確實讓我想到我繼母。她已經過世了，但在成長過程中，我被她嚇得半死。她會把我關在房裡，無緣無故扇我巴掌。她很恨我。這就是所謂的邪惡繼母，對吧？不要聽到有關父母的事就有反應，約書亞，我知道你想說點什麼。

我沒有說話。

列維 雖然我承認薩菲亞多少讓我想起繼母，但她對我有更強的影響力。她讓我做了一堆後悔莫及的事情。

偵探音：比如說呢，列維？

約書亞 比方說？

他咬著下脣，深吸一口氣讓胸膛鼓起，然後盡數吐出。

列維 她要我抽打自己，自我鞭——那是怎麼說來著？

他顫抖著喝了一口水。

列維 她要我禁食，要我參加社區的儀式，儀式中人們得獻出怪異的東西向上帝和彼此表達愛意，老兄。鮮血、縱情狂歡還有別的東西。真是太他媽的愚蠢了。抱歉……我不喜歡罵髒話的。

焦慮音：哇。

分析音：這是高壓控管型的虐待。

列維　我知道自己是個獨立的個體，薩菲亞沒有**強迫**我做這些事。我知道最終都是我自己的選擇，但受到威脅的感覺好強烈。我怕她會不高興，會對我說些什麼，或做些什麼事情……也可能是對她自己。

意志音：告訴他吧。

共情音：不要太直接，聽到摯愛之人和這樣的事情扯上關係並不好受。

約書亞　聽起來很像是高壓控管型的虐待，列維，也像是系統性的虐待。如果你說的是真的，那麼你就是活在與一個施虐社區的虐待關係中。

這個訊息似乎沒有嚇到他，顯然他最近反思並考慮了很多。他看起來相當困擾。

列維　我知道……但他們不只是施虐者，你也明白。薩菲亞是我太太，她……也是其中的一分子。

他按壓著太陽穴。

約書亞　你說你在家裡和社區裡都設立了界線？

列維　對，我說我不會再參加儀式，也不再做那些事情了。我也花更多時間在工作上，這樣就沒空參加集會。他們不樂見，薩菲亞也不開心……但……這是我的人生不是嗎？他們得面對這點。

約書亞 你為什麼繼續待在這個社區呢，列維？

列　維 我不能離開我太太。

約書亞 你曾經請求她離開社區過嗎？或建議她從更安全的管道尋求協助？

列　維 當然有。但她讓我很害怕，我娶了一個我會擔心她、也會害怕她的女人。她不覺得自己狀況不好，約書亞。自從她生病以來，她只有**更確信**自己的那些經歷。她比以往都更篤定，相信那些錯誤的事情、錯誤的信仰。她的雙眼著魔了，約書亞。你應該看看她悄悄逼近我，數著我鞭打自己後背的次數，還下令要打得更用力的樣子……

共情音：真是個困境。

憐憫音：簡直大錯特錯，列維的處境很恐怖。

約書亞 我明白你感覺現在動彈不得，這是可以理解的。但是列維，你太太在一旁監督著你，堅持要你傷害自己，從根本上就是錯誤的。不但讓你身陷危險，還讓你直接經歷了危難。

焦慮音：背部受感染了怎麼辦？

約書亞 要是你的背受感染怎麼辦？

約書亞　**焦慮音：要是你下手過重怎麼辦？**
要是你下手過重怎麼辦？
意志音：堅持立場。
我深吸一口氣。他點點頭，無力地向後靠著沙發。

約書亞　你隨時可以離開，列維。我知道說比做更容易，但我非常擔心你的健康，甚至也擔心你的安危。處在高壓控管這種複雜難解的狀況下，我們很容易喪失自己的意志，特別是面對潛在的強迫症和侵入性想法的時候。

列　維　我不能離開她，約書亞！不能就是不能！我不能這樣對她。我親口向她發誓的。

約書亞　儘管這樣的允諾令人讚賞，但列維，我不相信這段關係對你來說是安全的。它正在傷害你，傷害你的身心。看看你的後背，列維，把它當作一個提醒。

列　維　但我做得到啊！我可以待在她身邊幫助她，也可以替她尋求協助，我只是需要學習如何不再被她嚇得無法動彈。去他的社區，如果他們想幹麼，我會讓他們知道最好少管閒事。
我試著站在列維的立場，接受他還沒準備好離開的事實，但很難不表現出對他的擔憂。

約書亞　好吧……我只是……
憐憫音：我擔心你。

約書亞　我很擔心你。

我們對視了幾秒，眼神中有著關切、憐憫和理解。他發出一聲孩子氣的笑聲打破了這段凝視，隨即從沙發上起身。他在諮商室內走動，牆上映著這位高大巨人的影子。他的站立是種象徵性的宣言。在想法成形前，我的直覺就察覺到：我快要失去他了。

列　維　你幫了我很多，約書亞，但我已經走到盡頭了。有些事情你幫不上忙。

焦慮音：別走。

逃避音：讓他去吧。

約書亞　別走，列維。我們可以藉由更多暴露與反應抑制練習來應對你的侵入性想法。考量到正在發生的事情，你需要有個安全的空間，這點很重要。我知道一些家暴機構的電話號碼，我們可以聯繫他們。

列　維　你是個好人，約書亞。

他穿上皮外套。

列　維　如果有需要的話，我會聯繫你。我很喜歡這個叫做諮商的玩意兒，只是現在這幫不上忙。我已經記住暴露與反應抑制法，以及接受不確定性的練習，也變得很擅長在侵入性想法出現時刻意容忍焦慮……但這問題已經是……其次了。最迫切的問題，我想我必須獨自面對。

焦慮音：等等……

意志音：尊重他。
分析音：他了解情況，相信他的能力吧。他已經開始建立自己的界線，也保持著安全距離。
焦慮音：但他有危險。
批評音：你很黏人欸！承認吧，你失敗了。
意志音：讓他走吧，老兄。

我起身，朝他伸出手。

約書亞　隨時歡迎你回來。

他握了我的手，我發現和第一次見面時粉碎骨頭的力道相比，這次他更輕柔、也更謹慎了。

列　維　謝謝你。

然後列維就離開了，我聽到電梯門最後一次為他關上的聲音。我再也不會在諮商室裡見到他了。沒有好萊塢式的結尾，沒有蝴蝶結妝點的圓滿收束，只有一本留在我碰不到的架子上，沒有讀完的書。

和個案說再見——諮商會在何時、以何種方式迎來終點？

無論心理師和個案建立了多深刻的連結，都只能為諮商關係的結束做好有限的準備。即使心理師為此受過訓練，知道該如何替晤談畫上句點，我們也無法全然倖免於目送個案最後一次走出諮商室帶來的感受。

諮商關係的結束往往都是令人喜悅且值得慶賀的，感覺就像是一段個案和心理師共同經歷的旅程迎來自然的收束。然而，諮商的結束也可能出其不意、費解和令人悲傷。發生這樣的情況時，我都希望彼此心平氣和地分道揚鑣，並期許自己能以心理師的身分帶給對方深遠、正面的影響。同樣地，當結束時刻來得突然、難以解釋甚至酸澀時，我經常感到自我懷疑，希望自己當初做得更多或說些不同的話，並質疑自己當初是否該給予、保留或堅持提出我的建議，或者乾脆閉嘴仔細聆聽。作為一名專業人士，我知道諮商並不總是有完美的結局，但若我說自己不在意事情是否順利，那肯定是在撒謊。

諮商有很多種美好的結局。例如剛開始學習當個心理師時想像的那種結局——個案感謝你，並表現出你幫助他們擁有的、發自內心的自信和明晰。還有一種結局是你能想像在其他情況下和個案成為好朋友——你們共同努力，一起印證了諮商帶來的成長。身為個案時，我曾經歷過許多良好的諮商體驗，並理解到有這種感受通常是我信任心理師、感到安心的跡象。令人難過的是，跟這樣的關係道別很不容易。雖然苦樂參半，但這些旅程的故事必須留在諮商室之內，受到時間和匿名條款的保護。諮商是建立於保密性之上的神聖關係，如此特殊的關係動態只存在於這美麗又獨特的情境中。

結束一場諮商需要心理師有所保留，這是在和朋友及家人交談時不可能辦到的事情。我們很難不和摯愛的人抱怨工作上的挫折，訴說自己值得更好的待遇、和約會對象合不來，或者是儘管起初有所懷疑，但新買的衣服仍然適合自己。和所愛之人分享意見是源自於愛、關懷，以及有時我們無可抗拒地認為自己懂得更多。然而，在諮商室內如此坦白會涉及到道德難題。我和個案合作時，時常希望自己能夠提供「解決辦法」或是堅持合作久一點，但諮商的美妙之處，其中一部分在於我所在的空間等同於是個案的空間。這個空間不是約書亞的生命忠告室，而個案可以自由來去。別忘了我也尚未釐清自己的生活，所以除了與焦慮相關的建議之外，我沒辦法告訴你如何形塑你的生活。

身為心理師最棒的部分之一即是迎接美好的諮商結尾。每當個案分享他們感到自信或是最近很快樂時，我的大腦就會充滿多巴胺和血清素調配而成的雞尾酒。這種美妙的回饋會成為加快進程的誘惑——想盡快到達那充滿滿足感的快樂結局，渴望在認識新個案不到幾個小時就根據直覺提供指引。但諮商不是這樣的，使我自己即刻獲得滿足感、讚美和頌揚不是最優先的考量。諮商關乎你，關乎個案。

一名好的心理師會在你最後一次離開諮商室後想起你。我確實會想起好幾位先前的個案，此時通常會令人陷入糾結，一邊希望對方能獲得幸福，一邊又總擔心自己影響了對方的人生。我當初說出的都是對的話語嗎？我是否在自我一致性和職業操守之間失去平衡？我採用的方法適用於這個人嗎？有時候選擇心理治療模式就像賭博，心理師通常依賴接受過的訓練再加上現場的直覺下判斷，並衷心希望你在諮商室中的經驗不會阻礙或摧毀你的生活。

我希望你因為鼓起勇氣踏入諮商室而以自己為榮。我希望離開時你感到更有力量且受到鼓舞，並且對自己和自身生活有更深入的了解。我希望能幫助你相信身邊有值得信賴的人、有人願意聆聽，即使這是在專業領域的情境之中也一樣。希望你會開心地回顧我們相處的時間，也希望你的諮商體驗讓你在需要時願意敞開心扉回來，無論是尋求另一位心理師或是我的協助都可以。儘管我身為專業人員的神態舉止有所保留，但我確實在乎你對我作為心理師的看法，因為這也是我這個人的其中一個面向。

心理師自我懷疑是件好事。以往我總將這種懷疑視為軟弱的一種形式，但隨著在心理師的角色中漸漸成長，我理解到這是一筆無價的資產。因為在乎，心理師才會在晤談結束時有所懷疑並帶著批判眼光分析自己。在我看來，人們在談及自己的脆弱時，最不想見到的就是一個萬事通坐在自己面前，沉浸在過度自信的氛圍中。若你的心理師不願承擔責任，這代表他們堅信自己毫無過失。在這樣的信念下，同時要優先考慮個案的照顧義務似乎就顯得矛盾了。因此，我試著擁抱不滿足的感覺和錯失的良機，將之視為在乎個案的證明。

若你選擇結束諮商，請記得你仍然存在於傾吐困難之事的對象的記憶與所在空間中。這個空間以其地基般堅定不移的關懷和憐憫對待你的脆弱，不帶一絲批判。我必須將結束諮商視為工作的一部分，而我真誠地希望我的個案能和我一樣深切地理解結案的意義。但我知道這是個不公平的期待，身為心理師，我們有責任要在整段諮商過程中建構這些期望。諮商關係來到結束的時候，可能是基於專業的時間約定，也可能是自然產生的結論。無論是哪一種原因，我永遠希望延續下去的印記是正向的，希望這次經歷強化了你和諮商之間的關係，也鼓勵你談論並處理生活中那些擾動你心神的事件。

所有的結束都一樣，道別總是不易。

哈利07｜二〇一三年六月，跳動和顫抖

直覺音：醒醒。
批評音：為啥啊？我才剛睡欸。
直覺音：起來就對了，相信我。

我在床上坐起身子，在開著空調的醫院裡睡覺，嘴巴和眼睛都變得好乾。些微日光從窗簾縫隙中透了進來。一切都是靜止的、無機的，毫無家的感覺。先前我陪在哈利身旁一整晚。最近一次化療令他苦不堪言，而大多數的夜晚我都滿懷希望地盯著他的生理監測器，期盼能有好轉的跡象。擺在一旁的披薩放得太久，已經整盒冷掉了。哈利好幾天沒有吃東西，我也半點食欲都沒有。床邊的有線電話發出了刺耳的響聲。

約書亞　喂？
護　士　哈囉，約書亞，我是柔伊。我覺得你應該過來病房一趟。
焦慮音：喔不……不好了，不好了……
分析音：你老是做最糟的假設。
批評音：說得沒錯。
約書亞　為什麼？怎麼了？

護　士　過來就對了，哈利需要你。

救世主音：沒問題的。

　　我下床穿上衣服，沿著迷宮般的走廊跑向八十四區病房，半途才發現T恤穿反了，但我不在乎。

生理音：那我呢？我需要的尼古丁和咖啡因在哪裡?!

意志音：沒時間管那些了。

直覺音：真的沒時間了。

　　我踏入八十四區病房長長的走廊，看到媽媽已經在哈利病房外了，一旁還有哈利爸爸和他的伴侶。顯然他們也接到了一樣的電話。護士和醫師正和哈利一起在病房內，玻璃門上蓋著灰色簾幕，阻擋了我們的視野。我的心臟開始劇烈撞擊肋骨，尖銳的耳鳴穿透我的顱骨。

救世主音：不要……

憐憫音：不要……

焦慮音：不要……

約書亞　那片簾幕……

　　去年我們都已在兒童醫院待了夠長的時間，足以了解眼前畫面的含意。這片簾幕是面對最糟情況時的緊急緩衝。這不只是給家屬，也是給整個病房區的訊號，代表必須迴避這個病房，因為裡面沒有好事發生。拉下的簾幕保護著滿懷希望的病人和他們的摯愛免受腫瘤病房殘酷現實的傷害。對我們來說，這是最糟糕的訊號。

護　士　嘿，專科醫師、顧問醫師和護士們都在照顧哈利。

媽　媽　發生什麼事了？

我可以回答她的問題。我可憐的媽媽。

約書亞　我可以進去看他嗎？

我沒有等待回答就直接開門進入黑暗的房間。進門後護士轉向我，但沒有要我離開。哈利失去意識且過度換氣。病房裡太黑暗、太悲慘了。我猛地拉開百葉窗。

約書亞　這樣好多了。

醫　師　你已經知道哈利的狀況了嗎？

約書亞　還沒，但我猜狀況不好。我們以前遇過很多次類似情況，他每次都撐過來了。是不是啊，老弟？

哈利沒有回答。他還是側躺著，面朝另一邊的牆壁過度換氣。我確認了前一晚盯著不放的生理監測器，震驚地發現我已經習慣看到的數字自昨晚以來減少了一半。哈利的血氧含量極低，他的脈搏虛弱得危險。所有的假裝都不見了，我那堅持不懈的樂觀幻想破碎了。

約書亞　他快死了，對嗎？

護士走過來，一手撫慰地覆上我的後背，給了我需要的所有答案。

醫　師　我們讓你和家人與哈利獨處一段時間。他現在需要你。

媽媽站在門邊，無意間聽到了這段對話。醫師離開後她站到了哈利床邊。她強撐著恐懼對我微笑，然後握住哈利的手。哈利的爸爸也加入我們，所有人都一起望著哈利。

哈利的呼吸很深沉，虛弱的腹部充氣浮起，又費力地收縮。他滿是疤痕的蒼白身軀上沒有半點毛髮，但他好美，他是我弟弟。

我們沉默地站了一會兒，除了局促不安地盯著生理監測器外不知道該做什麼。儀器發出了警報聲，護士走進來把它關掉。哈利的血氧急遽下降，警報聲再次響起，再次沉默。他的心臟猛地一跳，隨後心率大幅下降。警報聲又一次響起。哈利的身體開始抽搐，呼吸變得痛苦而艱難。我們緊靠在一起握住他的手，媽媽將掌心覆在他的頭上。

媽　媽　我們都在這，我們好愛你。

哈利爸　我們愛你，哈利。

逃避音：我只想逃跑。

憐憫音：我們不會逃跑。這一切開始以來，我們從來沒有逃跑過。

意志音：我們直到最後都會待在這裡。

監測器再次響起。

約書亞　這還有意義嗎?!

我拔掉監測器的電源線。沒有人抗議。

焦慮音：這種……痛苦……

我將手放在哈利的胸膛上，覆在心臟的位置，感覺到那顆心在我的掌心下斷斷續續地跳動著。他的頭轉向側邊。我不知道他聽不聽得到，但我希望他能感覺到我們都在這裡。

約書亞　你有聽到嗎，老大？這裡所有人都愛你。我好愛你。快結束了。我非常……非常……為你感到驕傲。

一次跳動，一次顫抖，最後一口氣。他的頭掉下枕頭。家人壓抑的哭聲。一片死寂。

薩拉05——由共鳴引發的心痛結局

薩　拉　我想我準備好談論我的悲傷了。我知道我告訴過你爸爸的事了，但我並沒有允許自己真正感受失去他的失落、探索得更多。講述刺殺和家人的事情幫助了我開啟對話，讓未說出口的話得以大聲說出來。但我準備好要說這些事情以外的感受了，這是我今天想講的事。

約書亞　好的，我覺得這想法很棒。

觸發音：不，你不覺得。你討厭談論悲傷。

憐憫音：你為此受過訓練。

分析音：過去你已經花了大把時間處理悲傷。

批評音：但不是和正在滋生複雜感情的對象一起。

憐憫音：這不會妨礙你進行你的工作。

批評音：要來賭賭看嗎？

薩拉準備要談論蘊含大量情緒的主題時，諮商室裡安靜了好長一段時間。外頭的大馬路上有人在笑，走廊上傳來關門的聲音。我保持耐心，將雙手放在大腿上坐著等待。

薩　拉　我試著忽略心裡的空虛感，只有恐慌症平息時我才會留意到它。這樣正常嗎？

約書亞　正常，這是預期之中的事，我保證。焦慮和威脅反應經常插隊到最前面，消耗我們的思緒和注意力——通常會持續很長一段時間。焦慮感退去後，積壓的情緒就會奮力浮出表面。

我喝了一口茶。

約書亞　由於恐慌經常會消耗我們的注意力，所以我並不意外你有這樣的感受。

薩　拉　沒錯，長期懼怕恐慌發作的情況下，根本不可能深入體會自己的感受。就算有，過去我也會避免觸發其他情緒感受。不是因為害怕悲傷，單純是因為害怕感受本身。

偵探音：「過去」。

直覺音：注意這點。

約書亞　過去？這聽起來感覺很棒不是嗎？面對恐慌和暴露練習，你已經做得很棒了。我知道今天要探討的主題不容易，但你只須知道，有足夠的信心談論這件事就證明你已經向前邁進一大步。

薩拉笑了，看起來像是接受了這樣的表揚。但她想起來本來要問我的問題後，臉上的表情有了變化。

薩　拉　你是怎麼做到的？

約書亞　做到什麼？

薩　拉　克服你的悲傷？

分析音：**要謹慎一點。**

意志音：**沒錯，注意界線。**

約書亞　我不認為失去摯愛的人是一件能夠「克服」的事，但確實可以從中成長並適應摯愛的缺席。和你一樣，當時的我罹患了焦慮症並需要優先解決這個問題，接著我容許自己擁有面對悲傷的空間。但所有悲傷都是因人而異且主觀的。

薩　拉　你現在還悲傷嗎？

約書亞　我過著快樂的生活。悲痛時不時會探出頭，我也接受它。

薩　拉　它影響你多久？

意志音：**重新導正話題。**

不敬音：**現在是要交換位子嗎？**

約書亞　有一段時間。如果我多照顧自己一點，而且不逃避談論困難的事，時間應該會短一點。我感覺到你問這些問題是在尋求某種形式的保證。

薩拉露出尷尬的神情。

薩　拉　我只是擔心若把這些事情全講出來，自己會被悲傷擊垮也無力應付。

約書亞　真有趣。你上次踏進電梯和開車去上班前也說了類似的話，甚至在這裡經歷恐慌時也這樣說。但……

薩　拉　對、對，我知道……但感覺……這次不一樣？我擔心痛苦和焦慮會同時吞噬我。

共情音：害怕所有情緒一次爆發。

約書亞　不會的。我是說，你可能會同時感受到兩種情緒，但你不會失控的。

我試著表現得令人安心。薩拉緊張地在膝蓋上敲著手指。

薩　拉　先不提那些創傷……我只是很想念他……

觸發音：我想念他。

憐憫音：沒關係的，回來這裡吧。

分析音：盡力待在薩拉的內在參考架構裡。

約書亞　你想念他哪一點？

薩　拉　所有有關他的一切，就連我覺得煩的事情也不例外。我想念他在身邊的時候、他的擁抱、緊靠他胸膛時聞到的味道。我想念他的講課、他的指導、他對我的信任……

薩拉哭著說下去。

薩　拉　我想念他和媽媽開玩笑的模樣，也好愛他面對棘手情況時維持冷靜自若的樣子。我現在也能稍微做到這點。

憐憫音：我覺得你做得很好。

薩　拉　他從來都不覺得事情是針對他個人而來，所以對我弟弟才會那麼有耐心。這點他做得好棒，媽媽和我很容易就對巴貝克失去耐心。

我稍微點頭，表示自己正在聆聽。

薩　拉　我……我好愛他折服一整個空間的能力。昨晚我在 YouTube 上看了他的講課影片，他的同儕對他表現出敬重和仰慕，連我都沉浸在課程之中。有一瞬間我忘了自己是在房間裡透過筆記型電腦看著已經失去的父親，而非坐在講堂的座位上。

她以雙手摀住臉，開始啜泣。

薩　拉　我好想他。我感覺……形容船迷失方向的那個詞怎麼說？

約書亞　無人掌舵（rudderless）？

薩　拉　他媽的無人掌舵。我從來沒有搭過船，但卻有種無人掌舵的感覺，約書亞。到底什麼是舵？

約書亞　聽起來你父親幫助你找到前進的方向。

薩　拉　沒錯，我好想成為他。

分析音：談論看看這是否健康。

偵探音：做得高雅一點，先生。這位女士正坦誠地談論她過世的父親。

約書亞　聽起來他是個很棒的人，我能理解想成為他的渴望。

薩　拉　真希望他現在在這裡，給予我智慧。告訴我下一步該怎麼做。

她抽了一張面紙拭淚。

約書亞　你覺得他會對現在的你說些什麼？

薩拉擤了擤鼻涕。

薩　拉　我知道他會怎麼說。他會告訴我我做得很好，還有悲傷是個力量強大的東西。他會要我別那麼苛刻地批評自己。他真是個賢能的老混蛋，總是有話說，從不會因為我是否達到自己設立的標準來評斷我。我媽媽也不會。

約書亞　那你為什麼要設立那麼高的標準？

薩　拉　因為……我不知道……

約書亞　也許你替父親創建了一種理想形象，並從中得到了安全感？

薩拉皺起眉頭。

直覺音：太早了，約書亞。

薩　拉　我沒有「創建」他的優秀。他非常棒，他不應該離開。這對我們所有人來說都是損失，對我、對這個家，還有對同業人員來說皆是如此。

約書亞　我毫不懷疑這點，薩拉。但我聽見你的部分痛苦源自於對自己的沮喪感。這份沮喪感是出於沒有達到某種理想或是嚴格標準，而你替自己設立標準的依據是父親的成就和個性，他更為年長……更有經驗也更有主見。但你也一樣，薩拉，你也是獨立自主的個體。我不認為將父親的個人成就視為唯一的晴雨表是健康的。再者，聽起來他也會為你成長為現在的模樣感到很驕傲。

薩　拉　什麼意思？

約書亞　直覺音：直接說吧。
我的意思是，別對自己那麼苛刻。我認為若有一天你專注於自己的特質，那將會非常有益。以你個人的名義實現價值，而非和他人比較。
批評音：而你很清楚這些特質，對吧，小約？
生理音：她真的很美。
批評音：你逃不掉的，老兄。你就儘管忽視我們吧，後續的反作用力只會更大。
約書亞　想念不是問題。你可能會永遠思念他，那也沒關係，但不需要每次都有所反應。
她盯著我看。
薩　拉　你說這話是根據自己的經驗嗎？
觸發音：嗯……你確實思念弟弟。
意志音：這不是屬於你的晤談。
批評音：當你懷疑自己對薩拉抱有感情還繼續和她合作時，就已經辜負她了。
分析音：情況變複雜了，約書亞。
約書亞　對，我想是的。但我們在這裡不是為了討論我的生活。
薩　拉　公開談論這點很勇敢，很少有男性願意坦然面對情緒。我希望生活中有更多男人這麼做。
約書亞　這個嘛，如果能幫助到他們的話，我願意做為示範。

她向前傾身，看得出來她接著想問的問題是出於真心感興趣，並非只是為了轉移焦點。我不禁對此提高警覺，畢竟我正在努力控制自我揭露的程度。「正在努力」是關鍵字。

薩　拉　我很難找到字眼去形容我的悲傷。你……你會怎麼描述你的悲傷？

生理音：她的表情令人欣慰。
焦慮音：分享一些事情挺好的，沒有任何家人和朋友問過這個問題。
意志音：要非常小心……

約書亞　我如何描述悲傷？嗯……有時可能像是強烈的空洞感，或是盤旋不散的白噪音。對我來說，察覺空下來的位置會帶出這種情緒：星期日的晚餐聚會少了一個人，在得來速點餐時沒人靠過來對著螢幕喊出自己要的東西，Xbox 的第二支手把積滿灰塵。我有時會覺得悲傷填滿了整個空間，但其他時候，過去的珍貴回憶會改變主意，不再以惡夢的模樣糾纏，反倒是帶來安慰。隨著時間的推移，悲傷偶爾還能令你露出笑容。

沉浸在自己的內在參考架構時，我忘卻了薩拉的。我及時回過神，將注意力放回她身上。

約書亞　薩拉，記得愉悅的回憶能提醒你自己是誰，提醒你投入一件事的**初衷**，也讓你有理由慶祝和某人共享的回憶，讓那個人透過你繼續活下去。紀念一個人的最佳方法不是模仿對方，而是盡力繼續在生活中做自己。做你自己！繼續做那個**對方**所愛的人。沒辦法打電話、傳訊息或是愚蠢迷因給那個人確實很痛苦，但我想將悲傷視為一個提醒，提醒你那人對你有多重要，不論是過去或者**現在**。

薩拉一語不發地看著我。

批評音：你這白痴模糊了界線。

分析音：你已迫近不道德的領域。

我也望著薩拉。她露出了溫暖的笑容，使我的心雀躍地啵啵作響。她看起來美得煥發光彩。她撥開眼前一綹髮絲，但片刻之後髮絲又落了下來。

生理音：送上雙份腦內啡附加腎上腺的急遽變化。

批評音：說真的，你這是在幹麼？

意志音：……

逃避音：對她說這句話感覺很棒。她讓你感覺良好，約書亞，你們可以互相幫助。

約書亞　我……嗯……所以說……我們說到哪兒了？

薩　拉　我的悲傷感覺像是鮮明的罪惡感。為什麼我在摯愛的人去世之後還四處走動？我憑什麼享受這頓飯、這場電影、在美麗的山林間漫步？為什麼我還能這麼做？為什麼我……為什麼我是那個……

約書亞　倖存者。

我不是故意打岔，但話語就這麼脫口而出。那一刻，我感覺到我已漸漸失去冷靜。我必須重整立場，找回我的專業界線。

薩拉　沒錯……倖存者。我是罪惡的倖存者。

約書亞　為什麼有罪惡感？

她想了一下這個問題。

薩拉　因為我沒有說再見，沒有告訴他我有多愛他。那天晚上我在餐廳生悶氣……為了我自己。我也在想，要是我和父母一起回家，而不是待在餐廳自怨自艾，事情會不會不一樣。

約書亞　如果他現在在這裡，你會對他說些什麼？不需要對著我說，可以對著房裡任何東西說。曾經有人選了盆栽。

她微笑著，仍舊專注地看著我，與我的目光交會。

薩拉　我會說……謝謝你是一個這麼棒的人。謝謝你指引我，激勵我。很抱歉我們在錯誤的時刻分開了。別因為你弟弟而責怪自己，約書亞。

焦慮音：什麼鬼？

薩拉　別因為我弟弟而責怪自己，爸爸。你傾盡心力幫助巴貝克，他明白，我們都明白。他沒辦法被修復，爸爸，而我……我也沒辦法。你不斷讓我們知道你以我們為榮，很抱歉我沒有以相同的善意回報，那些善意比我想像得更有力量，也更有影響力。還有，別擔心我，你真的老愛瞎操心。我沒事的，媽媽和我都沒事。她也很想念哈利。

焦慮音：這是我想像出來的嗎？

不敬音：我也嚇壞了，感覺真的怪到極點。

薩　拉　她也很想你。我知道你在乎巴貝克，不希望我怨恨他。我也不恨他，他只是生病了，我會用盡全力支持他。

薩拉從頭到尾都沒有別開視線。這樣的選擇很不尋常，就像是在對著我說話一樣，即使理智上我知道並非如此。我感受到強烈的情感。在我試圖平息內心的情緒漩渦時，能感受到她傳遞過來的熱切。

薩　拉　不要有任何懊悔。我愛你，我永遠愛你。謝謝你的一切。

如此真摯的表達。薩拉對父親訴說的話語未經修飾且坦露真心，令人動容，但身為接收這些情緒的導管，我能感覺到自己正對她快速發展出不專業的情感，令我相當不知所措。

生理音：我想給她一個擁抱，將她抱在懷中。

逃避音：我想給她一個吻。

約書亞　這些話語非常感人。感覺怎麼樣？在你大聲說出這些之後？

薩拉別開目光，用羞澀的微笑結束這段情感宣言。

生理音：握住她的手，在彼此的肩膀上哭泣度過艱難的時刻。

逃避音：想像下班回家後有這樣的溫暖和憐憫等著你。

生理音：也別忘了她的美貌。
焦慮音：意志！你到哪兒去了?!
偵探音：被生理綁架了。

薩拉　這……這聽起來可能很怪……但晤談全部結束後，你想不想偶爾一起喝杯咖啡？就當作是一位醫師向一位心理師分享近況？我當然知道界線——也不預期你會答應。我只是覺得……感覺滿不錯的，對吧？

生理音：很不錯，我們要參加。
逃避音：加一！
批評音：我就說吧，他現在是、也永遠都會是個冒牌貨。懦弱、腦波弱又可悲。
焦慮音：憐憫呢？你在哪裡?!分析呢?!快幫幫忙！
生理音：我正主導著大局呢。
逃避音：我完全沒意見。

薩拉　還有……如果你希望有個安全的空間談論哈利……我理解這一切肯定很艱難，我也正在掙扎。我聽說你也依舊很痛苦。

生理音：我全身上下每一寸都渴望這個美麗的人。
逃避音：她讓一切都變得更好了，她能趕走所有壞情緒。
批評音：真他媽的。

觸發音：哈利。

一陣顫慄感把我搖醒。我從幻境中爬了出來，回到諮商室，變回了原來的我。為什麼我的心臟在狂跳？

意志音：醒醒！休息一下，冷靜下來。

分析音：你們這些敗德的傢伙在搞什麼？

焦慮音：耶！騎兵到了！

約書亞　很抱歉我需要暫停一下，特別是在我們談及敏感主題的這種時候，但你介意我去一下洗手間嗎？不然我的注意力會專注於和膀胱吵架。

她尷尬得坐立難安，意識到我沒有回覆她的請求。

薩　拉　沒問題。

在我將諮商室的門關上後，加劇的顫抖便蔓延到全身。我開始冒汗且難以呼吸，急忙朝廁所走去。幸好裡面沒人。我把水龍頭開到最大，將冷水潑到臉上。我看向鏡子，發現自己在哭。

約書亞　我到底在這裡幹麼啊？

憐憫音：深呼吸一下。每個事件都是複雜的，先解決眼前的問題。截至目前為止，你的工作表現都很棒。

批評音：有嗎？

憐憫音：沒有人邀請你，批評鬼，快滾開。

分析音：顯然你對個案的感覺變成了私人感情。情緒和生理方面的吸引力讓你無法產生足夠的共情，也無法深入薩拉的內在參考架構。你沒看見她正在將你理想化——她需要你這位男性權威人物的安慰。人在悲傷的時候經常會這樣，你忽略了這點。

共情音：沒錯。

偵探音：現在情感蒙蔽了你的判斷力。聽著，老兄，你喜歡她，一切都回不去了。

逃避音：但是這一次，我不想要離開。

我對著洗手台啜泣，感覺自己置身於悲慘的處境。前門打開的嘎吱聲蓋過了水龍頭的流水聲，我從鏡子裡看到帕特爾醫生。他看著我，立刻露出擔憂的神情。

偵探音：為什麼他每次都堅持要用樓上的廁所啊？

我站直身子。

約書亞　為什麼你要用這間廁所？你的辦公室外就有一間啊。

他笑了出來，憂心的神情暫時消失了。

帕特爾　啊，只是我的迷信罷了，約書亞。有一次我在辦公室旁的廁所裡時，我的病人昏倒了。從那之後我就沒辦法去那間廁所了。

約書亞　一點都不合理。

帕特爾　在所有人之中，你應該是最清楚焦慮不會明智地使用理性的吧。

我點點頭，還以微笑。

帕特爾　怎麼了，約書亞？你還好嗎？你看起來很苦惱，拿張紙巾吧。

他遞來一張紙巾讓我將臉擦乾。

約書亞　我不想拿這件事煩你，醫生。

帕特爾　你的虛偽搞得我很煩，你很反對情緒保守主義不是嗎？

約書亞　你怎麼知道？

帕特爾　我參加了你的一場講座。

約書亞　喔……哇……你人真好。我好驚訝，謝謝你……醫生。

帕特爾　講座很有趣，讓我產生極大的共鳴。所以你到底為什麼在廁所裡哭啊？

我嘆了口氣，害怕得不敢告訴他，擔憂他會如何評判。

不敬音：帕特爾醫生可以當你的新爸爸！

憐憫音：說出來沒關係的。

意志音：採用適合自己的方式。

約書亞　我在做一件不該做的事，醫生。我以為對自己有益，但很快就發現事實並非如此。現在我發現自己很難戒掉。我害怕要是徹底停止會帶來痛苦，你明白嗎？

帕特爾 那是什麼？處方藥嗎？

約書亞 不是，不是處方藥……是某種……毒品，說出來太尷尬了。擁有它感覺很好，但實則有害。

帕特爾 嗯，我懂了……

他的眼神充滿憐憫，彷彿剛發現我是一個毒蟲。

帕特爾 那麼，你服用多久了？

約書亞 沒有很久……

帕特爾 這個嘛，如果你服用不久就停止，那麼基本上都不會造成傷害。我不會再要求你進行模糊描述了，因為顯然你不願意告訴我。但如果你才剛開始，我會說盡快停止才是最好的，成癮是一種消耗且危及生命的痛苦。你是一名優秀的心理師，約書亞，請別危害到這點。如果你願意的話，我介紹你一些有幫助的服務如何？

意志音：「盡快停止」。

憐憫音：「你是一名優秀的心理師，約書亞，請別危害到這點」。

約書亞 謝謝你，帕特爾醫生，真的謝謝。你的膀胱應該快爆了，我就不再耽誤你了。

帕特爾 照顧好自己，約書亞。我的大門永遠為你敞開。

不敬音：謝了，老爸！

我將手放在諮商室大門的門把上，深吸一口氣後走進去。薩拉在等我。她變回人類了，不再是我的迷戀、悲傷和逃避心理渴望的那名奇幻人物。她是我的個案。我坐了下來，露出一個暖心的笑容。

約書亞　真是不好意思。

薩　拉　你離開是因為我說的話嗎？如果是我越線的話，我很抱歉。

約書亞　你不需要為任何事道歉。

分析音：一致性和可靠性是你身為心理師的強項，勇敢一點，使用這些強項。

憐憫音：受訓時，他們沒有教你怎麼擺脫這種情況。

約書亞　我休息了一下，因為剛才有一下子我沒辦法勝任你的心理師。我分心了，專業性也動搖了，我很抱歉。

薩　拉　我沒有注意到，沒關係的。

約書亞　薩拉……我覺得……我覺得我們不能繼續合作了，出於我自身的限制，我發展出了一種會阻礙專業判斷的情感。有時候由於自然產生的連結，這種情況會在諮商室內發生，而現在它發生了。

薩拉露出難以置信的神情。

薩　拉　哈，這是那種「是我不好，不是你」的情節？我被我的心理師拋棄了嗎？

約書亞　不是的，我承認是我讓個人感受和生活中未經處理的情緒滲透進這段諮商關係之中。很抱歉讓你這麼失望，這從來都不是我的本意。

薩拉　你是要說我觸發了你的情緒嗎？

約書亞　我的意思是，我沒能適當地處理湧上的情緒。

薩拉　坦白說，為何你要停止這一切？我做得那麼好，你幫了我那麼多！為什麼要停？

約書亞　我想我已經帶你走得夠遠了。

逃避音：真是傷心。

約書亞　你做得非常棒，我很建議你和一些悲傷與創傷專家合作，他們都受過比我更專精的訓練。

薩拉　但我想和你合作，我們不能這週暫停就好嗎？稍微休息、重整一下？你講得不清不楚的，是不是因為我邀請你一起喝咖啡的緣故？

我嘆口氣，慌亂地尋找出路。我痛恨自己讓她失望了，也感到沮喪至極。

薩拉　**告訴我為什麼。**

意志音：別告訴她。

分析音：不要說，出於職業操守。

共情音：她的生活中最不需要的就是複雜的事情，比如說心理師向自己表白！

憐憫音：她理應聽到實話，不是嗎？

意志音：不，有時候不說真話沒關係，就算是在諮商室內也一樣。

約書亞　我會說實話。期望個案坦白一切，卻為了保護自己而說謊，會讓我覺得很糟糕。我們會結束晤談是基於專業的判斷，**不是**因為你邀請我喝咖啡。你的邀請是一種善意的舉動，也是對於我們在這裡建立了真誠連結的讚賞。結束不是因為這個邀請，而是因為我很想接受它。這讓我很憂心，薩拉。不再尊重專業界線的心理師就不是心理師了，而我……我很享受當個心理師，我很抱歉。

她露出笑容。

薩　拉　我明白了，很謝謝你坦白地告訴我。

她彎腰從沙發側邊拿出一袋禮物。

薩　拉　離開之前，可以請你接受這份禮物嗎？這是用來答謝你的，不是勞力士之類的東西，只是個盆栽。這裡的盆栽看起來需要一個伴，拜託請收下它。

約書亞　我會的。我會把它放在窗台上，謝謝你。

她看起來像是快哭出來了。我傾身對上她的目光。

約書亞　謝謝你對我的信任。你做得非常棒，我相信你會繼續變好的，在生活中的各個層面都是如此。

她努力擠出微笑。我意識到自己正拚命忍住淚水，這是薩拉最後一次在我的諮商室中起身離開了。我回想起第一次晤談她因恐慌而蜷縮在地上，與此刻形成美妙的強烈對比。現在她直挺挺地站著，有自信且令人敬佩。我會想念她的。

薩　拉　再見了，約書亞。

她離開後，我輕輕關上門。她送我的青蘋果竹芋還在茶几上，我將之放進空盆裡，然後再輕柔地移到窗台，好讓它在接下來許多回午後時光中經常映入我的眼簾。

保持冷靜，繼續前進

媽　媽　謝謝你請我吃午餐。
約書亞　謝謝你來市中心看我！
媽　媽　你還好嗎？我知道這一天很不容易。
約書亞　媽你知道的，我沒事。你怎麼樣？
媽　媽　還行，我感覺到他今天與我們同在。
我笑著點點頭，即使已經過了這麼多年，還是不確定該怎麼回應。
媽　媽　我搭公車回去吧。
約書亞　我陪你過去一起等。

我們見面是為了紀念哈利的生日。這頓午餐很貴，但嘗起來不如預期，我不怪廚師，畢竟來此品嘗的契機令人憂鬱。面對哈利的去世，媽媽好像較為平靜了，或許是在她自己的信仰體系找到了慰藉，但是我呢，每到這一天好像都很掙扎。但我不想讓她擔心。公車離站後我揮手向她道別，沉重的悲傷感在胃裡蔓延開來。

逃避音：今天是你弟弟的生日，你不能悲傷，快撫平傷痛。

批評音：他又來了，以悲傷的名義替糟糕的選擇找藉口。

我走下市區較平靜的街道之一，找到一間看起來最哀傷的酒吧。在陰暗的酒吧裡，調酒師將一杯苦啤酒放在我面前，而我望著窗外最後一批用完午餐的人群不情願地回到工作崗位。口袋裡的手機開始震動，是媽媽發來的簡訊。

媽媽 見到你真好，別忘了他很愛你，我也愛你 xxx*

我露出微笑，接著又點了一杯威士忌。然後又一杯啤酒，又一杯威士忌。我持續著這種自我毀滅，直到對周圍的環境感到厭煩為止，然後跌跌撞撞地走向市區的一個中產階級地區。我在皇冠與錨（Crown & Anchor）酒吧找到了避難所，一位木吉他手正在那裡為午後的人潮演奏流行嗨歌。我坐在一旁跟著音樂哼唱曼徹斯特的流行樂曲，像是綠洲合唱團（Oasis）、石玫瑰、詹姆斯（James）和大衛．格雷（David Gray）的歌。

憐憫音：約書亞……你不覺得該回家了嗎？

逃避音：別理他，你應該找點樂子，哈利會這麼希望的。

焦慮音：如果現在回家，除了寂靜和複雜思緒之外什麼都沒有。

逃避音：沒錯。

* X代表親吻之意，常用於傳送給家人或好友的訊息末尾。

生理音：你的胃需要一點食物吸收這些威士忌和啤酒。

吉他手停下來休息時我向他發出大大的噓聲，幸好他把這當成玩笑。之後的沉默感覺太過沉重了，所以我離開酒吧去尋找食物。我從烤肉店外帶了一些可怕的東西，然後靠在商店櫥窗上吃了起來。

我的下一站是附近的藍調酒吧，從下午到深夜都有現場音樂表演。啤酒已經起不了作用了，所以我現在只喝威士忌。我找了張椅子坐下聆聽藍調樂團的演出，由衷欣賞厲害的薩克斯風演奏家。我在開懷大笑和大聲痛哭之間搖擺不定，不是因為音樂特別勾人心魂，而是因為我很醉。

我衝進廁所大門後撞到一位中年男人，害得他往後踉蹌幾步。

男　人　嘿！小心點。

約書亞　抱歉，我……呃……重心不太穩。

我在小便斗前搖搖晃晃時，突然感到一陣天旋地轉。一位保全人員走過來上下打量著我。

保　全　老兄，這麼早就醉成這樣，回家比較好吧？

約書亞　（打嗝）我真的沒事，我們都很好。看看我們，都好得很！欸你有玩過《傳送門》嗎？

保全溫和地把我趕到外頭的夜色中。我沒料到的善意舉動是，他把我塞進計程車內且叮囑我要安全到家。

司機　你要到哪裡，老兄？

約書亞　呃……帶我去找……去某個可以，呃……噢，我不知道那裡叫什麼！

周圍的燈光忽明忽暗，我不得不用力向一側傾斜以保持平衡。我腳步蹣跚地經過一家很受歡迎的酒吧，外面排著長長的隊伍。馬路對面有一張長凳子，對於腿軟的人來說看起來很有吸引力。我撞到一個看起來和我一樣醉的年輕人，他身上掉出了一根香菸，我點燃了它，坐下來觀察來來往往的人們。我聽見酒吧外排隊人群的笑聲，他們的穿著在我眼裡顯得很奇怪，讓我覺得自己老了。

我望向對面的公寓側牆，上頭有一幅令人驚嘆的蜜蜂壁畫。蜜蜂是曼徹斯特的象徵，由來可以追溯到工業革命時期，當時曼徹斯特的工人被稱為工蜂。我對眼前這幅壁畫的畫技感到驚嘆，直到某個刺目的畫面打斷了我的享受。蜜蜂翅膀的下半部貼著一張藍色的大海報，上面寫著「保持冷靜，繼續前進」。

約書亞　真是掃興，應該找人把它撕掉才對。

救世主音：你啊，夥伴，你就是那個人，你是個英雄。

約書亞　我是……英雄！

酒吧外的隊伍越來越長，已經堵住了壁畫和可惡海報所在的小巷入口。我穿過人群走進小巷，抬頭凝視著那隻怪物。真是一張巨大的海報。

約書亞 為什麼要在這麼美的壁畫上貼這種白痴標語啊？

顧　客（大笑）你應該把它撕掉。

約書亞 沒錯！

那張「保持冷靜，繼續前進」海報位於牆上十二英尺處，但工業用的帶輪大垃圾箱提供了一條路徑，讓我能抵達海報的位置，我只需要爬上去就好了。所以我就爬了，一個喝醉的白痴爬上有輪子的垃圾箱，娛樂且鼓舞了一群喝醉的年輕人。

救世主音：我要把你除掉。

我在垃圾箱上站直，現在和海報面對面了。

救世主音：逮到你了。

我抓住海報的邊角，但它緊黏在牆上，我只得摸著海報邊緣探索，試圖找到一個開口。我聽到下方傳來的笑聲，心想也許是在鼓勵我。

批評音：他們在笑你，約書亞，你在幹麼啊？

惱人的是，這張海報感覺上幾乎是被畫在了牆上。我到處都找不到翹起的地方，便開始瘋狂亂抓海報表面。

批評音：欸，先生，你這樣不太好……

不敬音：老兄……

我抓個不停，抓到指尖都痛了。

救世主音：快了！就快把蜜蜂從這可惡的東西下拯救出來了！

焦慮音：我辦不到！

下方傳來的笑聲夾雜著嘲諷和擔憂。一些路人停下來看發生了什麼事，越來越多人聚集了。我的手開始流血。我沒站穩，但幸好只是跪倒在垃圾箱頂上。周圍的一切都在旋轉，我失敗了。我低著頭打了個嗝，然後憤怒地大喊，隨即開始哭泣。

批評音：真是一團糟。

逃避音：你試圖戰勝它，夥伴，但運氣不好。

我跪在原地啜泣著，不知道該做什麼才好。人們紛紛拿出手機記錄下這齣荒誕的悲劇。

偵探音：約書亞，起來，這會毀了你的。這會影響你的事業。

憐憫音：聽他們的！

我的腿變得跟鉛塊一樣重，使我動彈不得。就讓他們錄吧。突然間人群一分為二，兩名保鑣從酒吧裡走了出來，他們朝我靠近的影子越來越大。我感覺到雙臂被緊緊抓住，然後從垃圾箱上被帶進了巷子裡。

批評音：搞不好他們會因為你帶來的不便賞你幾巴掌。

逃避音：我不在乎。

他們把我抓進一扇防火門後，來到一間小廚房。我低頭盯著自己的鞋子，預期即將面臨某種形式的言語或肢體拷問。然而一杯黑咖啡出現在我面前，令人清醒的蒸氣衝進我的鼻腔。我不禁抬起頭。

列　維　拿去吧！我沒辦法整天待在這裡。

我驚呆了，接過咖啡時心中頓時充滿困惑、尷尬和鬆了一口氣的感覺。

列　維　喝多了嗎，老兄？

他看向同事，抬起下巴示意對方先離開。

列　維　可以給我們幾分鐘嗎？我很快回去，我們門口見。有急事需要我時就說一聲。

他的同事點點頭，帶著一罐熱咖啡離開了。列維從我旁邊拉了張椅子。

列　維　我不知道你怎麼了，但無論如何看起來都不太對勁。你是個聰明得多的人。

約書亞　我……我……

列　維　不用解釋，因為你醉了，說什麼都會惹惱我。我不希望這成為我對你永恆的記憶。

我點頭。

列　維　無論你發生了什麼事，只須知道……你也應當得到幫助，知道嗎？

他喝了口自己的咖啡。

列　維　你知道的，有人能像你幫助我一樣幫助你嗎？

他上衣口袋裡的對講機響了。

對講機　列維，抱歉了老兄，但這裡有一群人在排隊時惹麻煩。

列維邊嘆氣邊翻白眼。

列維（對著對講機）好，馬上來。

他起身走向門口，然後停下腳步轉頭看著我。

列維 快醒一醒吧，我不會再回來這裡了。我會假裝從未見過你，注意安全，還有……謝謝你。

他打開門走出去，然後再次停下腳步。

列維 對了，有一天我會離開她的，事情變得不一樣了……永遠不會一樣了。我只需要知道自己已經做過一切嘗試。

防火門在列維身後輕輕關上，他消失在夜色中。我喝了口咖啡，做出了當晚唯一明智的決定——叫一輛計程車送自己回家。我永遠都會因為我陷入最低潮的這一夜感激列維，他的憐憫、不評判的態度和表現出的行為，都是你可以從一位優秀的心理師身上看到的特質。

諮商之美——一場良好的諮商該具備哪些核心品質？

當諮商發揮效用時——當你、你的心理師和心理治療模式相互匹配時——美好的事情就會發生，且會常常發生。即使你每幾週去看一次心理師只是為了傾訴心事，但只要得到同理心、一致性和無條件的積極關注（謝謝你，卡爾・羅傑斯），真正的好事就會發生，而且會非常有幫助。

你可以想像我們所有人都是一起漂浮著度過人生，但每個人都存在於自己特殊的氣泡中。這個氣泡不僅是為我們而生，也是我們自己創造的，根據我們的經驗、信仰、恐懼、希望和夢想編織而成，而你的氣泡既容納了你的存在，也代表了你是誰。你會乘著氣泡穿越時空，時而體驗歡樂與寧靜，時而在生活的狂暴洪流中翻滾。好的諮商——美的諮商——就像收到邀請一般，讓你的氣泡能時不時停靠在別人的氣泡裡。**好的諮商是一個歡迎所有人的安全空間，讓你可以敞開心扉而不用擔心受到批評。**良好的諮商能夠成為一個保險箱，你可以將最有價值的想法、感受和經歷儲存在此，並知道當你回來時它們依舊完好，全然不受外界的影響。這樣的事情實屬美妙。

好的諮商是信任的結果。第一次接受諮商時，我花了點時間才卸下防備，因為我把所有人、所有事情都當成了威脅。然而，過了一段時間後，我開始信任我的心理師，諮商晤談對我來說便成為了非常特別的地點和時刻。我學會敞開心扉，而我說出的一些內容仍然被鎖在那神聖的金庫裡。我還學會了以健康和有效率的方式和他人分享想法，這樣的經驗非常美好、深具力量，幾乎可說是精神性的，儘管「精神性」這個詞我並不常使用。

針對不同的諮商學派進行的許多研究都表明，一旦滿足核心條件，幾乎每一種心理治療模式都會以某種方式「發揮作用」。找到一位善解人意、真誠、一致，在各方面都完全接納你的心理師，即意味著無論這位心理師的理論取向如何，你都有很大的機會從諮商中獲益。當然了，某些心理治療模式確實對特定情況特別有效（例如針對焦慮症的認知行為治療），但上述研究說明了當你和真心希望提供幫助的專業人士適配時，心理治療所能發揮出的潛在魅力。大多數時候，基於這些核心原則所打造而出的穩固諮商關係都能帶來益處，這是一件很美妙的事。**諮商之所以有效，是因為心理師和個案以相互接納與理解的精神共同努力，使效力由此而生。**

諮商是件很美的事，然而其帶來的美麗和益處，與生活中擁有好友或親密家人有什麼區別呢？有時候我們很幸運能擁有給予無條件接納、同理和可靠性的人際關係，這是有可能發生的。但生活很複雜，每個人都有自己的信念、自我價值的條件、經歷和課題，並且以自身的眼光看待世界。你會期望最好的朋友為了尊重你的課題和難處而完全隱藏自己的難題和掙扎嗎？當然不會，這不是我們期待的情誼。你會期待兄弟姊妹徹底檢視自己的經歷和信仰，以便在任何時候都完全無條件地接受你而不會發生衝突嗎？那是不現實的，我們都和朋友及家人有過衝突。你是否欺騙過自己，認為特別的人對你總是誠實而毫無隱瞞？我們可以嘗試這麼做，但我們身邊的人都在看顧自己的生活，因此會帶著自身的影響力或優先事項，偽裝好自己才來到我們的家門口，或者至少會有所隱藏。

這些都是正常且可預期的情況，同時也是一件好事。存在於這些規範內的人際關係沒有任何問題，我們都有生而為人的權利，都應該受到旁人的尊重和愛戴。但即使每個人都懷抱最好的意圖，努力創造受認可的條件，也不能指望在人際關係中總是能找到無條件的積極關注、同理和真誠。我們個人的親密人際關係也很美好，但是有其獨特的模式。

良好諮商的美麗和益處與日常人際關係完全不同，全都始於清晰而重要的界線。你的心理師以幫助你為目標，而你則不需要幫助他們，甚至不需要站在個人的角度在乎他們。你不必愛戴，甚至不必喜歡你的心理師。良好的連結當然有所幫助，但心理師並不是為了讓你在乎、喜歡或認可而存在的。還記得前面提過我們不會希望朋友為了尊重我們的難題而忽視自己的困難嗎？這正是心理師在諮商期間內為你做的事。

一名心理師需要接受長時間的訓練來學習如何待在你的內在參考架構中，這是身為朋友不需要、也不應該被要求做到的事情。好友與你互動時仍然處於自己的架構內，因此會情不自禁地審視你帶給他們的感受。心理師也可能會在諮商過程中產生情緒，但他們會努力將這些感受擱置一旁，繼續將注意力放在你的感受上。

想想你正在閱讀的這本書的書名，我們在諮商中問這個問題是有原因的。

諮商是交易性的，這不是一件壞事。諮商關係的交易性質是潛在的美麗和正向結果誕生的基礎，你將金錢託付給你的心理師，交換來的是心理師會真誠地與你站在同一陣線並予以同理、提供你無條件的積極關注。當然了，他們也會運用接受過的訓練和專業知識來解決你的問題和煩憂，但在達到這一目的之前，優秀的心理師在每次晤談開始時都會完全將時間留給你，不期望收到約定費用以外的東西作為回報。

對另一個人懷抱同理心、真誠以待、完全接納並奉獻於對方是件很困難的事，這不但累人，還需要付出時間和精力，甚至需要受訓。但不要緊，這就是心理師存在的目的，他們選擇在每週一小時或是因情況而異的時段內與你同在。一位好的心理師全心全意在乎你，但這段關係的本質並非和個案成為朋友。相反地，**好的諮商可以彌補與朋友之間的不足，也能增強、鞏固你在人際關係中獲得的支持**。良好的心理治療是安全且具支持性的，並會竭盡全力配合你的需求，由此體現諮商的美妙之處。

這似乎是討論與心理師能否成為朋友的好時機。基於親密的情感層面去認識一個人，想要不發展出友誼確實很艱難。心理師也是人，而個案經常會想和我們做朋友。你喜歡你的心理師是很正常的，這就是優秀心理師的訓練和道德實踐變得如此重要的原因。我所接受的訓練是盡最大努力避免與個案形成所謂的「雙重關係」（dual relationship）。同時作為心理師和朋友便是一種雙重關係，超出了之前提到的重要界線。諮商界線是個案需要、心理師也同樣需要的機制，我們必須努力保持其完整性，因為界線的存在是為了確保諮商能夠發揮友誼無法達到的效用。

訓練有素且有道德的心理師會避免與個案建立友誼，因為朋友會投入情感來幫助你感覺良好。心理師必須投入精力來幫助你變得更好，這是一件更加艱難的任務。友誼的情感紐帶會使心理師更難幫助你完成需要做到的困難之事，當我們堅守著清楚劃定的助人者角色時，雙方都會得到最好的成果。朋友會期望回報，也會告訴你，你沒有搞砸且絕對值得被愛。心理師會願意和你一起處理棘手的事情，不會稱讚你很可愛，但會要求你說明覺得自己不可愛的原因。

當晤談結束且你覺得不再需要心理師的幫助時，你就會離開諮商關係。有時這對你們倆來說都是悲傷的時刻，但也是值得驕傲的時刻。一個好的心理師會時不時地想起你，想知道你過得怎麼樣，但你不需要向他們報告，且無論他們多麼想知道也永遠不會詢問你。你可以和心理師斷絕聯繫整整兩年，然後再拿起電話預約一次晤談，無須回答或解釋任何問題。諮商室的大門永遠無條件為你敞開。試著對你的朋友這樣做，你可能會得到完全不同的反應。

如果你的心理師拒絕和你發展友誼，請不要為此生氣。這並不代表他們不在乎，也不代表他們只是為了錢，更並不代表你有任何問題。純粹是因為你的心理師很努力將這種關係維持在一個特殊的地方，在這裡你很安全並且有人支持，將注意力都放在你和你的需求上。

任何接受過良好諮商的人在回顧這段經歷時都會這麼想：「我本來可以和我的心理師成為朋友的，但幸好沒有。」這就是諮商的神聖性如此特別的原因。

如果可以的話，我會讓我的家人和朋友都去進行諮商。不是因為他們破碎了需要修復，而是因為美妙的諮商體驗不僅僅適用於感到破碎或需要修復的時候。好的諮商——美的諮商——

既是一種改善生活的體驗，也是一種補償或緩解痛苦的體驗。良好的諮商是一份禮物。

踏上心理師之路──二〇一五年五月，面試會場

所有人都在一條裝飾著油畫的長廊上等待。我認為畫上的人是學術史上的重要人物。我們坐在有軟墊的長凳上，就跟在教堂裡一樣。我坐立不安。這是我攻讀碩士學位並成為諮商心理師的機會。我旁邊那扇喬治亞風格大門嘎吱一聲打開了，一位與我年齡相仿的面試者走出來，看起來如釋重負。當她沿著走廊離開時，對我投來一個寬慰的眼神，彷彿在說「祝你好運」。接著門口出現一位笑容滿面的中年婦女。

菲利浦　約書亞？

約書亞　這裡。

菲利浦　想開始面試了嗎？

我跟著菲利浦博士走進一間宏偉的華麗房間，每面牆邊都有擺滿舊書的書架。兩位教授坐在一張大紅木桌後方，示意我在他們對面坐下，而菲利浦博士也加入了面試官小組。雖然他們看起來很友善，但我的心卻忍不住狂跳，只希望自己不會語無倫次和胡言亂語，或是莫名其妙離題。我也盡力隱藏自己那雙動個不停的手──這是我從小就有的自我刺激行為（stimming）*。桌上有一杯水正等著我，我顫抖著喝了一口。

佩比斯　歡迎，約書亞。

約書亞：哈囉。

菲利浦：我們很高興收到你的申請，約書亞，你能走到這一步真是太優秀了。今年我們收到了異常多的申請，因此無論今天發生什麼，請記住，能走到這一步就代表你提出的申請非常優秀。

我點點頭，尷尬地笑了一下。另一位面試官保持沉默，在他的本子上寫下一些東西。

佩比斯：那就直接開始吧。我們的第一個問題是書面申請表中已問到的，但我們也希望聽到申請人親自回答。如果你的回答和書面資料不符也請不要擔心，這不是記憶力測試。

沒發言的教授抬頭拿了一份文件，我猜是我的申請表影印本。

佩比斯：那麼開始吧，你能解釋為什麼想當諮商心理師嗎？

我僵在座位上，在腦海中尋找最適合的答案。一些熟悉的聲音開始浮現：

焦慮音：我想成為心理師是因為這讓我對自己的焦慮有控制感。此外，世界正在分崩離析，末日到來時個案不會少的。身為專攻焦慮領域的心理師，代表我可以研究自己一直

* 又稱重複行為，指以重複的身體動作調節自我感官或排除壓力，常見於自閉症患者。

努力想解決的問題，並利用我的經驗來幫助他人。

意志音：我想學習成為一名心理師是為了替自己的生活做出果斷且明智的決定，而不是猶豫不決是否要做出重大改變。這個角色也要求我做真實的自己，我可以獨自工作，做出自己的工作選擇，而不會有煩人的老闆告訴我該做什麼。

分析音：我認為自己受訓成為一名心理師是完全合理的，我的成績達標，也具備意願、生活經驗和學習渴望。沒有多少人受到傾聽者的角色所吸引，而我似乎正在朝著這個角色邁進，這對我來說很有意義。

偵探音：我會成為一名出色的心理師，因為我喜歡深入了解人們，也喜歡和優秀的合作夥伴（也就是我的個案）一起解決難題。我還喜歡穿戴長外套和軟呢帽，並且執著於證據。

憐憫音：我想成為心理師，因為我對那些正在掙扎的人抱持著極大的憐憫心。我認為向另一個人展現出憐憫，是身而為人所能做的最美的事情之一，尤其是身處於一個如此容易分裂、充滿個人和系統性偏見的社會中時。我的憐憫心將成為關懷之手，伸向那些遇到情緒困難的人。焦慮症是如此可怕，我希望我的工作建立在慈悲的基石上。

救世主音：我很想成為心理師，因為我想拯救人們。更重要的是，我想幫助人們拯救自己，賦予他們權力，讓他們成為自己的救贖者。正如愛因斯坦所說：「只有為別人而活的人生才是有價值的人生。」我不僅僅是因為失去弟弟而感受到拯救的必要性——儘管這無疑發揮了作用——也因為這一直是我想做的事情。他的離去給了我踏出這一步的動力。

批評音：我想成為一名心理師，以填補悲傷和糟糕的生活選擇留下的空虛。努力學習和幫助別人將能說服自己我是有價值的，也有助於緩解與我每天共存的倖存者內疚（survivor guilt）。我很討厭體力勞動、平庸的例行公事和被告知要做什麼，所以一份讓我整天都坐在位子上的工作堪稱完美。

生理音：我想成為心理師，因為我相信這將有益於我自己及他人的身心健康。我也想向人們表明，身體可以處理情緒，也可以表達情緒。我覺得這很振奮人心，且這份工作可能較缺乏男性從業者。

共情音：我會成為一名出色的心理師，因為我可以進一步培養我的同理心技能。從小我就很善於設身處地為別人著想。我總是在學校歡迎新來的孩子，希望他們能有安全感。我總是被那些心煩意亂的人吸引並想了解他們的經歷，這樣我就可以獲得更多關於如何幫助他們的知識。能有一份可以使用和發展這項技能的工作真是太棒了。

逃避音：我想成為心理師，因為它讓我得以進入別人的迷人世界，同時以一種很有效的方式逃離自己的世界，儘管矛盾的是我希望我的工作成為生活的一部分。這也能讓我逃離目前感到不滿足的職業生涯。創造自己的工作可以擁有更多主導權，也可以讓我在工作之外享受更快樂的時光。

不敬音：我想成為心理師，這樣我就可以參加聚會並謊報我的工作，而我排隊上廁所時，醉酒的人就不會向我透露他們的整段創傷史。右邊那位教授的領子上有芥末汙漬。

觸發音：我想成為心理師，因為我了解到可以朝著焦慮的觸發點走去，而不是繞過、逃避它們。自從克服了焦慮症後，我就愛上了刻意容忍的練習，我希望將這一點帶入我作為心理師的角色中。

直覺音：你可以的，約書亞。

時間慢了下來。夏末陣雨輕輕敲打窗戶的聲音是唯一的聲響。陽光透過雨滴繞射，在面試官後方形成了一個色彩繽紛的光圈。我盯著那個明亮的圓圈，希望有什麼或有人能告訴我答案。但光圈輕輕漂浮了片刻就消失了。一股溫暖、欣快的感覺在內心蔓延，緩解了我的焦慮。我忍不住笑了，就這麼憑著直覺開口。

約書亞　為了我弟弟……

野人家 232

And How Does That Make You Feel?

Everything You ~~ever~~ never Wanted to Know About Therapy

那麼你現在感覺如何？

心理師的內心劇場，以及你(不會)想知道的諮商室大小事

作　　者　約書亞・弗萊徹 Joshua Fletcher
譯　　者　蕭季瑄

野人文化股份有限公司
社　　長　張瑩瑩
總 編 輯　蔡麗真
副總編輯　陳瑾璇
責任編輯　李怡庭
專業校對　林昌榮
行銷經理　林麗紅
行銷企畫　李映柔
封面設計　萬勝安
內頁排版　洪素貞

出　　版　野人文化股份有限公司
發　　行　遠足文化事業股份有限公司（讀書共和國出版集團）
地址：231 新北市新店區民權路 108-2 號 9 樓
電話：（02）2218-1417　傳真：（02）8667-1065
電子信箱：service@bookrep.com.tw
網址：www.bookrep.com.tw
郵撥帳號：19504465 遠足文化事業股份有限公司
客服專線：0800-221-029
法律顧問　華洋法律事務所　蘇文生律師
印　　製　博客斯彩藝股份有限公司
初　　版　2024 年 4 月

歡迎團體訂購，另有優惠，請洽業務部（02）22181417 分機 1124

國家圖書館出版品預行編目（CIP）資料

那麼你現在感覺如何 ?/ 約書亞・弗萊徹（Joshua Fletcher）著 ; 蕭季瑄譯 . -- 初版 . -- 新北市 : 野人文化股份有限公司出版 : 遠足文化事業股份有限公司發行, 2024.04
面；　公分 . --（野人家 ; 232）
譯自 : And How Does That Make You Feel? : Everything You（N）ever Wanted to Know About Therapy
ISBN 978-626-7428-35-1（平裝）
ISBN 978-626-7428-34-4（EPUB）
ISBN 978-626-7428-33-7（PDF）

1.CST: 心理諮商 2.CST: 心理治療

178.8　　113002181

野人文化
官方網頁

野人文化
讀者回函

那麼你現在感覺如何？

線上讀者回函專用 QR CODE，你的寶貴意見，將是我們進步的最大動力。

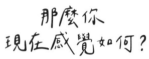